中国新三板“漂亮50”

新三板精选层备选企业价值分析

新三体研究院 编著　唐勇 主编

机械工业出版社
China Machine Press

图书在版编目（CIP）数据

中国新三板“漂亮 50”：新三板精选层备选企业价值分析 / 新三体研究院编著；唐勇主编.
—北京：机械工业出版社，2017.8

ISBN 978-7-111-57751-5

I. 中… II. ①新… ②唐… III. 中小企业－企业融资－研究－中国 IV. F279.243

中国版本图书馆 CIP 数据核字（2017）第 194768 号

中国新三板“漂亮 50”
新三板精选层备选企业价值分析

出版发行：机械工业出版社（北京市西城区百万庄大街 22 号 邮政编码：100037）
责任编辑：冯小妹　　责任校对：殷　虹
印　　刷：北京瑞德印刷有限公司　　版　　次：2017 年 8 月第 1 版第 1 次印刷
开　　本：185mm×260mm 1/16　　印　　张：13.75
书　　号：ISBN 978-7-111-57751-5　　定　　价：69.00 元

凡购本书，如有缺页、倒页、脱页，由本社发行部调换
客服热线：（010）68995261 88361066　　投稿热线：（010）88379007
购书热线：（010）68326294 88379649 68995259　　读者信箱：hzjg@hzbook.com

推　荐　序

关于多层次资本市场

资本市场中，各类投资者和融资者因为规模和主体特征的差异，决定了其对资本市场金融服务的不同需求。正是这种金融服务需求的多元化决定了资本市场的多层次体系。

我国资本市场从 20 世纪 90 年代发展至今，已形成由场内市场和场外市场两部分构成的格局。其中，场内市场包括主板、中小板、创业板（俗称二板），场外市场包括全国中小企业股份转让系统（新三板）、区域性股权交易市场（新四板）。这些证券交易市场共同组成了我国多层次资本市场体系。

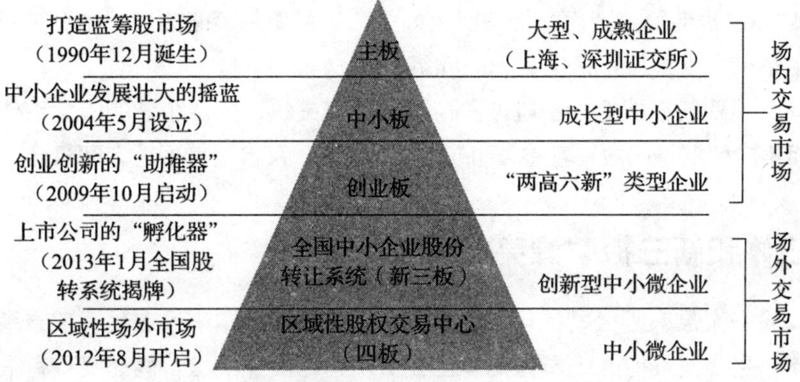

关于新三板

新三板是我国挂牌公司家数最多的证券交易场所，截至 2017 年 4 月 30 日，挂牌企业达 11 113 家，构成了我国金字塔形多层次资本市场的塔基部分。

新三板从功能定位而言，是为中小微型企业提供融资渠道和介入资本市场机会的交易场所。但是，从近几年的发展状况来看，这种功能并未得到充分发挥，其主要原因是市场流动性的缺乏，超六成新三板企业没发生过交易，成为僵尸股；从市盈率来看，新三板约 20 倍的市盈率也远低于主板市场约 40 倍的市盈率，估值偏低会导致优质企业融资受损，同时出现融资困难的状况，企业价值也不能得到最大程度的发现，因而在一定程度上存在优质企业更倾向于去主板、中小板、创业板上市的现象，以寻求企业价值和企业估值的最大化。优质企业如此，更遑论资质一般的企业。这就是目前新三板市场所处的尴尬状态。

关于对新三板的投资

投资人最关心的就是如何发现价值被低估的企业以及投资这些企业后如何顺利退出变现。以板块整体而言，毫无疑问，新三板是被低估的，这从其较低的市盈率中可以看出。但新三板挂牌家数众多，鱼龙混杂，从中挑出真正价值被低估的优质企业，往往会因为投资机构人力、物力所限而难以有效覆盖。

从退出的角度看，新三板投资圈中，集邮策略正在盛行。其做法是主要投资于基本满足 IPO 条件的新三板企业，这种策略的投资逻辑便是等到所投标的企业成功 IPO 之后，一方面利用新三板和主板之间的巨大估值差距实现结构性套利，另一方面利用主板的流动性来实现顺利退出。

这种集邮策略并非没有风险，一是 IPO 毕竟耗时长、变数多、风险大，新三板公司的治理水平又参差不齐，一旦不能顺利 IPO，挂牌企业的股价往往暴跌，给投资机构带来严重损失；二是一些新三板企业利用投资机构的这种集邮心理，故意做出欲 IPO 的假象，例如申请上市辅导等，一旦挂牌企业从投资机构处融得巨额资金之后，便宣布放弃 IPO 计划，这也会给投资机构带来巨大损失；三是集邮策略的盛行推高了新三板中准 IPO 企业的估值，使得投资机构套利空间减少。

我们认为，对新三板的投资应该坚持价值投资策略，关注企业的内生价值和长期的成长性，而不应仅把筹码放在宣称要 IPO 的企业上，只看重其短期套利机会。

关于新三体和新三板“漂亮 50”

新三体企业发展有限公司的创始人兼 CEO 唐勇是资本市场老兵，在券商和产业界均从业多年，是我国难得的既具有实体企业资本运作实操经验，同时又具有很高金融理论水平的专家。他对新三板既具有理论上的深刻洞见，高屋建瓴，又能从大处着眼，对诸多新三板企业了解颇深，能从企业发展方面给这些企业提供巨大帮助。

新三体参考美国纳斯达克的分层标准，同时结合新三板的特点，构建了一套独创性的筛选模型，筛选出了新三板“漂亮 50”企业。这在一定程度上解决了我们难以有效覆盖和深入研究新三板标的的问题，同时也让投资者清楚地看到新三板上最优质的企业能达到什么样的高度，为我们以后筛选投资标的提供了一个参照体系。

当然，客观来讲，“漂亮”总是相对的，也是静态的。我们期待更多的同仁关注新三板，研究新三板。我相信，高质量的研究一定可以带来高水平的回报。

是为序。

深圳市创新投资集团有限公司总裁　孙东升

总　论

关于漂亮 50

“漂亮 50”（Nifty Fifty）是 20 世纪 60 年代末 70 年代初纽约证券交易所在经历了题材股投机泡沫破灭，价值投资理念逐步主导市场后精选出来的备受市场青睐和热捧的 50 只大盘股。“漂亮 50”包括了诸如 The Coca-Cola Company、Gillette、McDonald's 等著名的全球性公司，这些公司的股票都被视作可以“买入并持有”的价值型优质标的，成为市场行情的主要推动力量。

A 股市场经历了 2014 ~ 2015 年的大牛市以及 2015 ~ 2016 年的大熊市，新三板市场经历了 2015 年年初的飓风上涨以及其后至今的深幅调整。在此过程之中，中国多层次资本市场中各市场的估值水平和估值结构都发生了巨大的变化。

根据东方财富 Choice 数据，截至 2017 年 5 月 31 日，各市场的 PE（TTM，中值）指标中，沪市主板、深市主板、中小板、创业板分别为 35.99 倍、49.49 倍、47.07 倍和 59.25 倍，而新三板全市场和创新层则分别仅为 17.92 倍和 21.58 倍。由此可见，就市盈率而言，新三板和各主板市场之间存在着巨大的估值差距。

各市场市盈率比较见图 0-1。

A 股市场尽管经历了 2015 年下半年以来的大幅调整，但是整体估值水平还是不低，特别是中小型股票仍然居高不下。相对而言，新三板市场相当一部分挂牌企业的投资价值凸显。

在此背景之下，新三体研究院认为，在中国的多层次资本市场结构中，新三板市场目前已经成为最有投资价值的市场，并据此构建独特的挂牌企业筛选模型，隆重推出中国新三板“漂亮 50”榜单。

两大创见与两大功能

新三板是中国多层次资本市场的重要一极，具有搭建中小企业融资渠道、推动宏观经济转型升级、优化和助推企业发展的作用。基于当前新三板市场在准注册制背景下迅猛野蛮生长的特征与市场权威性专业研究严重缺乏的状况，新三体研究院策划出版了《中国新三板“漂亮 50”：新三板精选层备选企业价值分析》一书。本书提出两大创见，具有两大功能。

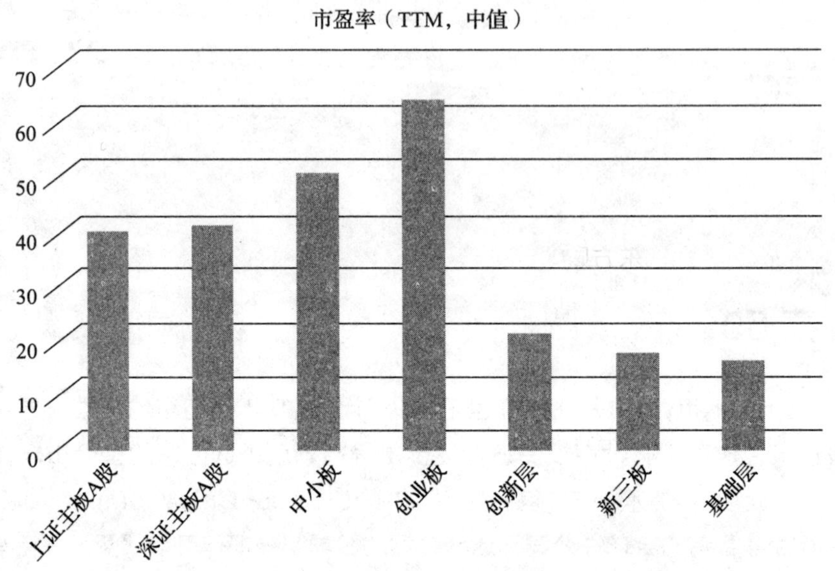

图 0-1　各市场市盈率比较

资料来源：东方财富 Choice。

创见之一：提出新三板分层政策的演进路线

新三板市场面临的最大问题就是流动性危机，要系统解决这一问题目前还不太现实。新三体研究院认为，最有可能的方式就是通过进一步分层，通过有针对性的制度和政策供给，首先解决结构性的流动性问题，本书创见性地提出了相应的政策演进路线。

创见之二：构建中国新三板漂亮 50（精选层备选企业）筛选模型

本书在参考纳斯达克分层相关标准以及中国新三板现有分层条件的基础上独创性地构建了筛选模型，筛选出 50 家最有价值的企业作为新三板的“漂亮 50”，这 50 家企业无疑会是进一步分层中可能推出的精选层的备选企业。

功能之一：供监管层分层政策决策参考

本书是首部系统阐述和深入分析新三板分层政策，并创见性地提出相应演进路线的专著。鉴于新三体研究院先前出版的《中国新三板年度报告（2016 年）》以及其他综合研究成果对市场及监管层所产生的良好影响，本书出版后无疑会是监管层进行分层政策决策的重要参考之一。

功能之二：供新三板机构投资人投资决策参考

本书推出了新三板“漂亮 50”榜单，并对相关的部分企业撰写了深度投资价值分析报告。从筛选模型的设计构建到公司调研和研究方法，特别是对相应公司的研究结论和成果，无疑会是市场上相关机构投资人投资决策时参考的重要依据。

致谢

在新三板市场持续快速发展的同时，部分市场专家和学者也针对新三板做了大量的研究。我们衷心感谢全国中小企业股转系统、证券公司、投资机构、新三板企业、自媒体、第三方服务机构、东方财富网在本书编写过程中提供的大力支持。我们还要特别感谢上海新三体企业发展有限公司参与撰稿的同事杨正涛、邵泽、袁洁、李承书、朱康山、徐友界以及各部门同事给予的大力协助。尽管我们在撰写本书时付出了极大的努力，致力于读者能对新三板有一个清晰、系统的认识，但是由于各种因素所限，不足之处在所难免，欢迎大家批评指正。

目　　录

推荐序

总论

第一部分　以分层的名义，回归价值投资

一、市场概述及存在的焦点问题 / 2

二、分层政策的演进路线及制度供给走向 / 4

三、首个精选层备选企业筛选模型的构建和“新三板漂亮 50” / 8

第二部分　漂亮 50 筛选模型构建及阐释

一、纳斯达克及其分层 / 10

二、进一步分层是筛选模型构建的背景 / 10

三、漂亮 50 筛选模型构建及阐释 / 11

四、漂亮 50 榜单 / 16

第三部分　2016 年报新三板漂亮 50 与全市场解析

一、营业收入、净利润规模及其增速一览 / 18

二、营业收入和盈利规模区间情况一览 / 18

三、“漂亮 50”2016 年度数据分类解析 / 27

第四部分　企业价值投资分析报告

永安期货（833840.OC）投资价值分析报告 / 34

多元业务开展，打造期货业领先的综合金融衍生品服务商

信中利（833858.OC）投资价值分析报告 / 50
专注战略型新兴行业股权投资，利润迎来爆发增长

神州优车（838006.OC）投资价值分析报告 / 62
定位中高端市场，人车生态圈初步成型

超能国际（836686.OC）投资价值分析报告 / 77
供应链服务特色突出，未来发展空间广阔

中建信息（834082.OC）投资价值分析报告 / 93
与华为共成长，打造业内领先 IT 分销商

东方网（834678.OC）投资价值分析报告 / 104
服务社会民生，推进智慧化城市建设

一诺威（834261.OC）投资价值分析报告 / 119
聚氨酯弹性体领军企业，技术积累雄厚，期待厚积薄发

鲁华泓锦（833831.OC）投资价值分析报告 / 135
规模优势突出，技术工艺领先，争做国内碳五精细化工细分领域龙头

西部超导（831628.OC）投资价值分析报告 / 149
超导和钛合金持续发力，高温合金未来可期

贝特瑞（835185.OC）投资价值分析报告 / 163
全球锂电池负极材料龙头，积极布局正极材料，打造闭环生态圈

伊赛牛肉（832910.OC）公司价值分析报告 / 181
加快全国产业布局，力争成为全产业链牛肉制品龙头

合全药业（832159.OC）投资价值分析报告 / 192
产业链不断延伸，全方位一体化医药外包服务龙头

第一部分

以分层的名义，回归价值投资

一、市场概述及存在的焦点问题

（一）市场概述

在中国多层次资本市场架构中，主板、中小板及创业板市场主要以传统的价值型企业和成熟的成长型企业为主，而新三板（全国中小企业股份转让系统）则主要以创新型的成长型中小企业为主。

根据股转系统统计数据，截至 2017 年 5 月 31 日，新三板共有 11 244 家挂牌企业，其中协议转让 9 676 家，做市转让 1 568 家；创新层 1 393 家，基础层 9 851 家。根据东方财富 Choice 数据，截至 2017 年 4 月 30 日，有 10 551 家挂牌企业按时公布了 2016 年年报。根据 2016 年年报数据，全年累计实现营业收入 17 484 亿元，同比增长 17.4%；累计实现归母净利润 1 146 亿元，同比增长 24.84%。挂牌企业平均每家净利润为 1 099.74 万元，同比增速仅为 7.33%，与 2015 年平均净利润同比增幅 50.9% 相比，下滑明显。

与迅猛增长的挂牌企业数量相对应的是，企业摘牌退出的家数也在不断增加。截至 2017 年 5 月 31 日，新三板共有 232 家企业摘牌，其中 2014 年 16 家，2015 年 13 家，2016 年 56 家，2017 年年初至 2017 年 5 月 31 日，摘牌企业达到了 116 家。摘牌的原因包括 IPO、并购以及企业自身经营发展之中的各种个性化因素。新三板的退市机制正在逐步成型，退市企业的家数一定会不断上升。

综合目前新三板市场的挂牌企业家数、市值规模、行业分布的结构特征、市场的进入退出机制等要素来看，新三板市场还基本处于野蛮生长的状态，制度环境、市场环境和运行机制方面都还相当不成熟。但从市场的定位和发展趋势来看，新三板市场一定会是未来中国资本市场的主战场，从全球资本市场的视野来看，也一定会发展成为具有鲜明个性化特征的独一无二的证券交易市场。

基于对新三板市场的以上判断，结合目前新三板市场的实际运行状况以及市场研究资源和研究成果都严重不足的现状，深入研究市场客观存在的焦点问题及其成因，提出应对策略与解决方案，特别是从政策和制度供给的角度，急监管决策层之所急，这对进一步推动新三板市场在迅猛发展进程中更加规范和良性发展都显得尤为急迫和重要。

（二）存在的焦点问题

作为一个新兴的市场，新三板市场揭牌至今只有 4 年时间，事实上快速发展也就最近 2 年时间，所以准注册制背景下的新三板市场的规范和成熟程度都可想而知。目前存在的焦点问题主要体现为如下两个“危机”：

第一，信息披露危机。新三板市场的信息披露体系是市场监管的核心，也是市场规范健康发展的推力和保障。目前，新三板在信息披露方面存在的问题主要表现在四个方面：一是披露渠道单一；二是有关信息披露的监管与处罚不到位；三是挂牌企业缺乏相关人才，频繁出现信披内容错误，同时很多企业也存在不够重视信披的现象；四是新三板市场的信息披露规则体系不够完善，并缺乏相应的针对性。信息披露的乱象使得市场的公开信息在真实性、准确性、完备性等方面都受到较多的影响，投资人对挂牌企业的分析和判断也受到较大的局限。

第二，流动性危机。一方面，由于新三板市场在短时间内的迅猛扩容，挂牌企业数量、市值规模和融资总额都急速增加，市场规模的迅速扩大意味着对资金需求的快速增长；而在资金供给方面，由于监管层基于投资风险的管控，对新三板市场的投资者界定了比较严苛的进入门槛，实施合格投资人制度，并未完全放开对公募基金、社保资金、保险资金等机构的准入，这使新三板市场呈现出的一个最大特点就是成为机构投资人的市场。这样一来，新三板市场上资金的供求矛盾就使得新三板深陷流动性危机成为必然。

另一方面，流动性问题导致新三板企业的投资人进入和退出都相当困难，这就使闲置资金因为流动性的考虑而对进入新三板市场持消极态度，这又进一步加剧了流动性危机。市场出现的这种现象，笔者称其为流动性危机的“负循环”效应。

2015 年、2016 年及 2017 年前 5 个月新三板市场的区间换手率均不足 10%，与主板、中小板和创业板动辄几十倍的换手率形成鲜明对比。由于新三板的流动性缺陷，导致挂牌企业融资困难。以增发募集金额来看，2015 年、2016 年、2017 年前 5 个月新三板市场共增发募集资金 1 621.6 亿元、1 538.7 亿元、538.79 亿元，2017 年前 5 个月增发募集资金约为 2016 年全年的 1/3，总体呈下降趋势。与其他证券市场横向比较，新三板的增发募集金额远逊于上证 A 股市场、深证主板 A 股市场及中小板市场，仅与市场规模较小的创业板（仅 600 余家企业）比较接近。

各证券市场区间换手率和增发募资金额见图 1-1。

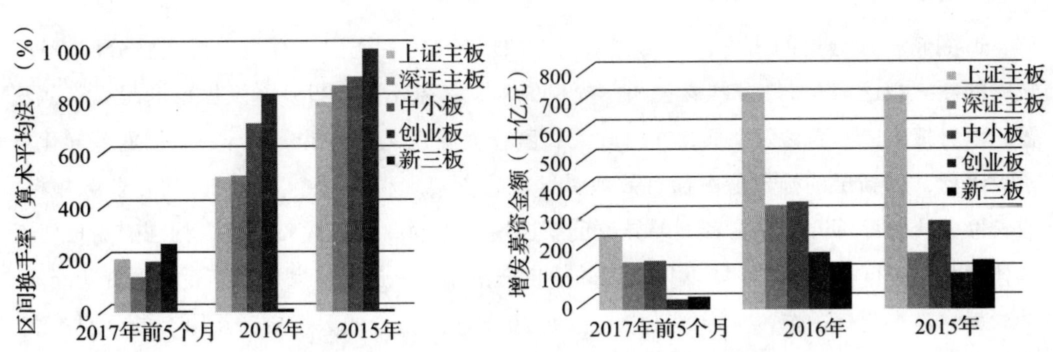

图 1-1　各证券市场区间换手率和增发募资金额

资料来源：东方财富 Choice。

信息披露危机、流动性危机及其带来的融资困难，加之期待的新三板政策红利迟迟没有到来和 IPO 审核的常态化，使新三板面临着大批优质企业逃离的窘境。截至 2017 年 5 月 31 日，共有 470 家企业曾公告已进入 IPO 辅导期，其中 98 家企业已递交 IPO 申报材料，18 家企业成功登陆主板、中小板或创业板。在这样一种客观现实下，监管层进行更多的制度创新和政策供给势在必行。

二、分层政策的演进路线及制度供给走向

针对新三板市场存在的前述两大焦点问题，新三体研究院研究分析了新三板市场的主导型政策和制度供给，并提出解决方案来解决上述焦点问题。

（一）新三板定位进一步明晰

2017 年 3 月 5 日，李克强总理在政府工作报告中明确提出，“深化多层次资本市场改革，完善主板市场基础性制度，积极发展创业板、新三板，规范发展区域性股权市场。”这是李克强总理连续 5 年在政府工作报告中提及发展多层次资本市场，更是首次直接提及新三板。解读总理的这一段话，主要内容在于两个方面：一是新三板市场的发展已经上升到国家层面给予充分重视；二是并列提及新三板和创业板，这说明新三板和创业板具有同等重要的地位。

4 月 24 日，证券法修订草案提请全国人大常委会二审，草案二审稿将我国证券交易场所划分为三个层次，即“将证券交易场所划分为证券交易所、国务院批准的其他全国性证券交易场所（新三板）和按照国务院规定设立的区域性股权市场三个层次”。长期以来，新三板的上位法缺失，监管依据不足，造成无法可依的尴尬局面，不利于新三板的健康发展，也与当前新三板规模的飞速增长相脱节。此次证券法二审稿虽对新三板只做了原则性的规定，但对新三板的市场定位进行了法律上的确认，为以后国务院或股转系统出台相关规范性文件提供了上位法依据。

（二）新三板的分层状况

追溯新三板分层的历史，2016 年 6 月 27 日，股转系统正式对新三板实施分层管理。彼时的新三板已有 7 652 家挂牌公司，规模庞大，参差不齐，投资者及做市商难以有效覆盖，信息搜集成本高，效率低，同时政策和监管资源也无法满足众多挂牌公司的差异化需求。因此，创新层的推出能更加有效地引导投融资实现精准对接，挂牌公司在业务规模、成长性、流动性等方面存在较大差异，创新层遴选出 900 多家优质企业，相当于为投资者和挂牌企业进行初步筛选，降低投资者的信息搜集难度，进一步完善新三板的融资功能。

就在本书付梓前夕，全国股转中心根据 2016 年度报告的数据更新及原有的分层标准，重新确定了 1 393 家挂牌企业的创新层名单，原有创新层名单中调出了 300 余家公司，同时有 766 家挂牌企业新晋入选创新层。

根据东方财富 Choice 数据，截至 2017 年 5 月 31 日，新三板创新层 1 393 家企业，做市转让 572 家，占比 41.06%，基础层 9 851 家企业，做市转让仅 980 家，占比仅 9.95%。可见做市商更加认可创新层企业，大量创新层企业均有券商为其做市，因此新三板分层有助于做市商降低寻找做市标的的难度。与此同时，从增发募集资金来看，更新后的创新层 1 393 家企业中有 1 097 家企业在 2016 年年初至今成功募集资金，占创新层的 78.75%，这

1 097 家企业平均每家募资 6 551.6 万元；基础层有 2 557 家企业成功募集资金，仅占基础层的 25.96%，这 2 557 家企业平均每家募资 4 167.3 万元，两项数据均远低于创新层。从以上数据可以看出，创新层企业更受投资者的青睐。

另一方面，新三板的分层可以在交易制度、发行制度、信息披露的要求等制度供给方面，进行差异化的安排，以促进新三板市场持续、健康发展。如前文所述，2018 年 1 月 1 日后，创新层企业将执行新的审计准则，财务审计的要求更加严格，向上市公司看齐，促进创新层公司进一步改善其治理结构和内部控制。2017 年 4 月 28 日，证监会发布《关于开展创新创业公司债券试点的指导意见》(征求意见稿)，其中明确提出重点支持创新层企业成为发行创新创业公司债券（以下简称“双创债”）的主体，实行“专人对接，专项审核”甚或“即报即审”。双创债担保方式灵活，融资效率高于定增，融资规模高于银行贷款，利息也仅稍高于银行贷款。2017 年 4 月，天图投资（833979.OC）获准向合格投资者公开发行面值不超过人民币 18 亿元的创新创业公司债券，首期实际发行规模为 10 亿元，票面利率 6.5%，剩余部分自中国证监会核准发行之日起 24 个月内发行完毕。这次发行从 4 月 25 日获得证监会核准到 5 月 24 日第一期发行结束用时不到 1 个月，效率高于融资定增。

但目前针对创新层较有实际意义的差异化政策仅创新创业公司债券这一项，远远无法胜任刺激创新层交易活跃度，从整体层面上激活创新层流动性的作用，因此更多的差异化政策亟待出台。

（三）分层政策的演进路线

在 2017 年 2 月 26 日的证监会新闻发布会上，证监会副主席赵争平强调，今年新三板改革重点将是完善市场分层，将以分层为主线，推动其他方面的改革，在发行、交易和监管上都会进行区别对待。他具体指出，“新三板改革是今年多层次资本市场建设的一项重要任务，既要有效监管、守住底线，更要因势利导、积极作为，进一步提升融资、交易等核心功能，使新三板在量的积累基础上，质也实现一个大的提升。改革的重点是完善市场分层，通过分层管理，把发行、交易、投资者准入和监管等多方面的改革贯穿起来，为众多的挂牌企业提供差异化的制度供给，把市场的积极效应进一步释放出来，重点支持那些创新能力强、诚实守信、运作规范、前景广阔的中小微企业加快发展。”

这段讲话对新三板市场未来政策和制度供给的走向来说内涵相当丰富，解读起来大致有如下三个方面：一是完善市场分层是 2017 年的改革重点；二是投资人准入受到特别关注，可能会有相关政策；三是制度供给是差异化的，目前不可能试图去解决市场的整体性问题，对市场的影响是结构性的，对那些优质的挂牌企业完全可以有明确的利好预期。

2017 年 5 月 10 日，全国股转系统监事长邓映翎在“2017 成都全球创新创业交易会——新三板交易分会”发表演讲。邓映翎表示，“分层披露年报时机已成熟，方案大致是创新层的年报 4 月 30 日前披露，基础层的年报 6 月 30 日前披露；至于运行了一年的分层制度，在标准上还存在着问题，需要进一步完善，完善的大方向是确保稳中求进，防止大进大出，即需要适当地降低创新层的进入标准；至于精选层，则要等到创新层企业数达到 3 000 ~ 4 000 家后才会再考虑。”这段讲话向我们透露了股转系统关于完善市场分层的具体想法，包括降低进入创新层的标准、扩大创新层规模等。

流动性危机是新三板市场当下最大、最严重也是最急迫的焦点问题，因而进一步加大政策和制度供给以解决流动性问题便成为当务之急。根据目前的市场实际状况，要系统性地解决新三板市场的整体流动性问题根本不可能，甚至是基于目前创新层、基础层两层分级的基础上有效解决创新层的流动性问题也做不到。新三体研究院认为对创新层进行再分层，时间可能不会太长。2017 年中国证监会对新三板的重点工作就是分层。分层是新三板改革的有效抓手，可以参考美国纳斯达克市场的发展历史，在新三板中设立竞价精选层（简称精选层），对创新层或者精选层赋予新的政策，结构性地解决流动性和信息披露问题，以实现估值修复和流动性缓解。

从 PE 角度看，目前创新层企业确实有一定价值，营收增长率比基础层高，比创业板、中小板略高。如果推出精选层，这些指标会越来越清晰，更能体现企业的成长性和价值。而与新三板定位契合的竞价交易也可能择机推出，再结合投资者门槛的进一步降低以及投资者准入的放宽，市场的流动性将得到有效解决。

随着新三板分层制度的进一步完善，未来的精选层将聚集适合价值投资的企业。这是新三板的未来。新三板中最有价值的企业不一定是财务指标最好的，甚至也不一定是成长性最好的，但要有足够的流动性。

纳斯达克不一定是新三板的未来，新三板可能会走出一条新路。新三板可能发展成为纳斯达克加上美国场外柜台交易系统，再加上美国粉红单市场，基础层可能是美国场外柜台交易系统加美国粉红单市场，创新层更像纳斯达克资本市场，精选层就像纳斯达克全球精选市场。

整个新三板体系将呈现出从低端股权，类似于股权交易市场、柜台交易市场这样一个形态，逐步过渡到沪深交易所这样的形态。每个层级的政策不一样，投资者准入门槛也不一样，流动性、交易方式均存在差异，形成具有中国特色的新三板市场。美国场外市场见图 1-2。

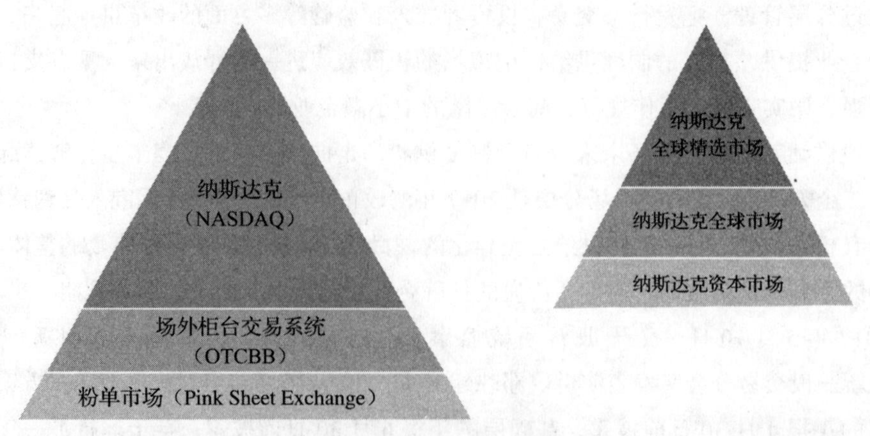

图 1-2 美国场外市场

对新三板再分层的逻辑思考主要在于以下两个方面：第一，分层对流动性的影响。新三板投资者数量本身就远远小于主板市场，加之目前的新三板市场尚不够规范，导致了资金不敢贸然入市。继续深化分层将使得一部分新三板优质企业脱颖而出，甚至各方面表现会优于主板，另外，精选层的公司相当于获得了监管层的背书，相信届时在市场上一定会有突出的表现。精选层流动性的提升会吸引大量资金进入新三板市场，进而对全市场的流动性具有很大的改善作用。

第二，分层对监管及信息披露的影响。新三板分层的一个非常重要的目的就是形成分层监管。信息披露对于公众公司来说非常重要，但同时信息披露对于一些小企业来说成本相应较大，这些企业也缺乏相应的资本市场理念，这些都导致了新三板市场监管的困难。分层监管可以将不同的企业纳入不同的监管要求，可以有力地促进新三板市场信息披露的规范性。

（四）制度供给走向

精选层分层制度推出和实施后，其相应的政策供给应该主要在于以下几个方面：

第一，交易制度的改变。目前新三板市场的交易方式仅包括做市交易和协议转让两种，另外大宗交易和集合竞价制度也已经测试完成，不久后会正式落实实施。一旦精选层的分层政策得到实施和落实，精选层的挂牌企业质地就是优中选优的好企业，其基本面完全可以与主板、中小板和创业板的企业媲美，甚至比相关企业更优；同时精选层的企业家数和市值总规模将在目前创新层的基础上有相当数量的减少。基于这两个方面的变化，完全可以预期，在新三板针对精选层板块的连续竞价交易制度将会得以顺利实施。

第二，投资人门槛的降低。基于在新三板精选层推出连续竞价交易制度的判断，相关投资人门槛的降低也已经具备条件。原因主要还是在于精选层企业的基本面有所保证，在投资风险方面得到了有效的降低。所以，现有的合格投资者门槛数量级就可能在一定程度上得以降低，增加市场进入的投资者数量和资产规模。

2016 年 12 月，证监会发布《证券期货投资者适当性管理办法》，这一办法引进了“专业投资者”的概念，要求个人金融资产不低于 500 万元，或者最近 3 年个人年均收入不低于 50 万元。而股转公司 2013 年颁布的《全国中小企业股份转让系统投资者适当性管理细则（试行）》规定，个人合格投资者需证券类资产市值 500 万元以上。新办法对个人合格投资者的门槛明显降低，证券类资产变成金融资产，且新增了个人年均收入 50 万元的备选项，新办法将于 2017 年 7 月 1 日正式实施，届时将降低新三板的投资者门槛，有理由预测股转公司将出台与之配套的新三板投资者适当性规定，对提高新三板流动性是利好消息。

第三，投资人准入资格的放宽。同样由于精选层推出之后，标的企业的质地提高了，投资风险得到了有效控制，公募基金、社保基金、保险资金等就成为这其中最有可能获得放宽准入资格的投资机构。而这些机构的准入一定会明显改善精选层企业股票的供求状况，对流动性产生实质性影响。

另外，2016 年 9 月，《私募机构全国股转系统做市业务试点专业评审方案》出台，该文件的发布标志着私募机构做市业务试点工作的启动。12 月，股转系统确定 10 家机构入选做市名单，私募机构的入场打破了券商对做市的垄断地位，为新三板股权的定价提供了更多的渠道。但是股转系统《私募机构做市业务试点技术方案座谈会会议纪要》强调，私募只能用自有资金做市，而不能用受托管理的资金做市，而私募的自有资金较少，无法与券商相提并论，但是对进一步改善整个新三板市场的流动性无疑具有积极的作用。

三、首个精选层备选企业筛选模型的构建和“新三板漂亮 50”

截至 2017 年 5 月 31 日，新三板挂牌企业数量已经超过 11 200 家，挂牌以来没有交易的僵尸企业的占比达到了 60% 左右。如何在这样巨量的挂牌企业中寻找优质投资标的，优中选优，以有效控制投资风险，是摆在新三板投资人面前的一道难题。

新三体研究院在综合主板（中小板）上市条件、创业板上市条件、新三板创新层分层指标条件的基础上，结合纳斯达克市场分层标准，建立了一套比较完整的指标评价体系，构建起“中国新三板漂亮 50（2016）”筛选模型，将新三板最具投资价值的投资标的范围大幅缩小到 50 家企业。该模型的构建既能为监管决策层的分层政策提供决策参考，又能为投资者提供有价值的投资决策参考。

中国新三板漂亮 50 与我国 A 股漂亮 50 以及美国纽约证券交易所漂亮 50 的不同之处在于，将公司流动性纳入作为重要考核指标，这是因为 A 股和美国纽约证交所属于流动性充足的市场，上市股票不存在流动性问题，因此其漂亮 50 主要考察股票基本面。而新三板市场上流动性缺乏，从投资者角度看，流动性太差的股票，即使基本面尚可，也往往不会考虑投资，因此新三板漂亮 50 的筛选模型将流动性指标作为底层指标和前置条件，入选企业首先必须满足流动性指标，再从基本面进行考核。

第二部分

漂亮 50 筛选模型构建及阐释

一、纳斯达克及其分层

中国新三板市场自 2013 年 1 月 16 日正式揭牌以来，经历了 4 年多快速而迅猛的发展，挂牌企业家数已经由揭牌之初的“老三板”200 家增加到目前的新三板超过 11 100 家。从目前发展现状以及未来发展趋势来看，以资本市场全球视野的角度，中国新三板市场无疑会发展成为一个独一无二的资本市场。但从中国目前的多层次资本市场结构来看，无论是市场规模、行业分布还是挂牌企业特点等多个方面，相对于美国的资本市场结构，中国新三板市场对标的可能是美国纳斯达克市场。事实上，中国的新三板市场在建设和发展过程中，在一系列的制度和政策供给方面也大量借鉴了纳斯达克市场的发展。

纳斯达克成立于 1971 年，分别于 1982 年和 2006 年进行了两次分层，现在自上而下分为纳斯达克全球精选市场、纳斯达克全球市场、纳斯达克资本市场，截至 2017 年 4 月 30 日，纳斯达克全球精选市场有 1 546 家企业，纳斯达克全球市场有 812 家企业，纳斯达克资本市场有 848 家企业。现在的纳斯达克已经超越纽交所，成为世界第一大交易所，在纳斯达克全球精选层更是有着像苹果、微软、谷歌等这样的行业巨擘和龙头企业，也是未来全球新兴产业经济发展的代表和方向。

纵观纳斯达克的发展史，现在的新三板非常像是纳斯达克发展 40 余年的一个缩影。纳斯达克市场发展经历了市场扩容、完善监管、严格退市、板块品牌树立等具有典型代表意义的阶段，这与我们通常所说的新三板市场发展历程中的扩容、监管、流动性三部曲算是不谋而合。

纳斯达克经历了 40 多年的发展才有了今天的繁荣。在纳斯达克成立之初，也有着大量新三板目前遇到的问题，流动性匮乏、市场操纵等也是屡见不鲜的现象。针对 40 年前的纳斯达克市场而言，谁也不会相信会发展成为今天的纳斯达克。所以对于目前中国新三板市场的状况，在看到问题的同时也要看到未来监管和规范发展的前景。

二、进一步分层是筛选模型构建的背景

2016 年 12 月 19 日，新三版挂牌家数达到了 10 000 家，截至 2017 年 4 月底则已经超过 11 100 家，毫无疑问新三板市场已经迅速完成了三步走的第一步，接下来新三板要做的就是解决监管和流动性的问题。事实上，监管和流动性的提升是一个相辅相成的过程，只有监管到位了才能吸引更多投资者入市，从而解决流动性问题。同样，流动性提升后也在很大程度上加强了对新三板市场的监管要求。深化新三板分层就是一个解决监管问题和流动性问题的有效办法，深化分层后既有助于对不同层级的企业实施不同的监管要求，也可以吸引不同投资偏好的投资者参与新三板投资。2017 年 2 月 21 日，《中国证券报》报道，监管层目前正以再分层为抓手，加大新三板制度供给改革研究，未来有望在创新层之上推出“精选层”，并在此基础上引入竞价交易等制度。

新三板既要发挥“苗圃”功能，又要发挥“土壤”功能，这是一种对立统一，是对新三板未来市场形态较为形象的比喻：①让新三板优质的、精选出来的公司通过制度改革能够留在三板这个“苗圃”，从而得到展示，受到投资者关注；②为新三板处于成长阶段和孵化阶段的基础层公司提供便捷的融资平台，在新三板这块“土壤”上成长。“苗圃”和“土壤”应该是并列关系，而非因果关系。

证监会副主席赵争平明确表示，新三板在 2017 年的改革重点将会是完善市场分层。分层既有助于增加投资者对挂牌企业的总体认知，也有利于挂牌企业在不同发展阶段吸引不同风险偏好的投资者，另外还有助于形成分层监管体系，规范市场。分层后能让优秀的企业脱颖而出，精选层将成为优质企业的聚集地，同时提高信息披露质量，降低投资者交易成本。与此同时，精选层的高估值和高流动性也会对位于较低层的企业产生激励效应，最终实现全市场估值和流动性的提升。

本着结构化解决新三板流动性问题的需要，在目前简单的创新层、基础层分层结构的基础上进一步细分，推出精选层就成为政策和制度供给的必然。基于在创新层基础上再细分出精选层的路径，新三体研究院参照纳斯达克分层标准以及目前新三板市场的分层标准，构建了一个独立筛选模型筛，选出一批优质企业，作为本书推出的中国新三板漂亮 50 企业，而这批优质企业可能会成为未来精选层分层政策出台之后精选层的备选企业。

三、漂亮 50 筛选模型构建及阐释

本书推出的中国新三板漂亮 50 企业可以看作是未来精选层的备选企业。而我们现在要做的工作就是构建一个筛选模型来筛选出 50 家目标企业。我们分别从流动性、市场规模、企业成熟度、企业规模、企业成长性五个维度对一万多家新三板企业进行严格筛选，最终得到新三板市场 50 家优质企业。

(一) 筛选模型

根据上述逻辑，我们创造性地构建了中国新三板漂亮 50 筛选模型，见表 2-1。

表 2-1　中国新三板漂亮 50 筛选模型

条件	标准 1：市场规模	标准 2：规模及盈利能力	标准 3：成熟度	标准 4：成长性
营业收入	1. 前 3 年合计超过 40 亿元 2. 近两年每年超过 15 亿元	不适用	不适用	近一年营收超过 10 亿元，同时过去 3 年营收复合增长率超过 30%
现金流量	不适用	不适用	前 3 年合计超过 2 亿元	不适用
市值	不适用	市值超过 30 亿元	市值超过 20 亿元	不适用
净利润	不适用	上年度净利润超过 1 亿元	上年度净利润超过 8 000 万元	不适用

（续）

条件	标准 1：市场规模	标准 2：规模及盈利能力	标准 3：成熟度	标准 4：成长性
公司治理要求	符合	符合	符合	符合
流动性要求 1	做市交易：做市商大于等于 4 个，股东人数大于等于 50；协议转让：股东人数大于等于 50	做市交易：做市商大于等于 4 个，股东人数大于等于 50；协议转让：股东人数大于等于 50	做市交易：做市商大于等于 4 个，股东人数大于等于 50；协议转让：股东人数大于等于 50	做市交易：做市商大于等于 4 个，股东人数大于等于 50；协议转让：股东人数大于等于 50
流动性要求 2	过去 60 日平均日成交金额大于 10 万元	过去 60 日平均日成交金额大于 10 万元	过去 60 日平均日成交金额大于 10 万元	过去 60 日平均日成交金额大于 10 万元

（二）模型阐释

我们在筛选标准确定的过程中充分参照了纳斯达克全球精选市场的分层方法，并结合新三板市场独有的特点。在这五个维度中，流动性是一个底层因素，或者说是必要因素，只有满足流动性要求才能进入下一步的筛选，之后我们设置了市场规模、企业成熟度、企业规模、企业成长性等四个充分因素，企业只要满足其中一个条件就进入漂亮 50 榜单。接下来我们将分别从这几个维度对筛选的标准进行详细的介绍。另外，我们还从环保标准、劳工标准、税法标准、信用标准、产品标准等维度对漂亮 50 企业设置了负面清单，同时剔除了那些因重大资产重组或准备 IPO 而停牌的企业。

1. 流动性维度

根据 Choice 的不完全统计，以 2016 年年报公布的数据看，新三板挂牌企业中大股东占股比例超过 50%、60%、70%、80%、90% 的公司占比数依次为 50.59%、31.80%、18.61%、9.80%、4.17%，前十大股东持股比例达到或超过 60%、70%、80%、90%、100% 的公司占比数依次为 99.20%、97.57%、93.24%、83.18%、49.28%。

新三板企业在挂牌的时候并没有跟主板一样公开发行股票，而且挂牌后新三板企业股票又面临着较长时间的锁定期，流通股的缺失再加上股本的高度集中在很大程度上导致了市场流动性的匮乏。非公开发行的一级市场匹配公开交易的二级市场，这本身就是一个错配，因此我们对漂亮 50 企业的股本分散程度有一定的要求。此外，大股东持股比例过高还容易造成潜在的违规问题，如大股东占款等，在一定程度上会出现损害中小投资者利益的可能。

日均股票交易额是衡量企业股票流动性最直接也是最直观的标准。因此在漂亮 50 企业的流动性标准筛选中，我们以 2016 年年报披露截止日为标准，充分考虑了企业前 60 日的日均成交额。

此次漂亮 50 企业为精选层备选企业，考虑到现实因素，协议转让的交易方式不利于改善和提高挂牌企业的流动性，同时协议转让的交易方式还可能严重影响到股票交易流动性的改善。具体参见表 2-2。

表 2-2

交易日期	成交金额（万元）		
	合计	做市转让	协议转让
2017-04-28	2 006 926.34	915 117.83	1 091 808.49
2017-03-31	2 939 009.61	1 395 723.20	1 543 286.42
2017-02-28	1 597 144.63	759 305.55	837 839.08
2017-01-26	1 727 720.41	743 089.73	984 630.70
2016-12-30	2 785 228.69	1 024 980.62	1 760 248.05
2016-11-30	2 069 345.47	951 496.43	1 117 849.06
2016-10-31	1 431 963.87	574 834.97	857 128.91
2016-09-30	1 558 956.74	754 664.61	804 292.13
2016-08-31	1 393 682.15	628 454.87	765 227.26
2016-07-29	1 143 847.23	654 496.72	489 350.53
2016-06-30	1 222 906.51	653 744.72	569 161.78
2016-05-31	1 358 419.49	792 946.52	565 472.99

截至 2017 年 4 月 28 日，新三板市场共有协议转让的企业 9 528 家，而做市转让的企业仅有 1 583 家。但从过去一年的成交金额来看，做市转让的企业和协议转让的企业在成交金额方面近乎相等。因此，我们在筛选漂亮 50 企业的时候，根据企业不同的股票转让方式采用了不同的筛选标准，在做市交易的企业中我们考虑了做市商家数的因素。在纳斯达克市场上，每家企业有多达 20 个做市商为其股票进行做市服务，做市商之间竞争程度较高。而新三板企业平均仅有 3.7 个做市商，做市商的垄断地位也会导致做市买卖差价过大，进而影响股票的流动性，因此在漂亮 50 做市交易企业的筛选中，做市商家数也是我们考虑的因素之一。

2. 市场规模

对于一个成熟的企业来说，盈利能力和现金流固然非常重要，国际通用的绝对估值方法如股利贴现模型、自由现金流模型等都要通过企业的盈利能力以及现金流来对其进行估值，但对于一个处于扩张期的企业来说，市场更为看重的是企业的市场扩张能力以及后期的爆发力，互联网企业尤其如此。大量的互联网企业在成长的初期盈利能力并不高，但只要有较大的市场影响力，市场都会给予它们较高的估值，以我们熟知的携程网、腾讯、百度为例，在这些企业上市初期，市销率都比较高。具体参见表 2-3。

表 2-3

市销率 P/S	2006 年	2007 年	2008 年	2009 年	2010 年
携程网	23.4	26.71	7.51	18.19	14.6
腾讯	19.69	29.84	12.73	24.84	15.01
百度	46.38	69.02	10.65	23.82	33.5

新三板作为中国新经济的代表拥有着大量的互联网企业，即使不是互联网企业也会利

用互联网 + 的方式去打造企业的商业模式。在这样的情况下，我们以企业过去三年的营业收入为标准，筛选出一些具有较大市场规模及较强市场影响力的新三板企业。

3. 公司规模及盈利能力

对企业来说，股价波动性往往和企业规模呈现出一定的负相关性。我们用新三板市场做市企业在过去一个月有交易的企业为样本进行统计，图 2-1 中横坐标为 4 月股价振幅，纵坐标为企业总市值，从图中我们可以直观地看到振幅和市值之间的负相关性。

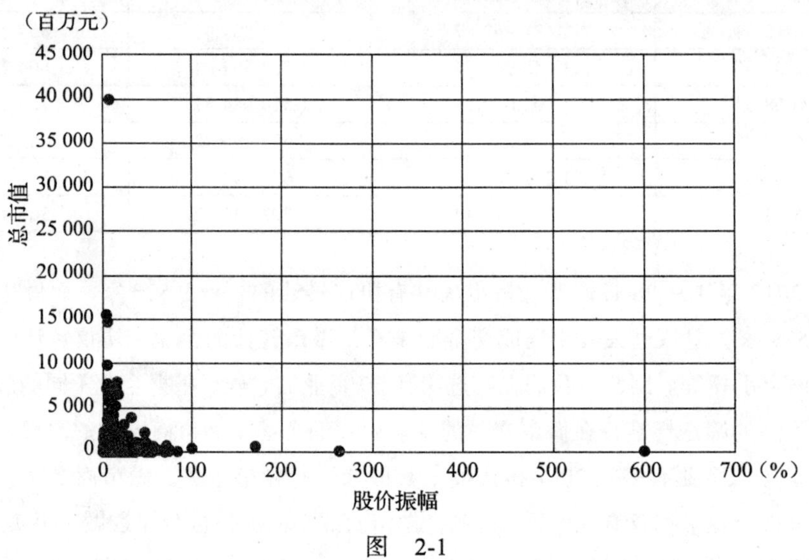

图 2-1

剔除一些极值后可以得到更为直观的相关关系，见图 2-2。

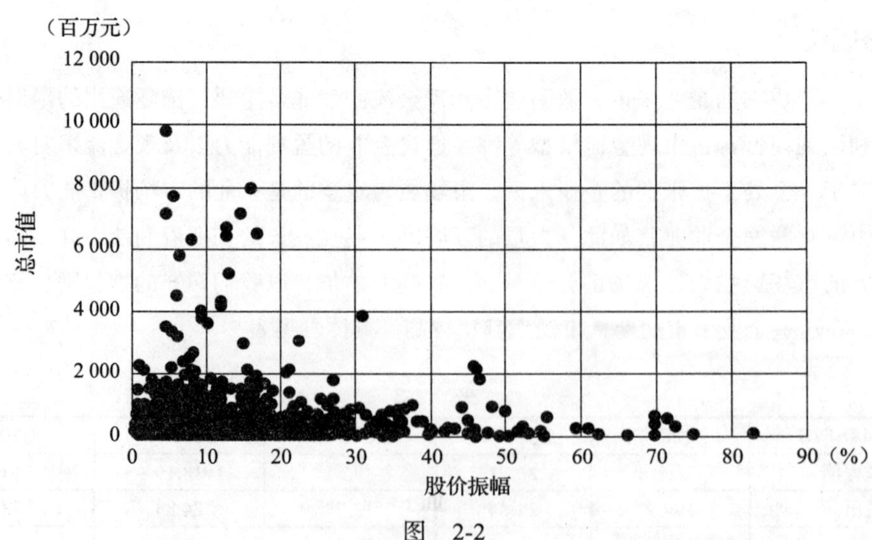

图 2-2

从对精选层将要推出竞价交易的制度来看，大的波动率会影响市场的稳定，更会损害一部分投资者的利益。

这不仅是实证检验的结果，我们也可以从企业生命周期的角度来解释。规模较大的企业说明企业已经过一段时间的发展壮大，商业模式逐渐成熟，上下游也形成了稳定的渠道，企业已经顺利度过了萌芽期这个摸索阶段，进入了发展期，甚至进入了成熟期，这将会极大地降低投资者的投资风险。在企业规模的筛选上，我们从市值、净利润两个维度进行筛选。

4. 公司成熟度

企业的生命周期分为萌芽期、发展期、成熟期和衰退期，10 000 多家新三板企业大多处于萌芽期，商业模式不稳定，企业的发展存在着较大的不确定性。对于即将推出的精选层来说，企业的成熟度也非常重要，稳定的经营模式将极大地推动投资者的投资热情，可以在连续竞价的基础上有力地提升新三板市场的流动性。

在公司成熟度指标上，我们在企业规模的前提下加入了经营性现金流的指标。企业规模的庞大并不能说明企业业务的成熟，不稳定的现金流会对企业的持续经营造成困扰，使得企业不得不靠外部融资存活。据 2016 年按时披露的年报数据统计，2016 年新三板所有企业中经营性现金流为负的企业达到了 4 491 家，占比达 42.38%，而在主板 3 210 家按时公布年报的企业中，经营性现金流为负的企业仅有 662 家，占比仅为 20.62%。我们从经营性现金流的角度对漂亮 50 企业成熟度做了一定的要求。

5. 公司成长性

新三板市场是在中国“大众创业，万众创新”的形式下创立并成长起来的，尽管我们希望精选层企业有稳定的商业模式，但企业的成长性是不能忽略的，高成长性也是新三板市场区别于主板市场的因素之一。尽管目前纳斯达克市场上已经有了大量的商业巨头，如苹果、谷歌等，但相比纽交所，纳斯达克更是充斥着大量的互联网企业，成长空间巨大。新三板亦是如此，相比沪深主板，新三板的成长性更是投资者关注的亮点。据 Choice 数据统计，2016 年新三板平均营收增长率达到 29.78%，而沪深主板市场低于新三板市场，营收增长率为 22.14%。

企业生命周期参见图 2-3。

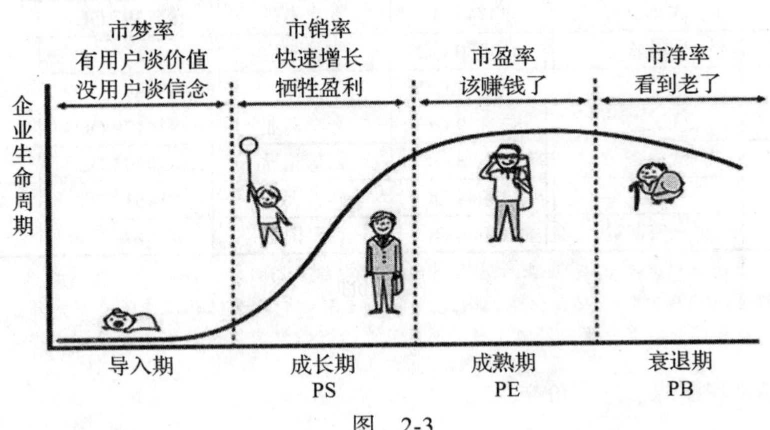

图 2-3

在成长性指标中，营收的增长率更能代表一个企业的成长状况。我们选择了营业收入在一定基数之上的企业，并且增长率达到一定标准的企业进入精选层。对于成长性企业来说，营业收入的增长比净利润的增长更具说服力。对于处于高速成长期的企业来说，暂时性的亏损是非常常见的，企业前期需要通过不断地投资来扩大市场份额，很多高速成长的企业都处于亏损状态，但营业收入增长说明了企业确实扩大了市场规模。另外，在成长性指标中我们还对企业的市场规模设了一定的门槛，企业的营业收入需达到一定规模才能进入筛选，在选择高成长性的同时尽可能保证企业的优质。另外，我们在计算营收增长率的时候使用的不是年均复合增长率，而是几何平均增长率这一更为严格的计算方式。年均复合增长率仅考虑了 2014 年和 2016 年的企业营收状况，而平滑了 2015 年的营收状况，即使 2015 年营收有巨幅的波动，在复合增长率中也不会有所体现。而几何平均增长率对企业近三年的营收都做出了一定的要求。

四、漂亮 50 榜单

根据上述构建的筛选模型，以及新三板全市场挂牌企业 2016 年年度报告的公开数据和相应挂牌企业的公开披露信息数据，我们最终筛选出漂亮 50 榜单如下（见表 2-4）。

表 2-4

834793.OC	华强方特	833831.OC	鲁华泓锦	833979.OC	天图投资
830881.OC	圣泉集团	836686.OC	超能国际	430127.OC	英雄互娱
833014.OC	中标集团	837894.OC	祥云飞龙	832800.OC	赛特斯
833819.OC	颖泰生物	870488.OC	国都证券	831900.OC	海航冷链
831873.OC	环宇建工	831550.OC	成大生物	430225.OC	伊禾农品
834082.OC	中建信息	830809.OC	安达科技	832910.OC	伊赛牛肉
834178.OC	金田铜业	832950.OC	益盟股份	430223.OC	亿童文教
835185.OC	贝特瑞	832028.OC	汇元科技	830855.OC	盈谷股份
831354.OC	话机世界	430237.OC	大汉三通	838006.OC	神州优车
834898.OC	株百股份	832898.OC	天地壹号	834678.OC	东方网
832666.OC	齐鲁银行	834742.OC	麦克韦尔	831397.OC	康泽药业
430002.OC	中科软	834980.OC	宁波水表	834156.OC	有米科技
833858.OC	信中利	834777.OC	中投保	833994.OC	翰博高新
833371.OC	蓝天燃气	832159.OC	合全药业	834179.OC	赛科星
430707.OC	欧神诺	831628.OC	西部超导	830993.OC	壹玖壹玖
834261.OC	一诺威	833044.OC	硅谷天堂	834616.OC	京博物流
833840.OC	永安期货	834086.OC	德泓国际		

注：根据上述指标，有 61 家企业入选漂亮 50，其中原子高科、云南路桥、亚锦科技、东海证券、联讯证券、确成硅化、友宝在线、南菱汽车在过去一年内违规或被立案调查，维泰股份、景津环保、源和药业因重大事项停牌，科顺防水正在进行首发申报，这些企业被调出漂亮 50。

第三部分

2016年报新三板漂亮50与全市场解析

截至 2017 年 4 月底，新三板挂牌企业已经完成了 2016 年年度报告的披露，根据股转系统 2017 年 4 月 28 日发布的《关于暂停未披露 2016 年年度报告挂牌公司股票转让的公告》，11 113 家须披露年报的公司中，有 10 554 家已经完成年报披露，而 559 家公司未完成年报披露。

新三体研究院在 4 月 28 日已公布的新三板公司年报的基础上，从不同角度分析新三板公司 2016 年年报的基本情况，对 2016 年年报总体情况和个别行业及特别领域板块，进行总结及分类分析，为投资者提供有价值的信息参考。

一、营业收入、净利润规模及其增速一览

（一）全市场营业收入规模增速平稳，盈利增速放缓

新三体研究院剔除老三板企业和 2017 年 4 月 28 日之后公布年报企业后，选取总样本量为 10 551 家，如表 3-1 所示，2016 年营业收入和净利润整体规模为 17 356 亿元和 1 159 亿元，分别实现整体增速 17.03% 和 7.33%。相较 2015 年营业收入和净利润整体规模增速，营业收入规模增速稳定，而净利润的整体增速有较大程度的下滑。

表 3-1　新三板挂牌企业 2015 ~ 2016 年营业收入及净利润情况一览

项目	2015 年	2016 年
营业收入整体规模（万元）	148 305 889.39	173 568 419.41
营业收入整体增速（%）		17.03
净利润整体规模（万元）	10 803 885.40	11 595 558.89
净利润整体增速（%）		7.33

资料来源：Choice，新三体研究院整理。

（二）“漂亮 50”榜单企业营业收入整体增速领先于全市场

如表 3-2 所示，“漂亮 50”榜单企业整体在增速方面领先于新三板挂牌企业。2016 年，“漂亮 50”榜单企业营业收入和净利润分别实现整体增速 24.69% 和 11.32%。

表 3-2　“漂亮 50”榜单企业 2015 ~ 2016 年营业收入及净利润情况一览

项目	2015 年	2016 年
营业收入整体规模（万元）	11 072 743.23	14 023 528.38
营业收入整体增速（%）		24.69
净利润整体规模（万元）	774 938.37	862 672.32
净利润整体增速（%）		11.32

资料来源：Choice，新三体研究院整理。

二、营业收入和盈利规模区间情况一览

（一）新三板挂牌企业营业收入整体结构性调整，稳步抬升

以营业收入指标来统计，新三体研究院选取的 10 551 家企业中，如表 3-3、图 3-1 和

图 3-2 所示，营业收入规模小于 5 000 万元的和 1 亿～ 5 亿元的最为集中，分别占 38.68% 和 32.53%，然而小于 5 000 万元规模的比例相较 2015 年的 44.83% 有明显下降，营业收入 1 亿～ 5 亿元的占比相较 2015 年的 27.76% 也有比较显著的提高。

可以看出新三板挂牌企业的营业收入规模整体提升了一个台阶，如营业收入规模在 50 亿元以上、10 亿～ 50 亿元、5 亿～ 10 亿元级别的数字都有所提升，数量分别从 12 个、161 个和 253 个提升到 15 个、196 个和 310 个。

表 3-3 2015 ～ 2016 年新三板挂牌企业营业收入区间统计

营业收入规模区间	2016 年家数	2015 年家数	2016 年家数占比（%）	2015 年家数占比（%）
大于 50 亿元	15	12	0.14	0.11
10 亿～ 50 亿元	196	161	1.86	1.53
5 亿～ 10 亿元	310	253	2.94	2.40
1 亿～ 5 亿元	3 432	2 929	32.53	27.76
5 000 万～ 1 亿元	2 517	2 466	23.86	23.37
小于 5 000 万元	4 081	4 730	38.68	44.83

资料来源：Choice，新三体研究院整理。

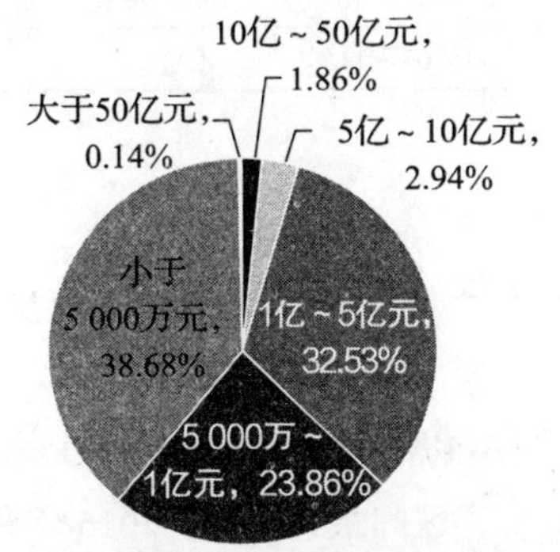

图 3-1 2016 年营业收入各区间占比

资料来源：Choice，新三体研究院整理。

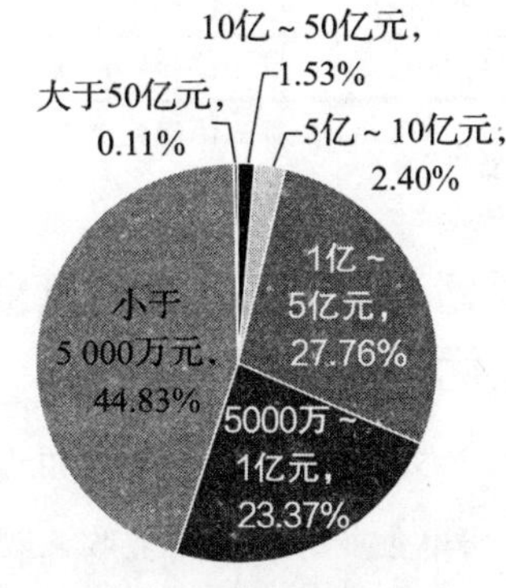

图 3-2 2015 年营业收入各区间占比

资料来源：Choice，新三体研究院整理。

如表 3-4 所示，从新三板企业 2016 年营业收入规模前 20 的行业分布来看，行业分布较为分散，其中钢银电商、金田铜业和南通三建分别以 410.96 亿元、333.70 亿元和 202.78 亿元位居前三甲。

表 3-4 新三板挂牌企业 2016 年营业收入规模排名

排名	证券代码	证券简称	2016 年营业收入（万元）	2015 年营业收入（万元）	所属挂牌公司投资型行业名称
1	835092.OC	钢银电商	4 109 625.89	2 119 731.29	信息技术
2	834178.OC	金田铜业	3 337 041.42	3 143 755.32	原材料
3	838583.OC	南通三建	2 027 787.56	1 872 520.90	工业
4	835281.OC	翰林汇	1 671 030.19	1 587 087.99	信息技术

（续）

排名	证券代码	证券简称	2016 年营业收入（万元）	2015 年营业收入（万元）	所属挂牌公司投资型行业名称
5	834082.OC	中建信息	830 064.32	621 472.52	信息技术
6	834090.OC	兴达泡塑	787 766.41	797 697.09	原材料
7	835776.OC	招金励福	699 452.54	532 163.28	原材料
8	836686.OC	超能国际	687 007.44	353 813.96	工业
9	833840.OC	永安期货	680 343.24	436 104.25	金融
10	870012.OC	大运汽车	617 780.95	339 425.32	工业
11	834414.OC	源耀生物	615 821.62	495 105.51	日常消费品
12	838006.OC	神州优车	584 548.04	174 371.25	信息技术
13	830865.OC	南菱汽车	574 704.84	522 550.41	非日常生活消费品
14	834223.OC	永诚保险	546 229.15	649 271.95	金融
15	832666.OC	齐鲁银行	514 281.33	423 178.95	金融
16	870453.OC	亿兆华盛	498 704.82	367 150.45	工业
17	871224.OC	兆方石油	458 635.16	559 893.54	能源
18	833819.OC	颖泰生物	455 783.17	333 312.17	原材料
19	839843.OC	孩子王	445 483.79	276 029.36	非日常生活消费品
20	835589.OC	山东海运	434 265.65	417 018.11	工业

资料来源：Choice，新三体研究院整理。

（二）“漂亮 50”榜单企业营业收入区间主要在 10 亿 ~ 50 亿元，区间结构整体优于全市场

在“漂亮 50”榜单企业中，如表 3-5、图 3-3 和图 3-4 所示，从区间结构上来统计，“漂亮 50”榜单企业的整体营业收入规模在 10 亿 ~ 50 亿元区间最为集中，2015 年和 2016 年的占比分别为 58% 和 64%，而新三板挂牌企业的整个市场营业收入规模在小于 5 000 万元和 1 亿 ~ 5 亿元的范围内最为集中；可以证明，“漂亮 50”榜单企业也在区间结构上上升了一个台阶，其整体大大优于整个市场。

表 3-5　2015 ~ 2016 年“漂亮 50”榜单企业营业收入区间统计

营业收入规模区间	2016 年家数	2015 年家数	2016 年家数占比（%）	2015 年家数占比（%）
大于 50 亿元	6	2	12.00	4.00
10 亿 ~ 50 亿元	32	29	64.00	58.00
5 亿 ~ 10 亿元	10	11	20.00	22.00
1 亿 ~ 5 亿元	2	8	4.00	16.00
5 000 万 ~ 1 亿元	0	0	0.00	0.00
小于 5 000 万元	0	0	0.00	0.00

资料来源：Choice，新三体研究院整理。

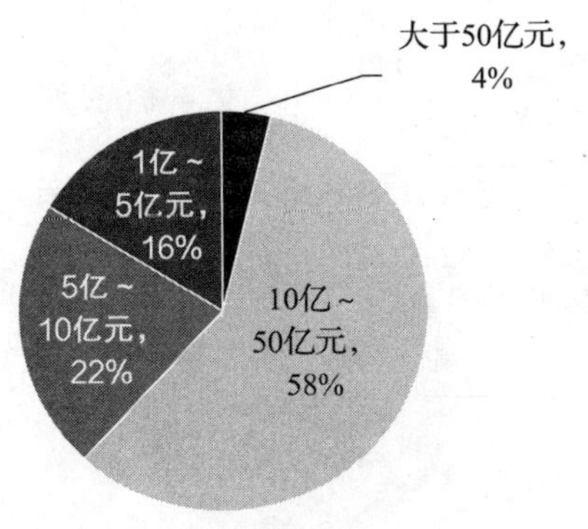

图 3-3　2016 年营业收入各区间占比

资料来源：Choice，新三体研究院整理。

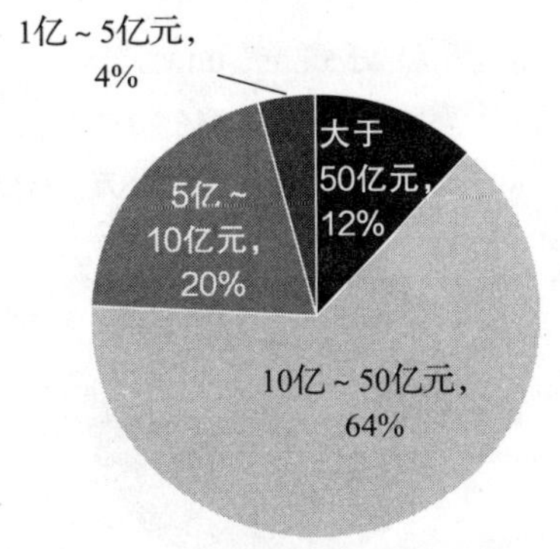

图 3-4　2015 年营业收入各区间占比

资料来源：Choice，新三体研究院整理。

(三) 新三板挂牌企业盈利情况结构性调整，出现一定的分化，但整体稳步抬升

以净利润指标来统计，新三体研究院选取的 10 551 家企业中，如表 3-6、图 3-5 和图 3-6 所示，2016 年度实现盈利的总共有 8 422 家企业，而 2015 年度总共有 9 054 家企业实现盈利，从数量上看有一定的下滑。但是从区间结构上来统计，可以看到盈利规模在 1 000 万～5 000 万元、5 000 万～1 亿元、1 亿～5 亿元的企业数字都有所提升，分别从 2 657 家、229 家和 97 家上升到 3 121 家、310 家和 136 家。这足以证明，虽然新三板挂牌企业在净利润整体规模上增长速度较营业收入增长速度慢，但是在区间结构上，新三板挂牌企业的盈利规模也在整体上上升了一个台阶。

表 3-6　2015～2016 年新三板挂牌企业净利润区间统计

净利润区间	2016 年家数	2015 年家数	2016 年家数占比（%）	2015 年家数占比（%）
大于 5 亿元	14	14	0.13	0.13
1 亿～5 亿元	136	97	1.29	0.92
5 000 万～1 亿元	310	229	2.94	2.17
1 000 万～5 000 万元	3 121	2 657	29.58	25.18
0～1 000 万元	4 841	6 057	45.88	57.41
−1 000 万元～0	1 591	1 191	15.08	11.29
−5 000 万～−1 000 万元	467	262	4.43	2.48
小于 −5 000 万元	71	44	0.67	0.42

资料来源：Choice，新三体研究院整理。

从新三板企业 2016 年盈利规模前 20 的行业分布来看，如表 3-7 所示，金融企业仍然是新三板挂牌企业中贡献最大的板块，占据了 13 个。其中，九鼎集团（430719.OC）以 22.49 亿元的净利润雄踞榜首。

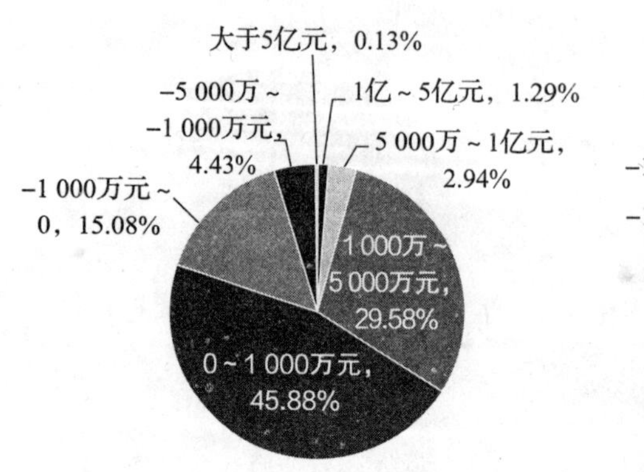

图 3-5 2016 年净利润各区间占比

资料来源：Choice，新三体研究院整理。

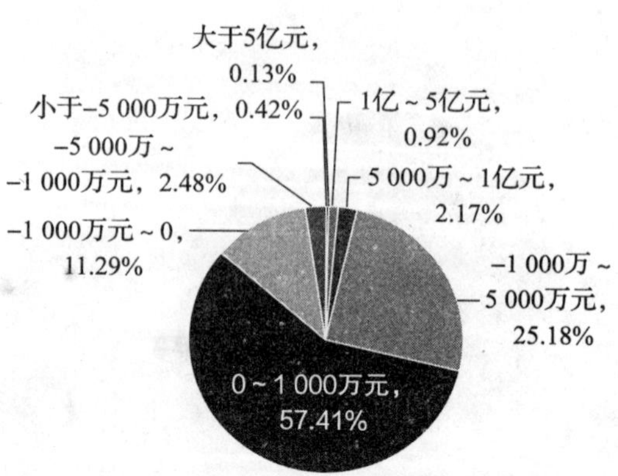

图 3-6 2015 年净利润各区间占比

资料来源：Choice，新三体研究院整理。

表 3-7 新三板挂牌企业 2016 年盈利规模排名

序号	证券代码	证券简称	2016 年净利润（万元）	2015 年净利润（万元）	所属挂牌公司投资型行业名称
1	430719.OC	九鼎集团	224 881.77	67 316.51	金融
2	832666.OC	齐鲁银行	165 379.57	119 646.82	金融
3	838583.OC	南通三建	74 077.83	74 009.21	工业
4	833979.OC	天图投资	72 662.41	50 740.10	金融
5	834793.OC	华强方特	70 845.63	66 373.38	非日常生活消费品
6	870488.OC	国都证券	67 287.82	125 454.20	金融
7	833858.OC	信中利	66 052.62	56 891.46	金融
8	832924.OC	明石创新	62 212.02	40 845.18	金融
9	833840.OC	永安期货	61 505.04	48 492.76	金融
10	834777.OC	中投保	59 886.65	60 306.61	金融
11	833044.OC	硅谷天堂	53 174.87	119 237.79	金融
12	830806.OC	亚锦科技	50 868.89	-331.77	信息技术
13	834237.OC	皖江金租	50 630.60	39 102.07	金融
14	430127.OC	英雄互娱	50 384.90	1 443.33	信息技术
15	833868.OC	南京证券	49 371.98	141 315.41	金融
16	834393.OC	爱柯迪	48 656.02	35 728.78	非日常生活消费品
17	830881.OC	圣泉集团	48 327.47	38 536.42	原材料
18	832970.OC	东海证券	47 901.89	183 692.08	金融
19	835337.OC	华龙证券	46 057.24	101 844.78	金融
20	831550.OC	成大生物	45 708.28	45 770.75	医疗保健

资料来源：Choice，新三体研究院整理。

（四）"漂亮 50"榜单企业净利润规模区间主要集中在 1 亿～ 5 亿元，区间结构整体优于全市场

在"漂亮 50"榜单企业中，如表 3-8、图 3-7 和图 3-8 所示，从区间结构上来统计，"漂亮 50"榜单企业的净利润整体规模在 1 亿～ 5 亿元区间最为集中，2015 年和 2016 年

的占比分别为 34% 和 48%，而新三板挂牌企业的整个市场净利润规模在 0 ～ 1 000 万元和 1 000 万～ 5 000 万元的最为集中。这可以证明，“漂亮 50” 榜单企业也在区间结构上上升了一个台阶，其整体大大优于全市场。

表 3-8　2015 ～ 2016 年“漂亮 50”榜单企业营业收入区间统计

净利润区间	2016 年家数	2015 年家数	2016 年家数占比（%）	2015 年家数占比（%）
大于 5 亿元	9	7	18.00	14.00
1 亿～ 5 亿元	23	17	46.00	34.00
5 000 万～ 1 亿元	10	12	20.00	24.00
1 000 万～ 5 000 万元	5	13	10.00	26.00
0 ～ 1 000 万元	0	0	0.00	0.00
−1 000 万～ 0 元	0	0	0.00	0.00
−5 000 万～ −1 000 万元	2	0	4.00	0.00
小于 −5 000 万元	1	1	2.00	2.00

资料来源：Choice，新三体研究院整理。

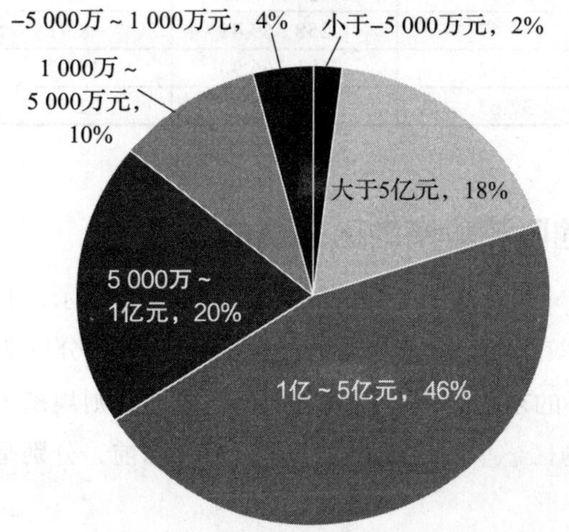

图 3-7　2016 年净利润各区间占比

资料来源：Choice，新三体研究院整理。

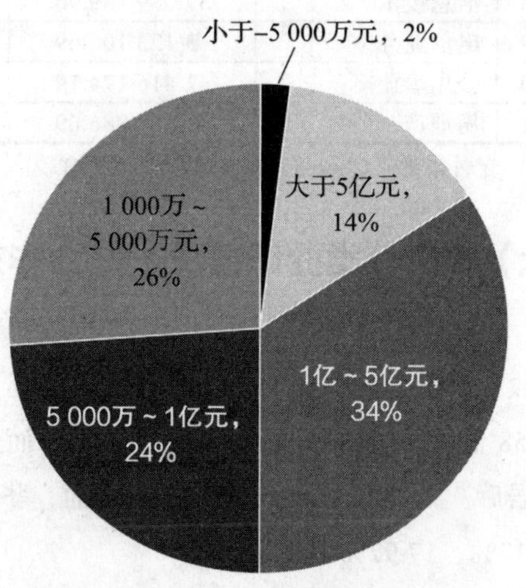

图 3-8　2015 年净利润各区间占比

资料来源：Choice，新三体研究院整理。

（五）行业分类业绩情况一览：消费品和医疗保健表现最均衡

根据新三体研究院统计，按新三板投资型一级行业分类，如表 3-9 所示，营业收入整体规模居前的有工业、信息技术行业、非日常生活消费品行业、原材料行业及日常消费品行业，营业收入规模分别为 4 533 亿元、3 708 亿元、2 719 亿元、2 693 亿元和 1 230 亿元，而余下的能源、医疗保健、金融、电信业务、公用事业、房地产行业则规模表现居后。在营业收入整体增速方面，信息技术行业、房地产和非日常生活消费品增速靠前，分别是 33.69%、32.65% 和 26.25%。

在 2016 年净利润整体规模方面，工业、信息技术、非日常生活消费品、金融行业规模居前，分别为 255 亿元、192 亿元、164 亿元和 149 亿元；而在净利润整体增速方面，房地产、非日常生活消费品、公用事业和原材料行业则增速靠前，分别是 52.52%、30.47%、25.92% 和 24.08%。

而综合以上因素，值得投资者关注的是，营业收入和净利润增速最为均衡的是非日常生活消费品、日常消费品和医疗保健这三个行业。

表 3-9　2016 年新三板挂牌企业行业营业收入和盈利整体情况一览

序号	新三板投资型一级行业	营业收入整体规模（万元）	营业收入整体增速（%）	净利润整体规模（万元）	净利润整体增速（%）
1	能源	4 896 597.86	0.13	164 777.34	−10.19
2	原材料	26 933 511.39	9.55	1 565 913.90	24.08
3	工业	45 336 789.64	12.17	2 550 358.99	5.38
4	非日常生活消费品	27 194 987.48	26.25	1 641 711.54	30.47
5	日常消费品	12 306 904.84	18.60	824 561.82	15.22
6	医疗保健	7 834 179.42	18.82	834 638.91	15.09
7	金融	5 925 354.71	−12.56	1 489 875.66	−21.72
8	信息技术	37 089 189.96	33.69	1 917 596.29	6.64
9	电信业务	3 123 106.69	6.67	258 569.41	−8.91
10	公用事业	1 416 174.79	7.72	191 366.98	25.92
11	房地产	1 507 886.69	32.65	154 609.79	52.54

资料来源：Choice，新三体研究院整理。

（六）地区分类业绩情况一览：华东地区和华南地区表现最均衡

根据新三体研究院统计，按东方财富 Choice 对新三板地区分类，按表 3-10 所示，营业收入整体规模居前的分别是华东地区、华南地区和华北地区，营业收入规模分别为 8 058 亿元、3 880 亿元和 3 533 亿元；而余下的东北地区、西南地区和西北地区则规模表现居后。而在营业收入整体增速方面，华南地区、华北地区和华东地区表现居前，分别是 20.17%、17.92% 和 17.04%。

表 3-10　2016 年新三板挂牌企业地区营业收入和盈利整体情况一览

序号	新三板地区分布	营业收入整体规模（万元）	营业收入整体增速（%）	净利润整体规模（万元）	净利润整体增速（%）
1	东北地区	4 443 195.35	11.74	414 528.75	−1.88
2	华南地区	38 809 455.53	20.17	2 612 661.63	16.60
3	华东地区	80 582 580.32	17.04	5 171 922.40	10.62
4	华北地区	35 329 222.97	17.92	2 376 697.57	−3.32
5	西南地区	8 932 635.56	15.28	529 268.52	1.47
6	西北地区	5 507 752.39	−0.15	500 372.26	2.47

注：按照 Choice 分类，东北地区包括黑龙江省、辽宁省、吉林省；华南地区包括湖北省、海南省、广东省、广西壮族自治区、湖南省；华东地区包括上海市、浙江省、江苏省、山东省、江西省、福建省、安徽省；华北地区包括内蒙古自治区、山西省、天津市、北京市、河北省、河南省；西南地区包括重庆市、贵州省、四川省、西藏自治区、云南省；西北地区包括新疆维吾尔自治区、甘肃省、陕西省、宁夏回族自治区、青海省。

资料来源：Choice，新三体研究院整理。

在 2016 年净利润整体规模方面，华东地区、华南地区和华北地区整体规模居前，分别为 517 亿元、261 亿元和 237 亿元；而在净利润整体增速方面，华南地区和华东地区则增速靠前，分别是 16.60% 和 10.62%。

可以看出，目前新三板挂牌企业中，营业收入和盈利水平较高的企业还是集中在华东、华北和华南这几个经济发展比较强的地区，而华南地区和华东地区是这几个指标最为均衡的两个地区。

（七）拟 IPO 挂牌企业业绩情况一览：业绩出现一定分化

在接受上市辅导的 376 家新三板挂牌企业中，有 31 家企业未能在规定期限内公布年报，特别提醒投资者注意。剩余的 345 家企业中，有 3 家企业出现了亏损，它们是好买财富（834418.OC）、太尔科技（830886.OC）和数据大方（832617.OC），分别亏损了 9 110 万元、4 238 万元和 1 338 万元。共有 104 家出现了净利润负增长，其中好买财富（834418.OC）、广厦环能（833747.OC）和中标节能（831124.OC），2016 年度净利润增长率分别为 −386.30%、−95.31% 和 −91.06%，为垫底的前三甲。

因为出现业绩下滑撤回上市申请的挂牌公司也已经出现：由于 2017 年一季度业绩出现亏损，预计 2017 年上半年同比业绩大幅下滑，新三板挂牌企业迈奇化学于 2017 年 5 月 9 日向证监会撤回了上市申请。新三体研究院预计，2017 年将有相当一部分企业或将复制迈奇化学的道路。

在新三体研究院统计的 376 家拟 IPO 企业中，总共有 29 家企业 2016 年净利润规模过亿，表 3-11 中展示的是新三板拟 IPO 企业净利润规模前 20 的企业，南京证券（833868.OC）、爱柯迪（834393.OC）和湘财证券（430399.OC）分别位居前三。值得注意的是，作为金融企业的南京证券（833868.OC）和湘财证券（430399.OC）虽然净利润规模名列前茅，但 2016 年净利润增速皆有所下滑，分别为 −65.06% 和 −65.59%。

表 3-11 上市辅导中的新三板挂牌企业净利润规模前 20

序号	证券代码	证券名称	2016 年净利润（万元）	2016 年净利润同比增长率（%）	所属三板投资型分类
1	833868.OC	南京证券	49 371.98	−65.06	金融
2	834393.OC	爱柯迪	48 656.02	36.18	非日常生活消费品
3	430399.OC	湘财证券	42 643.70	−65.59	金融
4	833368.OC	江苏新能	31 832.89	97.48	公用事业
5	830809.OC	安达科技	26 571.01	437.31	原材料
6	833761.OC	科顺防水	26 444.63	60.37	工业
7	837380.OC	润丰股份	25 216.75	30.25	原材料
8	832898.OC	天地壹号	22 771.18	−48.43	日常消费品
9	833656.OC	确成硅化	18 706.25	67.49	原材料
10	836201.OC	和力辰光	18 664.17	97.39	非日常生活消费品
11	834571.OC	润建通信	17 881.52	23.23	电信业务

（续）

序号	证券代码	证券名称	2016 年净利润（万元）	2016 年净利润同比增长率（%）	所属三板投资型分类
12	833014.OC	中标集团	16 862.80	4.82	工业
13	834818.OC	蓝海之略	16 829.50	232.07	医疗保健
14	430707.OC	欧神诺	16 078.07	23.54	工业
15	832899.OC	景津环保	15 974.50	12.01	工业
16	832715.OC	华信股份	15 818.68	6.51	信息技术
17	831608.OC	易建科技	15 070.92	110.47	信息技术
18	430011.OC	指南针	14 351.80	36.81	信息技术
19	839064.OC	舒华股份	13 453.79	0.78	非日常生活消费品
20	835637.OC	林华医疗	13 223.16	35.71	医疗保健

资料来源：Choice，新三体研究院整理。

在新三体研究院统计的 376 家拟 IPO 企业中，如表 3-11 所示，盈利增速方面出现一定的两级分化现象，虽然净利润增速负增长的有 104 家企业，然而净利润实现 100% 以上增长的有 44 家。表 3-12 中呈现的是新三板拟 IPO 企业净利润增速前 20 的企业，其中柠檬微趣（838966.OC）、瀚丰矿业（833180.OC）和华光光电（838157.OC）分别占据前三甲，而其中两家都是信息技术行业。

表 3-12 上市辅导中的新三板挂牌企业净利润增速前 20

序号	证券代码	证券名称	2016 年净利润同比增长率（%）	2016 年净利润（万元）	所属三板投资型分类
1	838966.OC	柠檬微趣	1 877.37	6 091.48	信息技术
2	833180.OC	瀚丰矿业	1 344.73	2 135.14	原材料
3	838157.OC	华光光电	847.59	3 144.25	信息技术
4	839162.OC	长阳科技	721.78	3 181.60	原材料
5	831396.OC	许继智能	528.69	2 778.99	能源
6	835209.OC	固德威	487.95	5 114.46	信息技术
7	830809.OC	安达科技	437.31	26 571.01	原材料
8	834647.OC	若羽臣	353.11	3 557.14	非日常生活消费品
9	430625.OC	联创种业	327.92	7 464.39	日常消费品
10	836053.OC	友宝在线	246.00	8 138.97	日常消费品
11	838942.OC	网创科技	242.63	5 726.88	非日常生活消费品
12	833451.OC	璧合科技	239.47	4 253.41	非日常生活消费品
13	835053.OC	帝尔激光	237.24	2 983.72	信息技术
14	833708.OC	捷佳伟创	232.21	11 809.47	信息技术
15	834818.OC	蓝海之略	232.07	16 829.50	医疗保健
16	835520.OC	信诺立兴	225.30	5 954.18	能源
17	831891.OC	行动教育	218.47	6 635.92	非日常生活消费品
18	835315.OC	驱动人生	187.13	3 338.30	信息技术
19	430156.OC	科曼股份	180.53	5 825.12	非日常生活消费品
20	834917.OC	苏立电热	173.42	2 036.86	非日常生活消费品

资料来源：Choice，新三体研究院整理。

三、“漂亮 50”2016 年度数据分类解析

（一）“漂亮 50”榜单

“漂亮 50”榜单见表 3-13。

表 3-13　“漂亮 50”榜单

证券代码	证券简称	证券代码	证券简称
430002.OC	中科软	833044.OC	硅谷天堂
430127.OC	英雄互娱	833371.OC	蓝天燃气
833858.OC	信中利	833819.OC	颖泰生物
430225.OC	伊禾农品	833831.OC	鲁华泓锦
430223.OC	亿童文教	833840.OC	永安期货
430707.OC	欧神诺	833979.OC	天图投资
830809.OC	安达科技	833994.OC	翰博高新
830855.OC	盈谷股份	834082.OC	中建信息
830881.OC	圣泉集团	834086.OC	德泓国际
830993.OC	壹玖壹玖	834156.OC	有米科技
831354.OC	话机世界	834178.OC	金田铜业
831397.OC	康泽药业	834179.OC	赛科星
831550.OC	成大生物	834261.OC	一诺威
831628.OC	西部超导	834616.OC	京博物流
831873.OC	环宇建工	834678.OC	东方网
831900.OC	海航冷链	834742.OC	麦克韦尔
832028.OC	汇元科技	834777.OC	中投保
832159.OC	合全药业	834793.OC	华强方特
832666.OC	齐鲁银行	834898.OC	株百股份
832800.OC	赛特斯	834980.OC	宁波水表
832898.OC	天地壹号	835185.OC	贝特瑞
832910.OC	伊赛牛肉	836686.OC	超能国际
832950.OC	益盟股份	837894.OC	祥云飞龙
430237.OC	大汉三通	838006.OC	神州优车
833014.OC	中标集团	870488.OC	国都证券

资料来源：Choice，新三体研究院整理。

（二）“漂亮 50”主办券商盘点：优质券商占据半壁江山

在“漂亮 50”的主办券商方面，如表 3-14 和图 3-9 所示，呈现一个寡头垄断的态势，广发证券、国泰君安证券、招商证券、国信证券和中信建投证券占据了前 5 位，分别是 7 家、6 家、5 家、4 家和 4 家，占据了 50 家中的一半，形成比较明显的寡头垄断的态势。

表 3-14 "漂亮 50"榜单企业主办券商一览

主办券商	主办家数
广发证券	7
国泰君安证券	6
招商证券	5
国信证券	4
中信建投证券	4
长江证券	2
中信证券	2
东兴证券	2
光大证券	2
申万宏源证券	2
中国国际金融	2
东吴证券	1
爱建证券	1
国联证券	1
国融证券	1
海通证券	1
华融证券	1
太平洋证券	1
西藏东方财富证券	1
西南证券	1
信达证券	1
中银国际证券	1
华创证券	1

资料来源：Choice，新三体研究院整理。

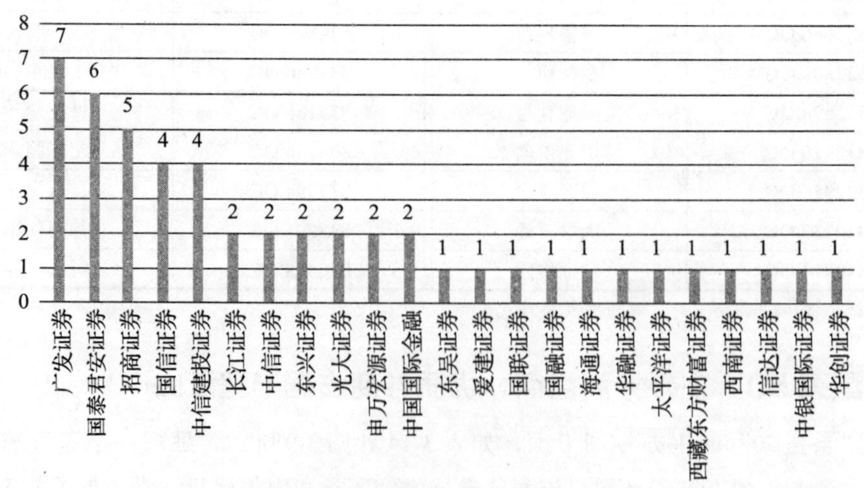

图 3-9 "漂亮 50"榜单企业主办券商家数一览

资料来源：Choice，新三体研究院整理。

(三)"漂亮 50"地区盘点：集中程度仍然较高

从"漂亮 50"的地区分布来看，如图 3-10 所示，集中程度仍然较高，北京、广东、浙江、上海和山东占据了前 5，分别是 11 家、10 家、5 家、5 家和 4 家，总共占据了 50 家企业中的 34 家，地区集中程度相当高。

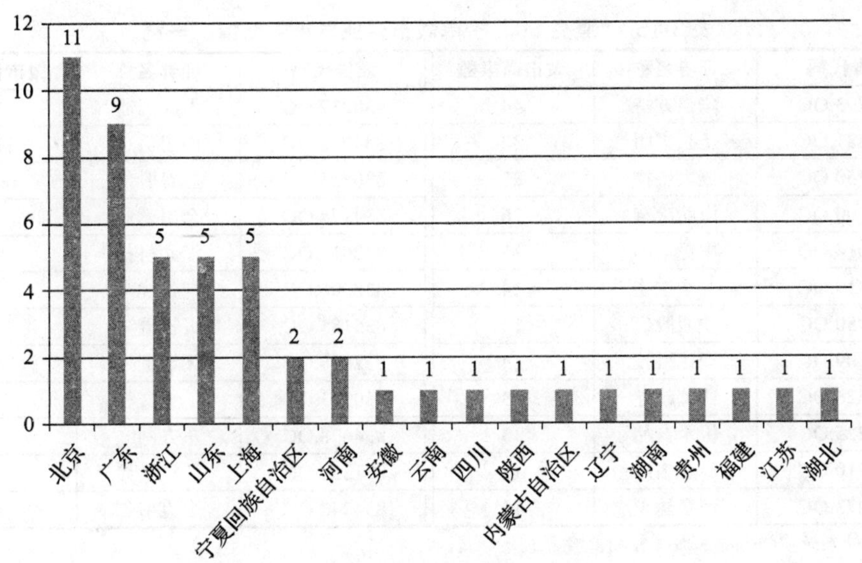

图 3-10　"漂亮 50"榜单企业地区分布

资料来源：Choice，新三体研究院整理。

(四)"漂亮 50"行业盘点：行业集中程度高

根据新三体研究院统计，按新三板投资型一级行业分类，如图 3-11 所示，"漂亮 50"的行业分布中，信息技术、原材料、金融位于前三甲，分别为 13 家、9 家和 7 家，占据了 50 家企业中的 29 家，集中程度较高。

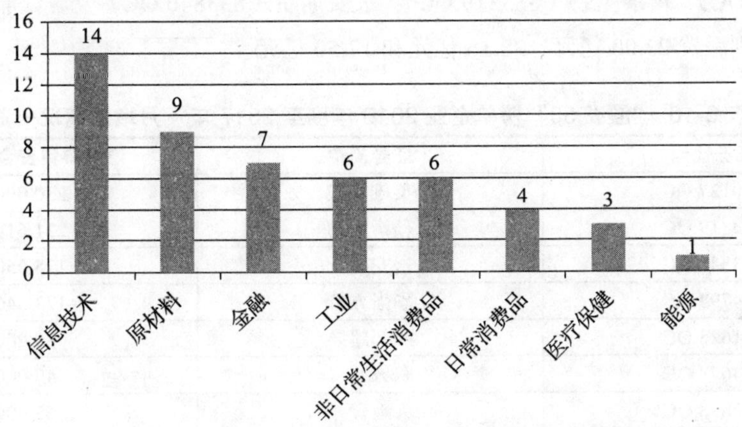

图 3-11　"漂亮 50"榜单行业（投资型）分类分布

资料来源：Choice，新三体研究院整理。

(五)“漂亮 50”做市企业做市商家数排名

在“漂亮 50”榜单企业中，如表 3-15 所示，截至 2017 年 4 月 28 日，共有 24 家采用做市转让方式的企业，做市商最多的企业前三名是华强方特（834793.OC）、圣泉集团（830881.OC）和成大生物（831550.OC），做市商家数分别为 44 家、32 家和 27 家。

表 3-15 “漂亮 50”榜单做市企业做市券商情况一览

证券代码	证券名称	做市商家数	证券代码	证券名称	做市商家数
834793.OC	华强方特	44	430237.OC	大汉三通	12
830881.OC	圣泉集团	32	834082.OC	中建信息	10
831550.OC	成大生物	27	830855.OC	盈谷股份	10
831900.OC	海航冷链	26	834178.OC	金田铜业	9
833014.OC	中标集团	15	832028.OC	汇元科技	9
833819.OC	颖泰生物	14	838006.OC	神州优车	8
832950.OC	益盟股份	14	835185.OC	贝特瑞	8
830809.OC	安达科技	14	832898.OC	天地壹号	8
831628.OC	西部超导	13	430223.OC	亿童文教	7
430225.OC	伊禾农品	13	834678.OC	东方网	7
832910.OC	伊赛牛肉	12	831354.OC	话机世界	7
831873.OC	环宇建工	12	834742.OC	麦克韦尔	6

资料来源：Choice，新三体研究院整理。

(六)“漂亮 50”榜单企业融资榜单一览：总金额占整个市场 6.89%，融资高效

在“漂亮 50”榜单企业中，如表 3-16 所示，共有 21 家企业在 2016 年度至 2017 年 4 月完成了融资，总计完成了 133.94 亿元的融资，占到这阶段 11 000 余家企业增发募集总金额 1 945 亿元的 6.89%。这足以证明“漂亮 50”榜单企业融资的高效性。其中，英雄互娱（430127.OC）、颖泰生物（833819.OC）、永安期货（833840.OC）位居“漂亮 50”融资榜前三，分别融资 23.00 亿元、22.16 亿元和 17.50 亿元。

表 3-16 “漂亮 50”榜单企业 2016 年度至 2017 年 4 月增发情况一览

证券代码	证券简称	增发募集资金（万元）
430127.OC	英雄互娱	230 000.00
833819.OC	颖泰生物	221 618.40
833840.OC	永安期货	175 050.00
834793.OC	华强方特	123 540.00
831628.OC	西部超导	85 000.00
834678.OC	东方网	49 000.00
832898.OC	天地壹号	47 000.00
830993.OC	壹玖壹玖	45 218.20
832028.OC	汇元科技	42 000.00

（续）

证券代码	证券简称	增发募集资金（万元）
832159.OC	合全药业	36 900.00
830809.OC	安达科技	36 000.00
834082.OC	中建信息	29 774.50
831397.OC	康泽药业	27 034.80
831550.OC	成大生物	26 640.00
830855.OC	盈谷股份	25 000.00
834156.OC	有米科技	24 989.77
834086.OC	德泓国际	20 774.83
832910.OC	伊赛牛肉	18 000.00
836686.OC	超能国际	17 640.00
834179.OC	赛科星	16 340.00
430223.OC	亿童文教	16 000.00
834261.OC	一诺威	5 035.00
834616.OC	京博物流	4 050.15
834742.OC	麦克韦尔	3 894.00
831354.OC	话机世界	3 480.00
832950.OC	益盟股份	3 162.50
832800.OC	赛特斯	2 400.00
430237.OC	大汉三通	2 100.00
430707.OC	欧神诺	1 736.00
合计		1 339 378.15

资料来源：Choice，新三体研究院整理。

第四部分

企业价值投资分析报告

永安期货（833840.OC）投资价值分析报告

多元业务开展，打造期货业领先的综合金融衍生品服务商

一、公司基本情况

（一）公司简介

公司名称	永安期货股份有限公司	所属行业	证券期货业
成立时间	1992-09-07	挂牌时间	2016-10-28
转让方式	协议转让	公司地址	浙江杭州
主办券商	中信证券	所属分层	创新层
主营业务	商品期货经纪、金融期货经纪、期货投资咨询、资产管理、风险管理、基金销售		

资料来源：2016年年报数据，新三体研究院整理。

永安期货股份有限公司（简称：永安期货，证券代码：833840.OC）是中国期货业领先的综合金融衍生品服务商，公司及旗下子公司提供商品期货经纪、金融期货经纪、期货投资咨询、资产管理、风险管理等服务。

自成立以来，公司经营规模牢固占据浙江省第一，是国内唯一连续19年跻身全国十强行列的期货公司。2016年年末，公司在全国各地拥有营业部35家、5家分公司，并在中国香港、新加坡设有子公司。目前公司拥有全资子公司：浙江永安资本管理有限公司、浙江中邦实业有限公司、中国新永安（香港）期货有限公司；参股公司：永安国富资产管理有限公司、证通股份有限公司、中邮永安（上海）资产管理有限公司、浙江玉皇山南对冲基金投资管理有限公司、浙江永安投资咨询有限公司（与欧洲交易量最大的自营交易商OSTC合资成立）。

公司正积极拓展风险管理、财富管理、资产管理、境外业务和传统的经纪业务五大业务模块，致力于成为国内第一、国际一流的综合金融衍生品服务商。

（二）股本结构

总股本	1 310 000 000	流通股本	1 017 101 450
控股股东	财通证券股份有限公司	实际控制人	浙江省财政厅

股权结构（前十大股东明细）

股东名称	股东性质	持股数量（股）	持股比例（%）
财通证券股份有限公司	法人	439 347 825	33.54
浙江省产业基金有限公司	法人	350 000 000	26.72
浙江东方集团股份有限公司	法人	166 427 690	12.70
浙江省经济建设投资有限公司	法人	138 689 727	10.59

（续）

股东名称	股东性质	持股数量（股）	持股比例（%）
浙江省协作大厦有限公司	法人	138 689 727	10.59
物产中大集团股份有限公司	法人	27 500 000	2.10
浙江德邦纸品有限公司	法人	18 000 000	1.37
章信忠	自然人	5 627 000	0.43
南通金玖惠通三期创业投资基金合伙企业（有限合伙）	非法人企业	4 795 000	0.37
浙江物产国际贸易有限公司	法人	2 500 000	0.19
合计		1 291 576 969	98.59

资料来源：Choice，新三体研究院整理。

前五大股东合计持有公司94.14%的股份，股权相对集中。财通证券股份有限公司持有33.54%的股权，浙江省产业基金有限公司持股26.72%，根据财通证券与省产业基金2015年签订的《关于永安期货股份有限公司的一致行动人协议》，省产业基金就永安期货经营发展的重大事项向股东大会、董事会行使提案权和表决权时与财通证券保持一致，财通证券因此拥有永安期货60.26%的表决权。而追溯财通证券、省产业基金的实际控制人均为浙江省财政厅，故永安期货实际控制人可以认定为浙江省财政厅。

（三）盈利能力情况

	2016年年报	2015年年报	2014年年报
每股指标			
每股收益——基本（元）	0.460 0	0.560 0	0.360 0
每股收益——稀释（元）	0.460 0	0.560 0	0.360 0
每股收益——期末股本摊薄（元）	0.464 5	0.365 3	0.364 5
每股净资产BPS（元）	3.640 0	3.070 0	2.040 0
每股经营活动产生的现金流量净额（元）	2.637 4	2.598 8	4.594 7
利润表摘要			
营业总收入（元）	6 803 432 359.52	4 361 042 517.24	2 501 369 357.63
营业总成本（元）	5 944 087 088.62	3 720 805 470.52	2 086 453 425.28
营业收入（元）	6 803 432 359.52	4 361 042 517.24	2 501 369 357.63
营业收入同比增长率（%）	56.00	74.35	183.89
营业利润（元）	859 345 270.90	640 237 046.72	414 915 932.35
营业利润同比增长率（%）	34.22	54.31	41.87
净利润（元）	615 050 367.21	484 927 606.43	318 695 414.94
归属母公司股东的净利润（元）	608 537 129.08	478 605 988.74	313 485 043.05
归属母公司股东的净利润同比增长率（%）	27.15	52.67	43.45
非经常性损益（元）	7 203 416.62	23 457 415.03	15 204 837.89
归属母公司股东的净利润（扣除非经常性损益）(元)	601 333 712.46	455 148 573.71	298 280 205.16

（续）

	2016年年报	2015年年报	2014年年报
资产负债表摘要			
资产总计（元）	31 397 582 191.38	24 667 362 260.86	17 824 593 069.28
负债合计（元）	26 443 801 587.97	20 473 578 292.12	16 034 303 815.96
股东权益（元）	4 953 780 603.41	4 193 783 968.74	1 790 289 253.32
归属母公司股东的权益（元）	4 766 601 130.04	4 019 355 277.95	1 757 454 414.75
现金流量表摘要			
经营活动产生的现金净流量（元）	3 454 984 588.87	3 404 366 439.11	3 951 409 544.41
投资活动产生的现金净流量（元）	−41 232 971.62	−666 594 656.87	−6 632 394.13
筹资活动产生的现金净流量（元）	296 008 757.95	2 476 493 177.72	30 263 654.36
现金及现金等价物净增加（元）	3 724 250 281.06	5 222 072 844.61	3 975 179 178.69
关键比率			
净资产收益率——摊薄（%）	12.770 0	11.910 0	17.840 0
净资产收益率——加权（%）	13.85	23.97	19.55
净资产收益率——平均（%）	13.85	16.57	19.57
总资产净利率——平均（%）	2.19	2.28	2.16
销售净利率（%）	9.04	11.12	12.74
资产负债率（%）	84.22	83.00	89.96

资料来源：Choice，新三体研究院整理。

2016年，在金融行业低迷、期货市场总体交易额下降、期货行业竞争加剧的大环境下，永安期货仍旧保持了高速发展势头。

母公司全年实现营业收入11.46亿元，同比增长9.70%；净利润4.64亿元，同比增长17.36%，行业排名第1位。合并报表营业收入68.03亿元，同比增长56.00%，归属于母公司净利润6.09亿元，同比增长27.15%。对比往年，净利润增速虽有下降，但结合2016年金融期货交易受限、金融行业低迷等不利因素，以及公司积极拓展创新业务导致成本和费用上升等因素，公司依旧体现了较高成长性与盈利能力。

公司合并报表总资产313.98亿元，增长27.28 %。母公司净资产44.20亿元，同比增长15.01%，行业排名第1位。母公司单体净资本22.57亿元，行业排名第1位。

此外，公司每股收益指标较好，近三年为0.36、0.56、0.46，净资产收益率每年维持在10%以上，具有较好的投资价值。

二、公司分析

（一）公司所处行业分析

根据中国证监会发布的《上市公司行业分类指引》（2012年修订），公司所处的行业为“J金融业”中的“J69其他金融业”。根据国家统计局发布的《国民经济行业分类》（GB/T4754—2011），公司所处的行业为“J金融业”中的“J6729其他期货市场服务”。根据全国中小企业股份转让系统有限责任公司发布的《挂牌公司管理型行业分类指引》，公司所处的行业为“J金融业”大类中的“J67资本市场服务”之“J6729其他期货市场服务”。根据全国中小企业股份转让系统有限责任公司发布的《挂牌公司投资型行业分类指引》，公司所处的行业为“16111012期货公司”。

期货公司属于金融中介机构，在行业中处于中游位置。上游为经国务院审批确定的四大交易所：上海期货交易所、郑州商品交易所、大连商品交易所、中国金融期货交易所。下游则是金融衍生品投资者。期货公司是交易所认可的会员单位，主要职能是代理投资者进行期货相关交易，同时收取交易佣金。

1. 行业发展现状

（1）期货品种全面，成交量连年攀升。

我国期货市场发展经过了市场初创、培育、试点、整顿、规范五个阶段，目前交易机制相对成熟，品种相对稳定。截至2017年3月，期货市场上市交易品种51个，基本满足了投资者对期货交易品种的需求。

截至2017年3月期货市场51个交易品种

交易所	交易品种（个）	期货交易品种
上海期货交易所	14	铜、铝、锌、铅、镍、锡、黄金、天然橡胶、燃料油、螺纹钢、线材、白银、热轧卷板、石油沥青
郑州商品交易所	16	普通白小麦（普麦）、优质强筋小麦（强麦）、棉花、白糖、PTA、菜籽油、早籼稻、甲醇、玻璃、油菜籽、菜籽粕、动力煤、粳稻、晚籼稻、硅铁、硅锰
大连商品交易所	16	玉米、玉米淀粉、黄大豆1号（豆一）、黄大豆2号（豆二）、豆粕、豆油、棕榈油、鸡蛋、胶合板、纤维板、聚乙烯、聚氯乙烯、聚丙烯、焦炭、焦煤、铁矿石
中国金融期货交易所	5	沪深300指数、上证50指数、中证500指数、5年期国债、10年期国债

资料来源：中国期货业协会。

根据中国期货业协会发布的数据，2016年，全国期货市场累计成交额为195.63万亿元，同比下降64.70%。成交量为4 137.77百万手，同比增长16.65%。

成交额与成交量之所以呈现反向变动，主要原因在于中金所交易的金融期货的交易调整。

中金所于2015年年底发布的旨在抑制股指期货的过度投机的限制交易措施，导致之前占总体期货市场成交额50%以上的金融期货交易严重收缩，进而带动总体期货市场成交额大幅下降；而成交量方面，由于金融期货仅占总体交易量的10%，其下跌并未带动总体成交量下滑。

而在三大商品交易所交易的商品期货，从2011年以来就保持平缓扩张态势，成交量与成交额同步稳升，未有异常波动。

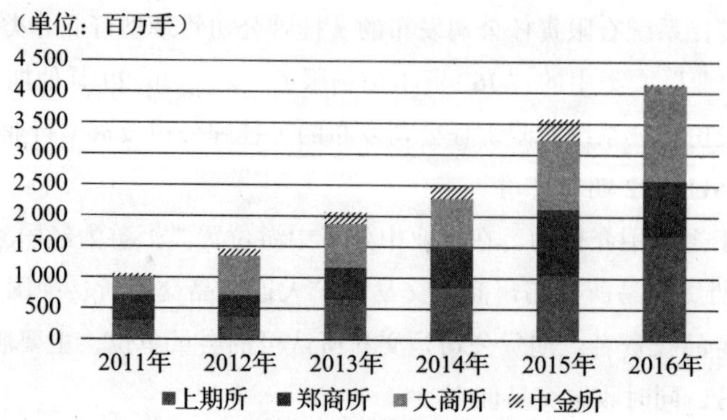

2011 ~ 2016 年四大交易所成交量提升

资料来源：中国期货业协会，新三体研究院。

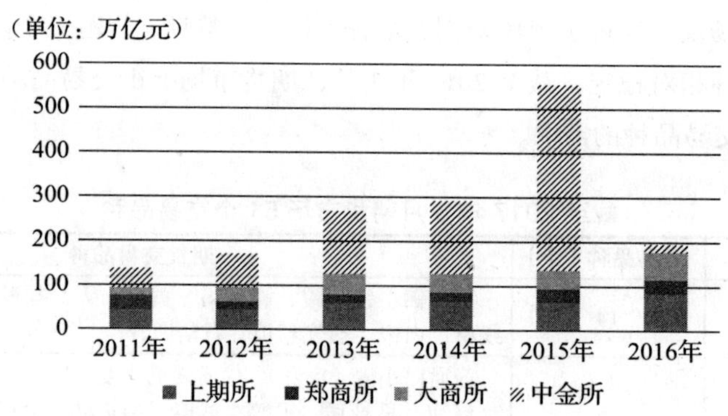

2011 ~ 2016 年四大交易所成交额提升

资料来源：中国期货业协会，新三体研究院。

随着期货市场与交易品种近年来不断受到关注与追捧，越来越多的投资者认识到期货衍生品在市场中发挥的作用。预计未来将会有更多不同需求的投资者进入，市场中的交易品种也将得到更好的完善。

（2）行业集中度不断提升。

行业竞争格局加剧下，并购重组成为期货公司强强联合或资源互补的重要途径。当前期货行业普遍面临着公司规模小、公司数量多、业务同质化严重的问题，通过并购重组能够实现资本快速扩充、规模经济效应，增加差异化服务及增强自身综合经营能力。在行业竞争日益加剧和管理层鼓励期货公司通过并购重组的背景下，近年来行业并购重组热度明显提升，2008 ~ 2016 年期货公司数量从 171 家减少至 149 家。

与期货公司数量减少相对应的，是行业中客户权益和净利润集中度的提升。据 Choice 数据显示，截至 2015 年年末，行业中客户权益位列前五的公司其权益在行业中的占比为 28.61%，前八位其权益在行业中的占比为 39.64%。客户权益代表着期货公司在市场中拥有市场份额，而 39.64% 的集中度则反映了市场有从竞争型向寡占型（40%）靠拢的趋势。

净利润方面，在 2013 年，净利润位列前八的公司其集中度曾达到 40.31%，后略有下降，截至 2015 年年末其集中度仍为 38.12%。尽管其比例有所波动，但依旧相对集中。

2011 ~ 2015 年行业内客户权益前五、前八公司占市场份额

资料来源：中国期货业协会，Choice 数据库，新三体研究院。

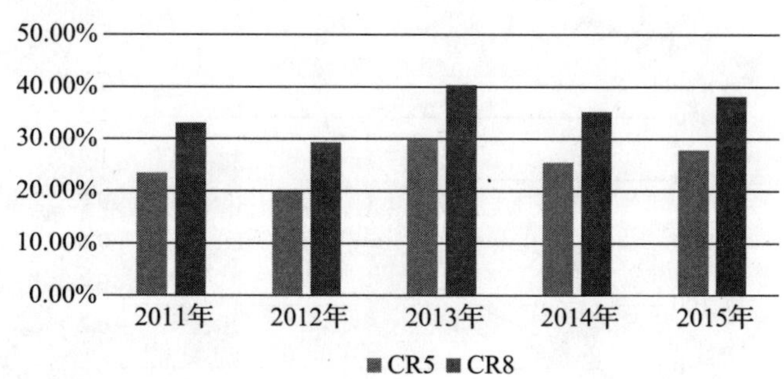

2011 ~ 2015 年行业内净利润前五、前八公司占市场份额

资料来源：中国期货业协会，Choice 数据库，新三体研究院。

在发达的期货市场中，按客户权益排名前 20 的期货经纪交易商掌握着近 90% 的客户权益，集中度显著高于我国期货市场。随着期货市场规模的增长，以及在行业整合、并购重组的趋势下，尽管期货公司的总量在逐年递减，但整体实力在不断提升，期货市场的集中化程度将进一步提高。

（3）创新业务推动多元化盈利模式。

随着中国金融业市场化不断推进，期货行业固守单一的经纪业务模式已不能满足市场需要。并且，单一的盈利模式也造成行业竞争环境较恶劣，甚至一度出现零手续费的现象。因此，近年来监管层也逐渐开放了期货公司的经营范围。

2012 年为期货行业的创新元年，在交易品种持续扩容的同时，期货风险管理业务和期货资产管理业务正式破冰，改变了期货行业单一收入模式的经营格局；2014 年证监会发布《关于进一步推进期货经营机构创新发展的意见》，为期货行业创新指引了方向。随着投资咨询、基金代销等业务的逐步破冰，预计期货行业将摆脱单一收入的格局，实现多元化经营。

创新业务中的风险管理主要是期货公司通过开展仓单质押、合作套保、基差交易等业务，服务于实体经济。据中国期货业协会披露数据，截至 2016 年 10 月，共有 51 家风险管理公司已通过协会备案，43 家公司完成了开展试点业务的备案。51 家风险管理公司总资

产达 196.58 亿元，净资产达 65.10 亿元，累计业务收入为 342.99 亿元，累计净利润为 1.06 亿元。风险管理子公司规模、盈利能力正快速提升。

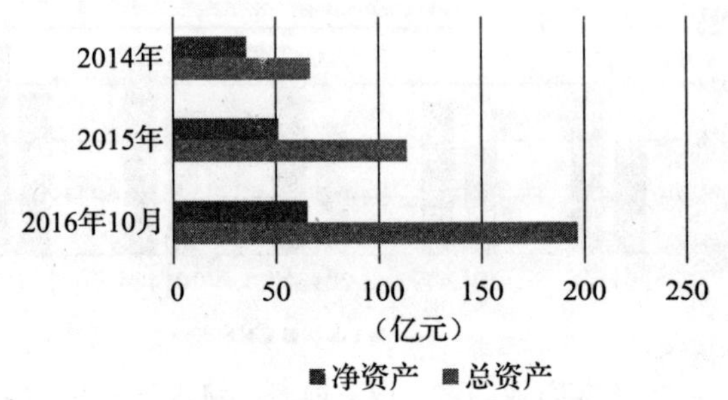

期货公司风险管理子公司规模

资料来源：中国期货业协会，新三体研究院。

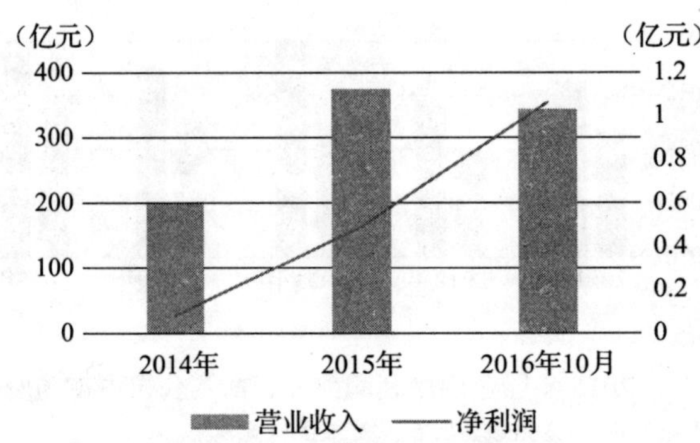

期货公司风险管理子公司盈利水平

资料来源：中国期货业协会，新三体研究院。

资产管理在业务模式扩容、投资渠道放宽后，管理规模迎来快速增长，截至 2016 年年末，期货公司资产管理业务规模约 2 792 亿元，较 2015 年 1 045 亿元的规模增长了 1 747 亿元，环比大幅增长 167.17%。

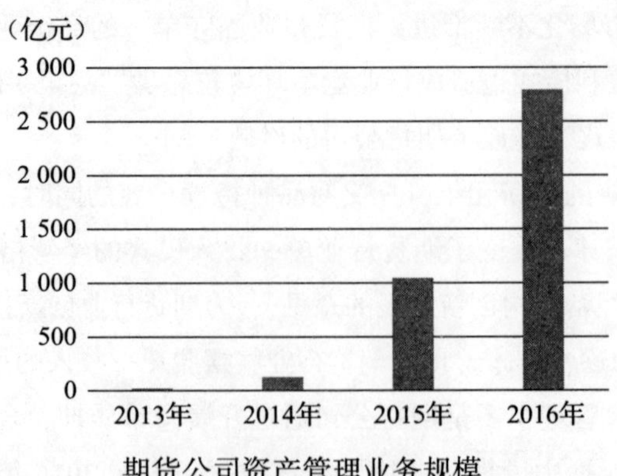

期货公司资产管理业务规模

资料来源：《期货日报》。

创新业务的陆续推出有利于期货公司收入来源的多元化，改善业务结构，提升风险管理能力，并有效推动期货公司的持续发展。同时，创新业务还可以促进行业内部的差异化竞争，有效缓解以降低手续费率为主要手段的低级竞争方式，优化行业的市场环境。目前，多元化的经营模式已成为期货公司转型的内生要求，在政策允许范围内，大部分期货公司加强了对现有客户的增值服务力度，例如投资培训等，已逐步形成服务产品的差异化。另外，随着监管层对于新业务的逐步开放，部分符合资质要求的期货公司朝着投资咨询、资产管理、风险管理子公司的方向发展。因此，现阶段期货公司的转型将推动中国期货行业的进一步发展。

2. 行业发展趋势

（1）市场开放提速，投资结构改善。

随着期货市场投资者准入的不断放开，未来机构投资者占比仍将进一步提升。随着法律法规的逐步健全，期货市场对于机构投资者准入逐步放开。2010 年以来，监管层先后准许证券公司、公募基金、QFII、信托公司、基金专户、保险资金参与期货市场投资，同时期货市场有望面向境外投资者开放。期货市场能够为机构投资者提供有效的风险对冲工具。因此，其市场吸引力正在逐步增强，其机构投资者占比也有望继续提升，其市场活跃度将进一步加强。

此外，监管层已有意向出台新版的《期货公司风险监管指标管理办法》，主要在四个监管指标要求上做了调整：下调了净资本净资产比例要求，修改了次级债计入净资本的具体规则，下调部分业务风险资本准备的计算基准，新增了资产管理产品折算净资本具体方案。此次监管指标修改被认为从源头解开了期货行业束缚，必将对行业构成实质性利好。

（2）融资渠道拓宽，净资本扩充助力多元业务发展。

随着创新业务的增加，期货公司普遍需要扩充净资本维持业务开展。风险管理业务与资产管理业务开展标准中分别明确了申请业务的期货公司净资本必须达到 3 亿元与 1 亿元的要求。

期货公司申请新业务试点的重要准入标准

业务类型	具体标准
风险管理业务开展标准	1. 最近一次期货公司分类监管评级不低于 B 类 B 级
	2. 备案时期货公司净资本不低于 3 亿元
	3. 最近 6 个月各项风险监管指标符合规定，且设立风险管理公司后各项风险监管指标符合规定
资产管理业务开展标准	1. 申请登记时期货公司净资本不低于人民币 1 亿元
	2. 申请日前 6 个月的风险监管指标持续符合监管要求
	3. 最近一次期货公司分类监管评级不低于 C 类 C 级

资料来源：期货业协会。

即使符合准入标准，期货公司之后的业务拓展也受净资本的限制。所以，如何有效融资以补充净资本的问题摆在了多数期货公司面前。目前，期货公司解决融资问题有几大途径：

一是通过次级债。截至 2016 年 9 月底，已经有 23 家期货公司发行 32 期期货公司次级债券，累计融资规模 54.45 亿元。次级债对于企业来说有着诸多不便。首先，资金的使用成本较高。期货公司普遍资产规模较小，信用等级较其他金融行业偏低，因此在借入资金时往往承担较高的费用。其次，监管限制了期货公司通过滚动发行次级债以补充净资本。

二是通过股权融资。比起次级债，股权融资能够更有效地支持公司发展壮大。目前，主板的要求对于期货公司而言普遍申请的难度较大，而新三板挂牌速度快、融资周期短的特点使之成为期货公司快速融资的理想平台。目前，已有数十家期货公司完成了新三板挂牌。而最早进入的一批，如永安、华龙期货已经完成了一次融资。预计未来新三板将成为期货公司股权融资、扩充资本的首选方式，期货公司也将成为新三板市场中的一大投资亮点。

(二) 公司主要业务分析

1. 公司业务与商业模式

公司现阶段主营业务包括期货经纪业务、财富管理业务、资产管理业务、风险管理业务、国际业务、期权业务和投资业务。

（1）期货经纪业务。

期货经纪业务主要包括代理客户的经纪业务和代理客户的结算业务。代理期货交易业务，即期货公司接受客户委托代客户买卖商品期货和金融期货合约、办理结算和交割手续，是期货公司最基本的一项业务；代理客户的结算业务主要指公司作为中国金融期货交易所的全面结算会员，为交易会员提供代理结算业务。

2016 年公司代理交易量达到 186.96 百万手，较上期增加 28.8%（行业整体交易量增加 16.7%）；代理交易金额达到 7.92 亿元，较上期减少 54.89%（行业整体减少 64.7%）。经纪业务水平明显优于行业整体水平。其次，公司客户权益规模全面增长。日均客户权益 206.11 亿元，增长 14.23%，期末客户权益 222.98 亿元，增长 26.39%；手续费净收入 53 715.22 万元，增长 15.63%。在资产管理、财富管理、投资咨询等业务支持下，经纪业务加速开展差异化竞争，成效良好。

（2）财富管理业务。

财富管理业务是围绕投顾、产品、销售、服务建设，进而打造的金融综合服务平台。在投顾方面，公司继续加强投顾开发，扩大产品规模。全年新开发投顾 84 家，存续期产品 854 只，新增产品 372 只，财富产品规模 687.01 亿元，增长 48.37%，期货端权益 108.74 亿元，增长 26.1%。

（3）资产管理业务。

资产管理业务是指公司接受单一客户或者特定多个客户的书面委托，根据相关规定及合同约定，运用客户委托资产进行投资，并按照合同约定收取费用或者报酬的业务活动。目前，公司主要通过永安期货资产管理与子公司永安国富开展资管服务。

永安期货资产管理业务主抓投资能力、投资团队两个关键，积极拓展投资范围，夯实投、研、现一体化基础，受托资产管理净值保持市场较高水平，风格稳健，已形成知名品牌并成系列扩散。永安资管形成量化与股票、商品主观基本面、固收三支投资团队，以对冲套利组合、期货 CTA、量化交易等专业特色见长，业绩表现稳定，年内管理规模 20.46 亿元，其中自主管理 13.19 亿元，期货端权益 5.87 亿元，产品整体年化收益率 10.14%，资产管理业务收入 2 998.81 万元，同比增长 120.70%。

永安国富探索并形成了安全边际下的大类资产轮动、对冲组合套利和多资产配置的投资风格，投资经理团队成长迅速，从永富、价值、多策略三系列打响知名度，产品平均收益率达 35.19%。资产管理规模突破百亿大关，年末规模 106.12 亿元，增长 153.2%。

（4）风险管理业务。

公司风险管理业务范围包括仓单服务、合作套保、定价服务、基差交易等四项试点业务，涵盖期货上市品种及其产业链相关品种的现货贸易、远期交易和期货交割等。风险管理服务业务为期货公司提供了新的盈利渠道，并能体现期货公司差异化服务的水平，从长远看，将逐步成为差异化期货公司的分水岭。

据公司报告披露，2016 年公司风险管理以永安资本为突破口，开展与业务部门、研究机构、品种委员会的互利合作，在产业客户期现合作、三农企业风险管理、行业龙头深度合作方面，取得积极成效。全年公司产业客户日均权益 29.65 亿元，增长 26.6%，商品期货交割 14.89 万手，金额 65.97 亿元，同比增长 49.49%，涉及 33 个品种。

（5）国际业务。

公司 2016 年出资 5 700 万港元收回了新永安（香港）原合作方的股权，为打造金控平台、建立境内外业务联动的交易通道、资金通道、资管平台和现货平台做了铺垫。新永安境外业务进展良好，新增客户 474 位，期货期权成交 313.99 万手，增长 68.38%，日均权益 24.97 亿港元，增长 56.07%。海外资管业务也做了积极探索。新永安与多家海外期货 FCM、资管持牌机构进行渠道合作洽谈，为发行海外基金储备了知识和经验。

（6）期权业务。

股票期权业务以初期奠定市场地位为目标，重点加强研究、培训及推广工作。2016 年年中，公司市场占有率稳步上升，期权账户日均权益 1.49 亿元，增长 979.69%，成交量排名期货行业第 3，全市场 14，上升了 5 位；其次，公司客户结构以低成交量、高持仓量的投资型客户为主，持仓水平远高于市场。在提高员工专业性与客户黏性方面，公司主要通过股票期权策略、傻瓜期权、“永安期权之夜”系列培训，及套利、波动率交易、方向性交易、金融工程类等方面的应用研究来实现。其中，咏春 ETF 软件策略、基差套利、短线交易指导等已投入实战应用。

2. 公司竞争优势

（1）公司治理完善高效。

永安期货已建立起规范的法人治理结构与合理的内部控制体系。公司视合规经营、诚信自律为企业发展的第一生命线，坚持一切只为客户的服务理念，强调适应市场的经营决策机制，重视规划的制定和完善，坚持战略引导，营造合作、分享、共赢的“伙伴文化”，最大限度地满足投资者的需求，努力实现客户、股东和员工的共赢，打造永安核心文化凝聚力。公司围绕体系与机制、制度与流程、专业技术、管理平台、专业队伍的工作策略，完善风险管理组织架构，构建公司风险偏好体系，强化合规风控的绩效考核问责机制，紧密结合监管与业务发展需求，以“打造专业、高效的风险管控体系，使之成为与业务发展并行的核心竞争力”为方向，提高整体风险防范能力，为公司持续、稳定、健康发展保驾护航。

（2）行业地位优势明显。

永安期货在业内地位超然。公司的经营规模牢固占据浙江省第一，且自 2003 年起，经营规模基本稳定在全国前三，是国内唯一连续 19 年跻身全国十强行列的期货公司。根据中国证监会对期货公司分类评价结果，公司的分类评级结果连续保持为行业内最高的 A 类 AA 级。此外，公司在全国设有营业部 35 家、分公司 5 家，是国内营业网点最多的期货公司之一。

作为中国期货行业中的翘楚，公司在国内各交易所和行业自律机构中担任重要职务。

机构	所任职务
中国金融期货交易所	全面结算会员单位
上海期货交易所	监事单位
大连商品交易所	理事单位
郑州商品交易所	战略发展委员会主任单位
中国期货业协会	副会长单位
浙江期货业协会	会长单位

资料来源：公司公告。

（3）经纪业务实现差异化竞争。

作为复杂的金融工具，期货交易对投资者的专业性要求较高。公司建立完善的投资者教育平台，为投资者提供以投教为中心的增值服务能够有效满足客户对于附加服务价值的需求，增强客户黏性。为确保投资者教育活动切实符合客户需求，公司对客户进行分类并提供针对性的投资者教育服务。针对机构客户与专业投资客户，公司通过组织高端沙龙、搭建沟通平台，促进公司与客户、客户与客户之间的沟通交流；针对产业客户，公司通过品种推介会、套保专题培训、上门授课等形式，引导产业客户树立并形成成熟的风险管控理念，同时协助产业客户建立套保工作制度，并指导其进行套保交易操作；针对中小投资客户，公司专门设计“客户成长计划”，重点培育客户的风险管理能力、资金管理能力、交易技术等，携手客户共同成长。近年，公司客户权益总额稳定在行业内前五，且增速也基本领先于同行业。

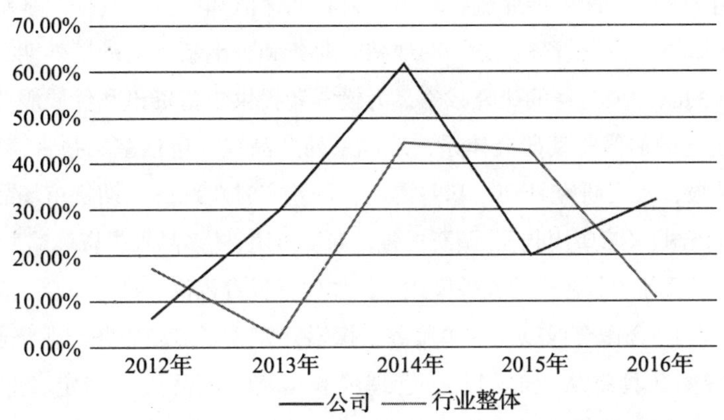

2012 ~ 2016 年期末客户权益增速对比（公司与行业整体）

资料来源：Choice，中国期货业协会。

（4）创新业务布局凸显。

公司以永安期货为主体，已经确立了分别以永安资本和永安国富为代表的风险管理业务和财富管理业务。风险管理业务以永安资本为突破口，步入良性发展轨道，发展潜力显现，成为公司新的利润增长点。在产业客户开发和服务方面，基本形成了以“业务部门—品种委员会—永安资本”为主体的多层次服务体系。公司财富管理业务逐渐形成“永安资管—财富管理服务中心—永安国富”三位一体的特色服务体系，在投资管理能力、私募服务能力、资产配置能力方面均取得显著进步，财富管理品牌进一步树立，品牌效应逐步凸显。公司“一体两翼”战略已初具规模。2016 年年底公司资管业务收入达 2 635 万元，已较上年翻倍。

此外，发展创新业务，离不开净资本。截至 2016 年年末，母公司净资本规模达到 22.52 亿元，牢牢占据行业内净资本规模第一位置。庞大净资本实力解决了公司创新业务扩展的最大难题。

（5）资产配置助力公司发展。

公司利用资本市场和资本实力进行资产配置，推动公司业务发展和增加公司收入，形成自身独特的竞争优势。公司利用自有资金以发掘、引进优秀投顾为目的，体现自有资金对期货经纪业务落地撬动作用为衡量进行战略性投资，大力发展资产管理和财富管理业务，打造永安“资产管理”“财富管理”特色品牌，同时利用自有资金进行财务性投资取得较好的经济效益。公司自有资金投资业务通过战略性投资、财务性投资的双向驱动，促使公司实现了更快的业务增长和更高的资本回报，已成为重要的盈利增长点。

（6）研发、管理团队领先同业。

公司相较同行业还具备业内领先的研究团队、经验丰富的管理团队。

公司设有杭州研究中心、北京研究院两大研发团队，专业研究人员 60 余人，80% 硕士以上学历，知名高等院校或海外留学教育背景，具有丰富的从业经验。杭州研究中心通过运用结构研究方法对期货定价，深入产业链各环节，为套期保值和期货投资提供基础性和应用性研究，并依托公司旗下的投资管理业务、期现结合业务和香港新永安的境外期货交易平台，实行全球交易活跃的品种全覆盖的研究战略，为投资者提供丰富资讯和优质服务。北京研究院建立了基本面量化的估值驱动研究体系，形成系列产品线，包括基础报告，以及永安早报、日评、周报、月报、永安研究月刊；基差雷达、基差实时跟踪图、期货市场品种全息表、期货市场波动率监控图、《瞭望周刊》、调研报告、深度报道；《多品种投资策略》、周度市场调研等。现已建立起了服务产业客户的 6 种模式，具体包括投资咨询、产业基金、基差交易、场外期权（期权 + 保险）、合作套保以及仓单服务，探索并完成了多起服务产业企业的实际案例。

永安的高管团队具有从业时间长、管理经验丰富、团队人员稳定、业务能力强等特点，对期货行业的发展趋势有着敏锐的洞察力，对期货市场变化和客户需求有着深刻的理解和认识。首先，公司高管团队在期货业的平均执业年限达 20 年，拥有资深的从业经历，对期货行业有着深刻的认识和独到的见解。其次，高管在公司的平均服务年限长达 10 余年，对公司的文化高度认同，保证了公司决策的持续性和强大的执行力。这是公司持续保持行业领先地位，难以被同业复制的优势之一。

2016 年，公司为满足开展业务的需求，通过招聘和引进优秀人才、培训现有员工、加强绩效考核、提高员工福利水平等方式，进一步完善了人才梯队建设。2016 年，工资、奖金、津贴和补贴，以及社会保障费支出较上年有明显增幅，分别达 34.62% 与 41.82%。而人员增加集中体现在中层以上管理人员、研究人员、硕士与本科的专业人才等方面。

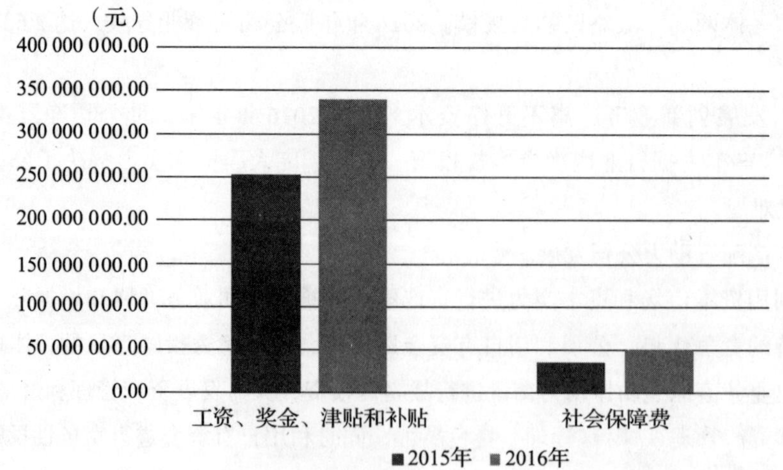

2016 年工资、奖金、津贴和社会保障费变动情况

资料来源：公司年报，新三体研究院整理。

三、公司未来规划

（一）近中期战略

公司在四个方面进行了近中期战略规划：

（1）继续发展主业，将经纪业务作为支撑性的基础业务，在此之上为财富管理和资产管理业务、风险管理业务、跨境资产配置策略提供高效便捷的服务。

（2）致力于提供一流的期现结合与风险管理产品与服务。通过加强组合对冲研究，发展产业链保值、期现结合、场外市场业务，为资产管理、财富管理业务提供支持，形成永安期货创新服务基地。形成稳定、可持续的盈利模式和交易体系，成为永安期货新的利润增长点，对永安期货利润贡献占比达到30%以上。

（3）发挥永安资管的优势，并与境外知名的资产管理公司合作，为资金和人才提供完善的财富管理平台，为机构资产与社会财富在全球市场配置提供服务。同时，大力发展对冲基金，优化使用投资杠杆，为投资人创造绝对高收益。力争实现资产管理、财富管理业务为总公司贡献40%的利润。

（4）继续增强资本实力，建立完善的体制机制和高效的管理架构。公司将继续发挥三板市场融资优势，扩充净资产，并提升资本实力。进一步完善混合所有制，建立市场化的人才激励机制和运营机制，提升管理层和员工的积极性。改善组织管理架构，提升管理效率。

（二）远期战略

公司长期战略目标是不断整合社会资源、增强资本实力，组建我国衍生品市场的领袖型企业。通过进一步扩大规模和资本实力，进一步优化治理结构和现代管理体系，进一步凝聚多元化高端人才，回报投资者，探索混合所有制，优化治理结构和建立激励机制，并打通上市通道，为加速发展创造条件。

在业务方面，公司将转型重点拓展混业发展、风险管理、财富管理、互联网化、全球配置等五大创新业务领域；构建期现结合、混业经纪、私募资管、场外交易、跨境服务五大平台；并探索互联网及大数据在期货行业中运用，推动业务创新化，打造符合新金融特质、平台型、以风险管理和财富管理为核心竞争力的现代金融集团。

四、公司挂牌后融资行为

（一）股票发行

公司挂牌以来共完成了一次股票定向增发。

2015年11月16日，公司公告股票发行方案并于次年1月成功增发4.5亿股，发行价格为 3.89 元 / 股，募集资金 17.5 亿元。此次股票发行所募资金主要运用于增强资本实力，完善股东结构。公司希望通过募集资金建立健全激励约束机制，做大做强企业，为客户创造更多价值。

本次发行的对象有浙江东方集团股份有限公司、浙江省协作大厦有限公司、浙江省经济建设投资有限公司、杭州美淳投资合伙企业（有限合伙）、宁波梅山保税港区银地股权投资管理合伙企业（有限合伙）、北京卓邦投资有限公司、浙江省经协集团有限公司、浙江天堂硅谷盈通创业投资有限公司及宁波图南投资合伙企业（有限合伙）、浙江省产业基金有限公司。其中，引进了浙江省产业基金作为战略投资者，在解决了公司长期发展的资本需求的同时，拓宽了企业间的业务协作，有效增强了优势互补的协同效应，为推动公司成为国内一流的衍生品综合服务商这一战略目标奠定了基础。

根据永安期货的主办券商中信证券于 2017 年 3 月 6 日出具的《关于永安期货股份有限公司 2016 年募集资金存放与使用情况的专项核查报告》，公司此次发行募集的资金已全部使用完毕，且资金使用和管理皆符合规定，不存在违规情况。

（二）次级债券发行

公司于 2015 年 8 月 17 日发行永安期货股份有限公司 2015 年公司债券，存续时间 3 年，该期债券募集资金 6 亿元，票面利率 5.4%。

五、同行业比较分析

公司所处行业为期货业，在行业中可比较标的有期货公司及与期货公司部分业务模式相似的证券公司。目前，国内期货行业处于成长阶段，大部分期货公司体量规模较小，业务较单一，进入主板市场难度较大，仅有十数家期货公司在新三板挂牌。又由于新三板市场流动性偏低，许多期货公司挂牌之后股票没有交易，所以，市场数据不全导致公司在市场上难以有合理的估值对比。对此，我们扩大范围，通过一些披露公开信息的期货公司、证券公司来与永安期货做对比分析。

从财务指标来看，公司盈利指标在所选标的公司中表现较好。公司营业收入增长率在同业中排第一位。此外，从数据中可以发现，在金融行业普遍萎靡的情况下，证券公司营收、净利润普遍呈现负增长，而期货公司保持了增长势头。这体现出期货行业现阶段成长性较好，相比成熟的证券业有更多的成长空间。

值得注意的是，永安期货的净资产收益率也表现优异，达到了 13.85%，高于所选标的公司；每股收益率为 0.46，在行业均值左右，收益水平较高，投资回报预期较好。

在做估值对比方面，从上一季度市净率指标与滚动市盈率指标来看，公司市盈率 18.28 倍，远低于 32.79 倍的平均水平；市净率 2.33 倍，刚刚达到所在行业平均水平。我们认为公司现阶段市价偏低，理由有三：

（1）公司近年体现出了远超行业的成长能力与盈利能力，业务也在朝着多元模式发展。

（2）期货交易受到越来越多的关注，市场规模也在不断扩大，作为行业龙头，永安期货未来成长空间不可估量。

（3）新三板目前流动性较低，且公司一直以来采取协议转让方式，导致公司股票没有在市场上大量交易的情况，因此市场价格失效。

我们认为，在行业关注度提高、新三板流动性改善的预期下，公司的市值还有巨大提升空间，建议投资者保持关注。

永安期货与证券公司、期货公司财务对比

证券代码	证券名称	EPS（稀释）（元/股）	BPS（元/股）	ROE（%）	营收增长率（同比）（%）	净利润增长率（同比）（%）	产权比率（倍）	PE(TTM)（倍）	PB(倍）
601211.SH	国泰君安	1.21	11.80	10.08	−31.47	−31.99	3.01	16.02	1.75
000776.SZ	广发证券	1.05	10.30	10.29	−38.07	−38.22	3.55	15.25	1.62
601688.SH	华泰证券	0.88	11.78	7.59	−35.58	−39.62	3.74	19.16	1.44
601788.SH	光大证券	0.74	10.24	6.87	−44.70	−60.28	2.73	22.59	1.44
600837.SH	海通证券	0.70	9.58	7.39	−26.45	−46.97	3.99	20.03	1.55
000686.SZ	东北证券	0.58	6.66	9.75	−33.56	−49.40	3.76	23.64	1.68
601198.SH	东兴证券	0.53	6.64	8.48	−33.37	−33.84	2.96	34.42	2.59
000783.SZ	长江证券	0.44	4.61	10.43	−31.09	−36.58	3.19	24.90	2.08
600109.SH	国金证券	0.43	5.79	7.65	−30.78	−45.14	1.74	31.62	2.29
002673.SZ	西部证券	0.40	4.44	9.16	−39.61	−43.43	3.36	47.87	3.97
601377.SH	兴业证券	0.31	4.73	8.15	−34.24	−47.90	3.23	22.82	1.60
000166.SZ	申万宏源	0.27	2.61	10.55	−51.68	−55.51	4.23	22.22	2.27
832970.OC	东海证券	0.27	4.99	5.39	−64.55	−73.92	4.70	43.62	2.35
600909.SH	华安证券	0.21	3.27	6.49	−54.55	−67.59	1.90	61.61	3.22
002500.SZ	山西证券	0.17	4.34	3.76	−38.89	−64.38	2.85	52.35	2.38
835337.OC	华龙证券	0.15	2.20	4.80	−45.39	−54.77	1.49	22.89	0.73
832396.OC	开源证券	—	1.57	9.07	20.61	−28.17	3.36	89.40	8.08
430399.OC	湘财证券	0.13	1.85	7.33	−46.86	−65.59	3.29	32.12	2.29
870488.OC	国都证券	0.13	1.63	7.80	−39.86	−46.36	2.88	20.80	1.64
601099.SH	太平洋证券	0.10	1.73	6.95	−34.24	−41.29	2.35	51.58	2.47
830899.OC	联讯证券	0.07	1.67	4.20	−31.62	−54.48	4.81	29.51	1.21
01461.HK	鲁证期货	0.11	2.04	5.61	−32.85	—	2.99	13.40	1.12
03678.HK	弘业期货	0.09	1.89	4.65	−14.09	—	1.82	17.99	1.01
834303.OC	华龙期货	0.05	1.15	6.86	29.07	113.00	1.01	26.72	1.14
832280.OC	创元期货	—	1.30	5.70	20.08	48.82	6.36	28.64	1.61
833840.OC	永安期货	0.46	3.64	13.85	56.00	26.83	5.55	18.28	2.33
行业均值		0.41	5.12	7.59	−32.55	−41.01	3.19	32.79	2.25

资料来源：Choice，新三体研究院整理。

信中利（833858.OC）投资价值分析报告

专注战略型新兴行业股权投资，利润迎来爆发增长

一、公司基本情况

（一）公司简介

公司名称	北京信中利投资股份有限公司	所属行业	其他金融业（J69）
成立时间	1999-05-17	挂牌时间	2015-10-23
转让方式	协议转让	公司地址	中国，北京
主办券商	华创证券	所属分层	基础层
主营业务	控股实业经营业务、创业投资基金管理业务、创业投资及孵化业务、投资增值服务业务		

资料来源：2016年年报数据，新三体研究院整理。

信中利投资公司是中国领先的从事风险投资、基金管理业务的民营综合性投资集团。公司成立于1999年5月，由留美归国投资银行专家、前摩根士丹利公司亚洲区副总裁汪潮涌先生创立。公司主要从事新产业投资业务、控股实业经营业务、投资增值服务业务，新产业投资业务包括创业投资基金管理业务、创业投资及孵化业务。公司创业投资主要投资于"三高、三大、三新"（高科技与互联网、高端制造、高品质消费与服务、大健康、大文化、大环保、新能源、新材料、新模式）领域。公司熟悉中国经济、科技和文化环境，富有国际资本运作的经验，具有中国和国际资本市场发展趋势的研判能力，使公司得以快速地成长和发展。公司与政府机构、国际知名金融机构以及高科技企业保持良好的沟通和联系。

（二）股本结构

公司总股本1 289 998 402股，流通股本766 596 150股，公司控股股东、实际控制人为汪超涌先生。汪超涌先生直接持有公司30.71%股份，汪超涌先生通过上海思邈股权投资中心（有限合伙）间接持有公司7.75%股份，通过一致行动人持有公司25.13%股份，合计持有公司63.59%股份。

（三）总体经营状况

	2017年一季报	2016年年报	2015年年报	2014年年报
每股指标				
每股收益——基本（元）	0.088 9	0.450 0	0.940 0	0.610 0
每股收益——稀释（元）	0.088 9	0.450 0	0.940 0	0.610 0
每股收益——期末股本摊薄（元）	0.088 9	0.454 2	0.834 6	0.599 4

（续）

	2017 年一季报	2016 年年报	2015 年年报	2014 年年报
每股净资产 BPS（元）	2.673 3	2.580 0	4.470 0	1.580 0
每股经营活动产生的现金流量净额（元）	−0.012 7	−0.065 2	0.040 6	0.323 5
净资产收益率——摊薄（%）	3.330 0	17.620 0	18.690 0	38.280 0
净资产收益率——加权（%）	3.40	18.46	36.01	52.59
净资产收益率——平均（%）	3.39	18.88	34.56	49.64
总资产净利率——平均（%）	1.46	12.27	22.42	11.60
资产负债率（%）	34.45	33.16	21.84	52.17
营业利润同比增长率（%）	10.54	21.49	303.47	2 597.52
营业收入同比增长率（%）	72.76	68.02	240.21	31 785.67
归属母公司股东的净利润同比增长率（%）	2.79	8.83	498.71	1 037.43
利润表摘要				
营业总收入（元）	323 343 796.15	1 348 536 114.88	802 621 792.43	235 922 058.98
营业总成本（元）	142 068 563.72	481 769 049.36	89 195 022.24	59 101 252.51
营业收入（元）	323 343 796.15	1 348 536 114.88	802 621 792.43	235 922 058.98
营业利润（元）	181 275 232.43	866 767 065.52	713 426 770.19	176 820 806.47
利润总额（元）	182 106 832.82	878 253 768.30	711 366 415.64	175 820 745.42
净利润（元）	106 896 577.29	660 526 180.25	568 914 629.57	147 797 073.07
归属母公司股东的净利润（元）	114 735 932.95	585 893 316.14	538 334 665.25	89 915 776.65
非经常性损益（元）		23 388 534.43	−1 767 854.55	−1 000 061.05
归属母公司股东的净利润(扣除非经常性损益)(元)		562 504 781.71	540 102 519.80	90 915 837.70
资产负债表摘要				
资产总计（元）	7 551 548 420.78	7 087 214 759.00	3 678 510 373.06	1 396 779 682.59
负债总计（元）	2 601 323 773.05	2 350 340 144.83	803 546 779.31	728 766 056.50
股东权益（元）	4 950 224 647.73	4 736 874 614.17	2 874 963 593.75	668 013 626.09
归属母公司股东的权益（元）	3 448 508 452.41	3 324 889 185.87	2 880 904 927.06	234 878 151.90
现金流量表摘要				
经营活动产生的现金净流量（元）	−16 348 487.57	−84 107 506.99	26 198 661.89	48 529 578.38
投资活动产生的现金净流量（元）	−221 254 222.35	−1 015 885 499.15	−1 562 925 701.46	−82 817 114.89
筹资活动产生的现金净流量（元）	234 796 823.73	1 211 051 191.69	1 540 864 390.48	58 038 687.27
现金及现金等价物净增加（元）	−2 805 886.19	111 209 678.23	4 136 193.50	23 751 150.76

资料来源：Choice，新三体研究院整理。

2016 年度公司实现营业总收入 13.49 亿元，比上年同期增长 68.02%；2017 年第一季度总收入 3.23 亿元，较上年同期增长 72.76%；2016 年实现净利润 6.61 亿元，较上年同期增长 16.10%；2017 年第一季度净利润 1.07 亿元，较上年同期增长 3.36%。

截至 2017 年 3 月 31 日，公司总资产 75.52 亿元，较期初增长 6.97%；净资产 49.50 亿元，较期初增长 5.12%。

公司 2016 年营业总收入、净利润较上期增加，主要原因是公司及子公司在管基金规模扩大，以基金管理规模为基数按一定比例计提的基金管理费收入大幅度增加；公司部分自有资金投资项目实现多层次、多元化退出，投资收益较上年同期大幅增加；公司战略性收购上市公司深圳惠程后，其主要业务收入纳入公司合并报表范围，给公司带来了营业收入、净利润增加。

在收购深圳惠程后，公司在巩固与提升深圳惠程原有主业的基础上，促进深圳惠程充分利用现有传统工业板块优势、对于工业企业客户转型发展的深刻理解以及上市公司资本运作平台优势，快速嫁接互联网服务资源，致力于将深圳惠程打造成为具有产业基因的互联网综合服务提供商。

在投资理念上，公司专注于战略性新兴行业的股权投资，2016 年投资了互联网金融安全第一股——通付盾、小基站虚拟运营技术设备服务商第一股——佰才邦、中国政府大数据领导品牌——九次方、国内最大的白领互联网外卖服务平台——百度外卖、中国生鲜电商第一股——本来生活、中国汽车设计第一股——阿尔特汽车技术股份有限公司等优质项目，2017 年年初公司又投资了农村消费金融第一股——什马金融等优质项目。

此外，公司已投资项目中有 26 家成功登陆资本市场，其中知名案例包括：广州龙文教育科技有限公司被上市公司东莞勤上光电股份有限公司（股票代码：002638）以发行股份及支付现金方式收购；青岛天能重工股份有限公司（股票代码：300569）在深圳证券交易所创业板市场上市；东田时尚（北京）文化发展股份有限公司、易云捷讯科技（北京）股份有限公司、上海麦腾永联众创空间管理股份有限公司等多家被投项目在全国中小企业股份转让系统挂牌。

二、公司分析

信中利作为一家新产业投资、控股实业经营、投资增值服务的综合性投资集团，主要从事新产业投资业务、控股实业经营业务、投资增值服务业务，新产业投资业务包括创业投资基金管理业务、创业投资及孵化业务。根据《上市公司行业分类指引》（2012 年修订），公司所属行业为其他金融业（J69）。

（一）公司所处行业分析

根据国家“十三五”规划纲要，要求积极培育公开透明、健康发展的资本市场，提高直接融资比重，降低杠杆率，创造条件实施股票发行注册制，发展多层次股权融资市场，深化创业板、新三板改革，规范发展区域性股权市场，建立健全转板机制和退出机制。随着利好政策不断出台，近年来，股权投资市场有了天翻地覆的变化。

1. 股权投资市场规模持续增大

2016 年股权投资基金募集资金总额突破 13 712.05 亿元，投资总额达 7 449.1 亿元，创下历史新高，募资、投资增速较往年提高明显。随着“国家队”引导资金入场、IPO 提速、新三板市场将迎来精选层等政策利好频出，市场投资需求日益加强，股权投资已经迎来了黄金时代。随着我国经济社会的持续发展，国家、企业、个人财富的不断增加，多层次资本市场的日益完善，私募股权投资机构将获得更加多元的募资渠道、资金来源，更加丰富的投资标的，更加多样化的退出渠道。私募股权投资行业的市场规模、投资规模、退出规模也将持续扩大。

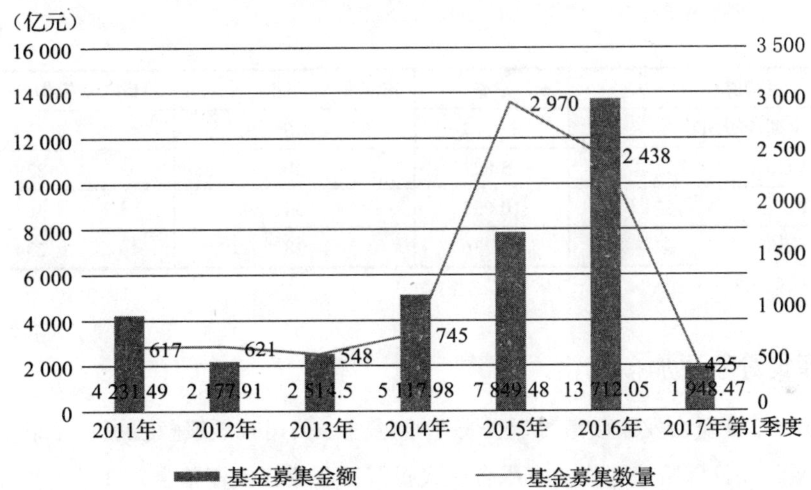

2011 年～ 2017 年第 1 季度股权投资基金募集情况

资料来源：清科研究中心，新三体研究院整理。

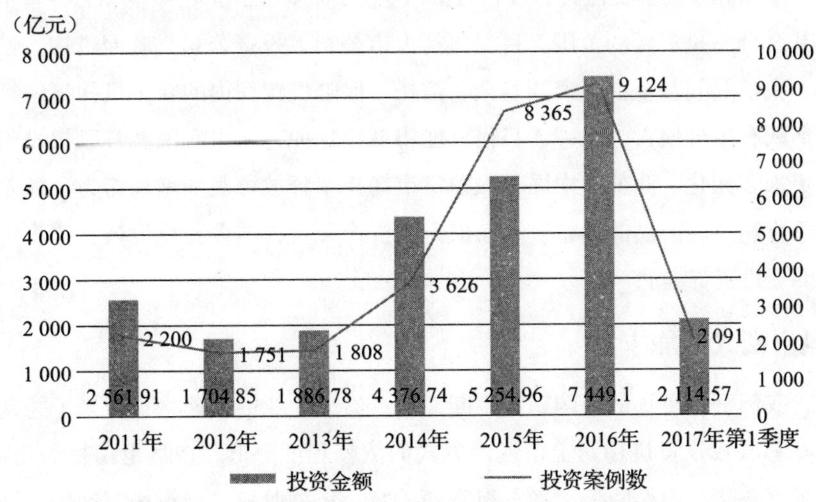

2011 年～ 2017 年第 1 季度股权投资基金投资情况

资料来源：清科研究中心，新三体研究院整理。

2. 行业集中度不断提高

随着近几年我国私募股权投资行业的快速发展，私募股权投资机构的数量正持续增加，市场竞争也日趋激烈。然而许多私募股权投资机构由于成立时间短、投资经验少、规模不经济，没有形成足够的竞争力，整体投资和管理水平都亟待提高。与此同时，一些专业能力强、品牌优势大、历史业绩突出的私募股权投资机构将会得到更多的市场认可，行业内的分化程度已经逐步拉大，目前 VC/PE 市场前 30 位机构管理资产平均规模超市场平均资管规模 10 倍，“强者愈强”的趋势也日趋明显。截至 2016 年年末，市场投资机构家数、平均资产管理规模（AUM）与市场前 30 位投资机构平均资产管理规模如下。

机构类型	家数	市场平均 AUM（亿元）	TOP30 机构 AUM（亿元）
早期投资机构	377	5	14
VC	5 827	20	229
PE	10 032	34	467
总体	16 236	28	234

资料来源：清科研究中心，新三体研究院整理。

3. 资金募集对象更加多元化

自 2012 年证监会发布政策推动公募基金通过子公司开展股权投资业务以来，监管部门频发新政，允许保险公司作为有限合伙人投资私募股权投资基金，并进一步开放保险基金投资创业投资基金。现如今各类金融机构包括信托公司、证券公司、保险公司等都已获得资格以基金出资人或基金管理人的方式进军私募股权基金市场。2014 年 8 月 21 日，证监会发布了《私募投资基金监督管理暂行办法》，社保基金、企业年金和慈善基金也被正式纳入私募基金合格投资者的范围。目前包括上市公司、投资公司、政府机构、银行、公共养老基金、大学及其基金会、家族基金、信托、保险机构在内的众多机构都已经成为我国市场上的活跃有限合伙人。这一趋势很可能将继续延伸，未来我国私募股权投资基金的资金来源将更加多元化。此外，中国私人财富市场持续释放可观的增长潜力，随着市场无风险利率的下行和金融产品的丰富，高净值人士资产配置将向多元化发展，这将为行业带来持续增长的可投资资本。

4. 投资退出模式更加丰富

目前，我国资本市场的并购制度不断完善，新兴产业的快速增长带来了并购重组交易的兴盛，私募股权投资机构对上市退出方式的依赖程度降低，市场退出格局正发生变化。随着创业板财务指标门槛降低、新三板不断扩容、私募股权二级市场流动性加强、海内外并购愈演愈热，我国的多层次资本市场结构将日趋完善，并购重组环境将持续优化。在此背景下，未来我国私募股权投资行业的退出方式将呈现出更加多元化的态势。因此，国家宏观市场环境及基金业务的发展为公司经营业绩及盈利能力提供了有力的保障。

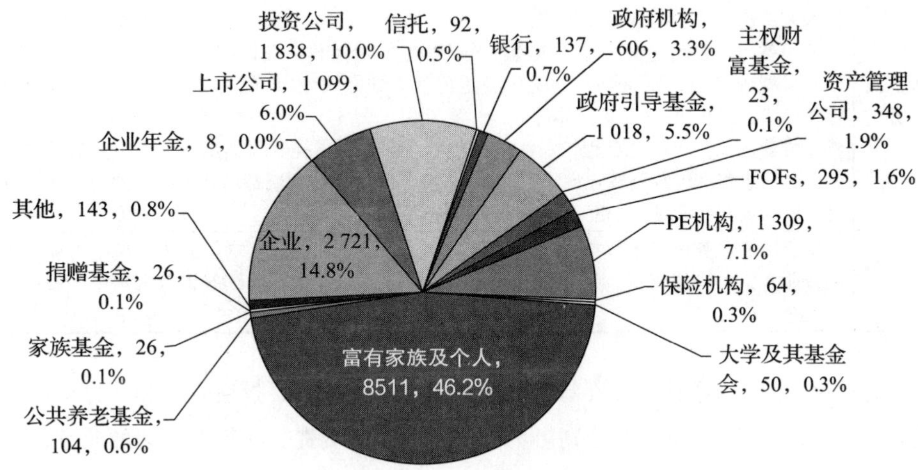

2017 年第 1 季度中国股权投资市场 LP 类别比较

资料来源：清科研究中心。

（二）公司主要业务

公司所从事的业务属于金融服务业，公司的主要产品和服务分为三大类：新产业投资业务、控股实业经营业务、投资增值服务业务。

业务分类	业务模式
新产业投资业务	1. 创业投资基金管理业务 公司创业投资基金管理业务主体主要为公司下设的股权管理公司，主要为基金出资人提供资本管理服务。股权管理公司以非公开方式向合格投资者募集资金并将其投资于“三高、三大、三新”（高科技与互联网、高端制造、高品质消费与服务、大健康、大文化、大环保、新能源、新材料、新模式）领域里具有较高成长潜力的企业，待项目成熟后通过被投资企业的上市、并购重组、股转系统挂牌或转让股权等方式实现项目退出，使基金资产通过股权增值方式实现资本增值并获取投资收益。股权管理公司作为基金管理人向基金收取一定比例的基金管理费，并获取项目超额收益报酬 公司创业投资基金管理业务既能够满足基金出资人的投资需求，为投资人的资产实现保值增值；又能够满足被投资企业的融资需求，促进被投资企业的发展成长，推动产业结构的升级，提高经济的运行效率，全力服务实体经济
	2. 创业投资及产业孵化业务 创业投资是公司利用自有资金，以股权方式直接投资创新性、创业型、成长型中小微企业。公司作为巴菲特价值投资模式的忠实拥护及追随者，通过不断实践逐渐形成了一整套具有中国特色的巴菲特投资模式 公司始终用领先市场的投资眼光去发掘市场的下一个热点行业，对于具有新技术、新模式或新产品的企业，公司从孵化期就开始介入，为其提供从孵化到上市的全产业链资本服务，助力被投资企业快速发展，进而通过长期持有来分享企业的丰厚回报。另外，为有效集成创业服务资源，积极推进“大众创业、万众创新”，公司设立科创孵化基地，为初创型企业提供创业孵化服务

（续）

业务分类	业务模式
控股实业经营业务	公司控股实业经营的主体主要为上市公司深圳惠程。深圳惠程以新型高分子电气绝缘材料技术为特色，提供电气装备的研发、生产、销售、安装及配网综合解决方案。产品包括成套开关设备、全密闭绝缘中低压电缆分接箱、电缆对接箱、硅橡胶电缆附件、可分离连接器、外置母线连接器、避雷器、电气接点防护罩等硅橡胶绝缘制品，以及 APG 环氧树脂产品、管型母线、SMC 电气设备箱体等 公司全资子公司中驰惠程控股深圳惠程后，在巩固与提升深圳惠程原有主业的基础上，将促进深圳惠程从传统制造业向"工业 4.0"特色的高端装备制造产业升级，致力于将深圳惠程打造成为具有产业基因的互联网综合服务提供商
投资增值服务业务	投资增值服务业务主要指公司为被投企业提供一系列的后续增值服务，包括为被投企业提供行业咨询、法律支持、财务规范、公司治理、内控规范、后续融资等资本市场服务，加速被投企业成长

创业投资业务和私募股权投资基金管理业务在项目投资、投后管理和项目退出等环节的流程大体一致，但两条业务线分别由不同的业务团队负责，实行差异化的业务运作和风险控制，主要如下：

（1）自有资金股权投资不同于私募股权投资基金，自有资金股权投资目的在于最大化实现项目投资收益，在投资项目进入、退出时间及方式等方面有更大的自主性，公司能够对优质被投企业进行长期投资、重点培育和深度合作，符合公司形成具有中国特色的巴菲特投资模式的发展方向；私募股权投资基金进行项目投资，受基金投资期、存续期的限制，对项目的进入、退出时点及退出方式有严格的约定。

（2）自有资金股权投资在项目选择上着重考虑公司整体战略安排，以及与公司现有投资项目、资源的匹配性；私募股权投资基金在项目选择上重点考虑基金投资人的投资收益。

另外，公司制定了项目投资、筛选及分配方面的制度，包括《投资管理制度》《内部管理制度及授权机制》《风险控制管理制度》等，规定了私募股权投资基金之间的分配原则——发现者优先选择权，投资方向与投资策略契合度高者优先；自有资金股权投资业务和私募股权投资基金之间的项目分配原则为私募股权投资基金优先。上述分配原则和相关规定能够有效避免基金之间、基金投资项目与直投项目间因项目分配存在的潜在风险或利益冲突。

公司目前主要收入来自于项目投资收益。随着市场退出机制的逐渐健全，公司越来越多在投项目顺利落地退出，投资收益显著增长，近三年投资收益复合增长率为 489.44%。随着公司基金规模扩大，私募基金管理业务也有显著提升，近三年复合增长率达到 291.78%。

2015 ~ 2016 年公司分业务收入成本构成如下。

（单位：元）

项目	2016 年	2015 年	增长率（%）	备注
主营业务收入	240 077 006.18	43 335 101.95	454.00	
——投资管理业务收入	42 809 784.60	5 238 412.41	717.23	基金管理规模扩大，管理费大幅增加

（续）

项目	2016 年	2015 年	增长率（%）	备注
——咨询业务收入	2 826 754.70	37 817 049.06	−92.53	
——其他收入	606 273.80	279 640.48	116.80	
——赛事服务费收入	32 917 394.83	—	—	子公司中视环球组织汽车赛事活动赞助费收入
——电气业务收入	160 916 798.25	—	—	收购深圳惠程后主要业务纳入合并报表
其他业务收入	23 118 263.68	—	—	收购深圳惠程后主要业务纳入合并报表
公允价值变动收益	−50 208 067.44	663 446 445.99	−107.57	项目退出后前期确认的公允价值变动损益转投资收益
投资收益	1 135 548 912.46	95 840 244.49	1 084.84	自有资金投资项目实现退出，确认投资收益
合计	1 348 536 114.88	802 621 792.43	68.02	

资料来源：公司年报，新三体研究院整理。

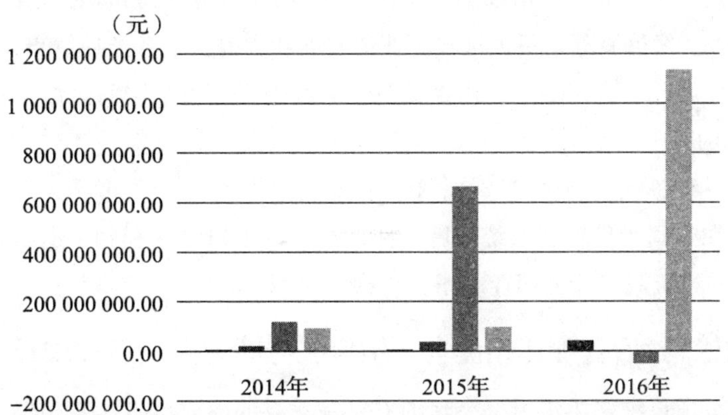

公司近年各项业务收入统计

资料来源：Choice 数据库，新三体研究院整理。

2016 年，由于早期项目成熟，集中退出，确认投资收益，所以导致本年投资收益猛增。令我们眼前一亮的是，新纳入报表的电气业务收入占总收入比重达到 11.93%，立马成为公司新的收入增长点。

公司的主要业务——创业投资与基金项目管理近年来的业绩也有了重大突破。

在创业投资方面，除公司全资子公司中驰惠程控股上市公司深圳惠程外，自有资金投资项目不存在投资金额占净资产 5% 以上的情形。公司创业投资项目实现收入 8.98 亿元，占营业总收入比例为 66.79%，自有资金投资项目 77 个（包含 4 个与在管基金投资重复的项目），其中财务型投资为 73 家，战略型投资为 4 家。

在基金项目管理方面，2016 年年末，公司在管基金累计投资项目 86 个，投资规模 52.46 亿元，在管项目 75 个，在管投资总额 44.56 亿元。2017 年年初，公司有 6 家子公司登记为基金管理人，在管存续基金累计达到 32 只，认缴金额 110.53 亿元，实缴金额共计 87.09 亿元。实缴金额与认缴金额形成差异的原因是公司与投资人约定，如管理基金投资的项目所需投资额未达到实缴出资上限，则无须补充缴纳认缴资金，这保障了投资人资金的使用效率，利益得以最大化。公司每年以 0.5% ～ 2% 的比例收入基金管理费，同时，作为基金出资人，公司以实缴出资占得份额获取基金投资收益。

（三）公司竞争优势

1. 侧重战略新兴行业，中长期业绩具备增长基础

公司专注于战略型新兴行业的企业股权投资，以“三高、三大、三新”（高科技与互联网、高端制造、高品质消费与服务、大健康、大文化、大环保、新能源、新材料、新模式）为主要投资方向，采取全产业链投资策略（投资阶段覆盖了天使投资、VC 投资、PE 投资、新三板基金、并购投资等），为创业者提供全产业链的股权投资服务。筛选具体投资项目时，公司一直致力于投资细分市场的领头羊，从而奠定了公司利润的高成长性。对于投资标的的投后管理、增值服务，更为被投企业的发展壮大提供了各类后续支持，从业务咨询、法律支持、财务规范、公司治理、内控规范、后续融资等各个层面为被投企业出谋划策并带来实际性的帮助。

截至 2017 年 3 月末，公司投资项目中有 26 家成功登陆资本市场，另有多家公司正准备申报 IPO 或在全国股份转让系统挂牌，前期投入的项目已顺利到了退出阶段，始终领先市场 3 ～ 5 年的投资眼光让公司业绩增长得到了保障。

2. 决策、风控、投后管理体系健全，增值服务助力企业良性成长

在进行基金项目投资决策时，公司拥有一套严密的内部决策体系确保项目收益性和可靠性。每一个项目在正式签订合作协议前，都必须经过公司内部投资决策委员会和各基金投资决策委员会“双重决策模式”审核机制。公司投资决策委员由公司高管担任，负责拟投资项目的内部决策，只有通过公司内部决策的项目，才推荐给公司管理的基金投资决策委员会。基金投资决策委员会由基金管理人、基金重要有限合伙人、行业专家等组成，对拟投资项目进行决策。

在对项目风险把控方面，公司通过设立风险控制中心，独立于业务部门进行风险管理；在资金募集、项目投资、投后管理和项目退出的所有内部流程中，对业务进行全流程覆盖式的监控模式。风险控制中心对公司业务过程中签订的所有法律文件进行审核，预先防范法律风险。此外，为更好地保障基金投资人和公司利益，加强对被投资标的的管理层激励和约束，公司往往对被投资标的设置了对赌或回购条款，并事先约定，如果投资标的未达到约定要求，基金有权执行对赌条款或回购条款。

项目投后管理是公司业务亮点，也是公司保障项目顺利落地的重要举措。根据清科研

究中心 2013 年数据，目前活跃于中国境内的 VC/PE 机构有 16.1% 已设立专职投后管理团队；另有 54.8% 的机构虽未设置专职投后管理团队，但在将来计划设立。专职投后管理团队渐成趋势。

项目投后管理工作主要由投后管理及投后增资服务中心负责，通常投后管理及投后增资服务中心员工负责对被投资项目进行跟踪分析，跟进投资协议条款的执行，并对投资项目退出时机提出建议。在项目的投后跟进过程中，如果发生重大风险事项，风险控制中心将及时介入，与投后管理及投后增资服务中心共同进行信息收集、情况分析、提出解决方案，同时将例外情况快速向投资该项目的投资决策委员会进行反馈。

除了投后管理团队对企业的扶持，对重点投资项目公司一般派驻董事或高管参与公司经营管理，参与项目公司重大经营事项的决策，对项目公司日常运营情况进行监督管理。

3. 国际化的资深投资团队打造全产业链投资平台

私募投资行业是人才密集型行业，专业领域的人才是私募投资机构开展业务的前提。公司目前拥有一支国际化的专业团队，在投行、金融、法律、财务、国际业务等各个领域为客户提供专业化的优质服务。核心业务骨干曾任职于国内外各大知名企业和证券公司，拥有资深的实业背景，对行业有深刻理解，在项目选择、风险控制、项目退出及投资规划布局等方面具有丰富的国际化经验。尤其是创始人汪超涌先生，拥有 30 年国际国内投融资行业的辉煌经历，成功投资了百余家企业，其中包括百度、搜狐、华谊兄弟、迅雷、东田造型、龙文教育、中诚信、天能重工、阿斯顿马丁、百度外卖、本来生活、何氏眼科等一批明星企业。

专业化的投研团队和贯彻全产业链价值投资的策略，帮助公司寻找到细分行业中最优质的企业，并对其进行全方位梳理和培育，通过长期的持有给公司带来不仅是长期投资收益，更是行业内资源与渠道的扩展。

三、公司未来规划

公司作为一家控股实业经营、新产业投资、投资增值服务的综合性投资集团，主要从事控股实业经营业务、创业投资基金管理业务、创业投资及孵化业务、投资增值服务业务，未来公司将把新产业投资业务以及控股实业经营业务作为发展重点。

（一）新产业投资发展战略

作为国内最早市场化的创投机构和新三板海归创投第一股，信中利紧跟全球科技创新趋势，全面布局“三高、三大、三新”产业，着力建构投资业务的全产业链，投资企业集群覆盖全成长周期，持续专注和引领新兴产业投资方向。同时，信中利将培养一批有着广阔发展前景的创业型企业，为初创期企业提供最佳的孵化环境。

另外，公司着眼于未来十年发展趋势，布局全球业务，加大在海外互联网及高科技产业的投入。2016 年公司与全球知名人工智能专家王维嘉博士设立硅谷基金，专注投资硅谷及北美地区人工智能项目。未来，公司将利用在硅谷所拥有的丰富项目渠道来源，与众多硅谷一线 VC 和孵化器建立长期紧密的合作关系，重点关注人工智能、生物医药、自动化、高端制造、高科技等领域。

（二）控股实业经营发展战略

深圳惠程将在巩固与提升深圳惠程原有主业的基础上，充分利用现有传统工业板块优势、对于工业企业客户转型发展的深刻理解以及上市公司资本运作平台优势，通过外延式并购，快速嫁接互联网服务资源，实现从传统制造业向"工业 4.0"特色的高端装备制造产业升级，并构建针对文娱等高附加值领域的互联网产业服务作为新的利润增长点。未来，深圳惠程还将围绕这一发展路径深度挖掘高附加值业务，致力于成为具有产业基因的互联网综合服务提供商。

综上，未来，信中利将坚持硅谷模式与巴菲特模式的双翼战略，致力于成为一家综合性控股集团。一方面，采用"硅谷模式"，紧跟全球科技创新趋势，选择具有高成长前景的行业，寻找最佳投资机会；另一方面，采用"巴菲特"模式，瞄准新兴产业的并购重组机会，为投资项目提供最佳的融资、增值服务并丰富退出方式，享受企业并购带来的长期增值。

四、公司挂牌后融资行为

公司于股票挂牌时进行了一次定向发行。该次股票发行价格为 16 元 / 股，合计募集资金 5 760 万元。发行对象为其主办券商日信证券、申万宏源证券和恒泰证券，发行目的是公司挂牌后由三家券商进行股票做市交易。公司于 2016 年 12 月 12 日起从做市转让变为协议转让。

除了定向发行推进股票做市交易外，公司通过发行债券方式募集了 1 亿元人民币，发行日期为 2015 年 12 月 29 日，债券存续期 2 年，票面利率 8.6%。

五、同行业比较分析

通过与同行业挂牌、上市公司对比我们发现，信中利盈利、成长性指标较好。2016 年公司每股收益为 0.45 元，仅次于两只上市股票；净资产收益率 18.46%，仅次于九鼎投资，表现优异。此外，公司近三年扣非后归母净利润复合增长率达到 310%，远高于同行业其他公司，综合成长能力极佳。资产负债率 33.16%，发生偿债风险可能性低。

截至 2017 年 5 月 31 日，信中利总市值达到 247.03 亿元，市盈率为 41.94，相较行业水平偏高。但考虑到公司强大盈利能力与成长性，前期积累的项目在之后几年获益可能性较大，加之行业已经进入高速成长阶段、政策不断利好等因素，我们认为公司市值能在新三板流动性增强以后更上一个台阶。值得注意的是，近年来投资者对于股权投资机构的关注度日趋增加，中科招商更是在新三板中创下了900倍的高市盈率，我们认为信中利作为行业领先投资机构，目前估值未达到真实价值水平，值得长期予以关注。

信中利与同行业公司财务指标对比

证券代码	证券名称	总资产（亿元）	总股本（百万股）	总市值（亿元）	EPS（基本）	市盈率（PE,TTM）	市净率（PB）	ROE（加权）	近三年扣非后归母净利润复合增长率（%）	资产负债率（%）
600053.SH	九鼎集团	42.47	434	143.33	1.45	21.96	8.51	43.91	189.91	59.06
600783.SH	鲁信创投	56.33	744	124.61	0.50	35.76	3.35	10.40	7.69	31.48
833044.OC	硅谷天堂	93.72	4 432	124.54	0.08	34.17	2.08	4.78	52.22	12.46
832168.OC	中科招商	241.95	10 828	99.62	0.00	900.84	0.70	0.08	−45.57	38.52
831639.OC	达仁资管	15.94	1 105	13.26	−0.07	−20.91	1.15	−6.84	—	27.11
831896.OC	思考投资	4.01	360	4.93	0.05	23.10	1.33	4.85	202.27	7.29
833858.OC	信中利	70.87	1 290	247.03	0.45	41.94	7.43	18.46	310.06	33.16

资料来源：Choice，新三体研究院整理。

神州优车（838006.OC）投资价值分析报告

定位中高端市场，人车生态圈初步成型

一、公司基本情况

（一）公司简介

公司名称	神州优车股份有限公司	所属行业	互联网和相关服务
成立时间	2002-06-27	挂牌时间	2016-07-22
转让方式	做市转让	公司地址	中国，北京
主办券商	中国国际金融股份有限公司	所属分层	创新层
主营业务	主要向消费者提供以B2C模式为主的网约车服务、线上线下相结合的汽车电商平台服务以及一站式汽车金融服务，并充分利用行业资源积累及协同效应进一步拓展汽车产业链的其他业务			

资料来源：2016年年报数据，新三体研究院整理。

神州优车是中国领先的汽车共享和大数据平台，主营业务包括神州专车、神州买买车、神州车闪贷三大板块。

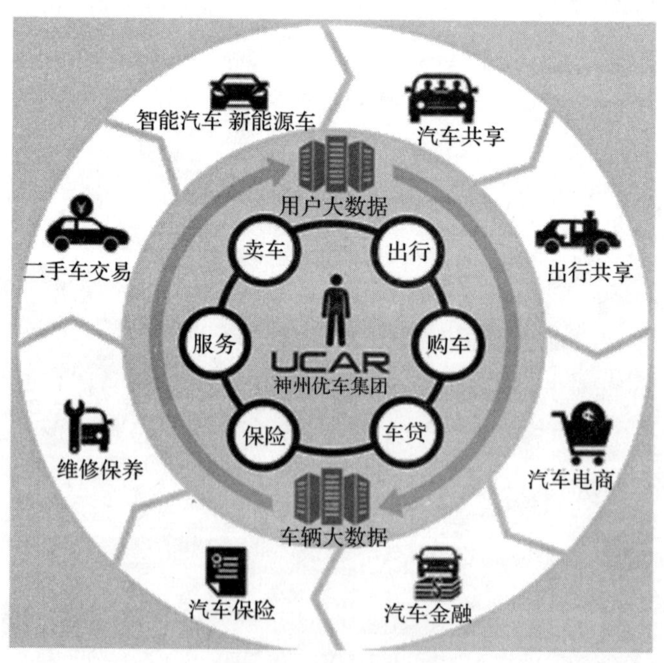

公司产业链和生态圈布局构想

资料来源：公司官网。

2016年公司快速进行了一系列资本运作与产业布局：1月，神州优车前身华夏联合进行重大资产重组，重组完成后，专车业务及汽车产业链的其他业务成为公司目前及未来的

主营业务；3 月和 5 月，分别进行了 37 亿元、20 亿元的融资；7 月 22 日，公司成功在全国中小企业股份转让系统挂牌，代码为 838006；神州买买车与神州车闪贷业务在当年启动，年末取得了覆盖 116 个城市与 43 个城市的骄人成绩。2017 年 1 月，公司获得全国首张网络预约出租汽车经营许可证，成为全国第一家获准开展网约车经营服务的平台公司；2 月再次通过股票发行融资 46 亿元，引入中国银联、浦发银行、国家新兴产业创业投资引导基金等战略投资者。6 月，公司再发公告，将获得中国人保资产管理有限公司 24 亿元投资。

下一步，公司将会深度聚焦出行和汽车领域的全产业链和人车生态圈，通过业务运营和资本运作相结合的手段，深耕行业。公司的核心战略是在这场出行领域的世纪变革中，以客户为中心，以技术为驱动，通过商业模式的不断创新，发挥业务板块的协同效应，引领行业变革。公司的愿景是重塑出行领域和汽车行业的产业链和生态圈。

（二）股本结构

总股本	2 542 846 169	流通股本	1 528 637 051
控股股东	陆正耀及其一致行动人：Haode Limited、钱治亚、李浣、Star Vantage（China）Limited、Golden Ares Limited、Gingko Avenue Limited、Mission Excellence Limited、王培强、崇德投资、Sagacious Limited，以及刘承、周小童	实际控制人	陆正耀及其一致行动人：Guo Li Chun、钱治亚、李浣、Paau Siu Wan、Liu Tung Wun、Pau Hak Kan、王培强、Wong Sun Ying、刘承以及周小童

2016 年 1 月，公司前身华夏联合以净资产折股的方式整体变更设立神州优车。

股份公司设立后，考虑到公司股权结构分散，为完善神州优车的治理结构，进一步保证神州优车经营决策的连续性和稳定性，2016 年 3 月 14 日，Guo Li Chun 及其控制的 Haode Limited、Liu Tung Wun 及其控制的 Gingko Avenue Limited 和 Sagacious Limited、Paau Siu Wan 及其控制的 Star Vantage (China) Limited、Pau Hak Kan 及其控制的 Golden Ares Limited、王培强及其控制的崇德投资、Wong Sun Ying 及其控制的 Mission Excellence Limited，以及自然人刘承、周小童均自愿与陆正耀签署《关于行使神州优车股份有限公司股东权利的一致行动协议》，同意自该协议签署之日起在做出对神州优车的决策时均以陆正耀的决策为准保持一致意见。钱治亚、李浣于 2016 年 3 月 31 日与陆正耀补充签署《关于陆正耀与钱治亚、李浣的一致行动协议》，同意自该协议签署之日起在做出对神州优车的决策时均以陆正耀的决策为准保持一致意见。

截至 2016 年年末，神州优车股东陆正耀及其一致行动人 Haode Limited、钱治亚、李浣、Star Vantage (China) Limited、Golden Ares Limited、Gingko Avenue Limited、Mission Excellence Limited、王培强、崇德投资、Sagacious Limited、刘承以及周小童合计持有神州优车享有表决权的股份为 1 072 620 000 股，约占神州优车股本总额的 47.27%，为神州优车的控股股东。

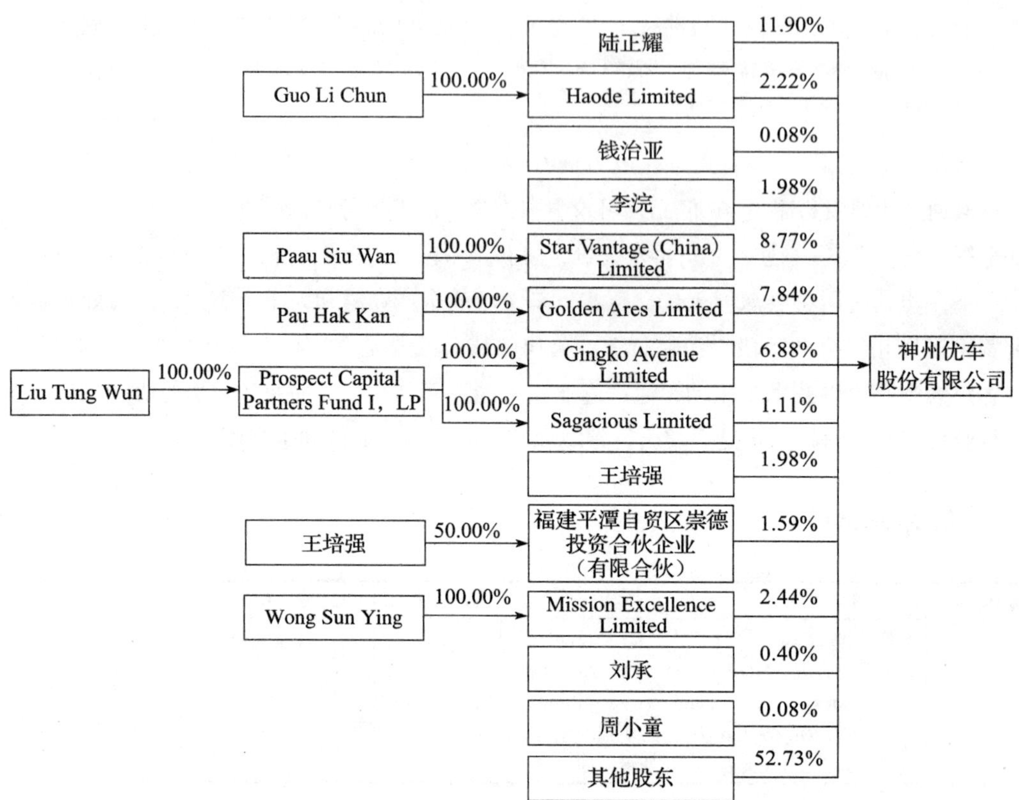

公司与控股股东、实际控制人之间的产权和控制关系

资料来源：公司 2016 年年度报告。

（三）2016 年经营情况

1. 总体经营状况

神州优车近三年财务数据摘要

	2016 年	2015 年	2014 年
每股指标			
每股收益——基本（元）	−1.68	—	—
每股净资产 BPS（元）	1.60	4.06	1.61
每股经营活动产生的现金流量净额（元）	−2.07	−14.17	—
净资产收益率——加权（%）（归属于挂牌公司股东的扣除非经常性损益后的净利润计算）	−81.02	—	—
毛利率（%）	−26.28	−172.32	−5 870.82
资产负债率（%）	47.95	78.85	69.66
营业收入同比增长率（%）	235.23	283 548.80	—
利润表摘要			
营业总收入（元）	5 845 480 388.85	1 743 712 500.61	614 743.48
营业总成本（元）	9 574 000 227.90	5 461 505 380.00	49 220 096.09

（续）

	2016 年	2015 年	2014 年
——管理费用（元）	1 577 369 443.76	202 143 468.90	2 722 540.49
营业收入（元）	5 845 480 388.85	1 743 712 500.61	614 743.48
营业利润（元）	−3 711 280 113.02	−3 717 792 779.39	−48 605 352.61
利润总额（元）	−3 669 147 568.07	−3 722 545 345.77	−48 607 986.27
净利润（元）	−3 672 042 781.30	−3 723 499 717.19	−48 609 748.16
归属母公司股东的净利润（元）	−3 580 001 142.58	−3 723 499 717.19	−48 609 748.16
非经常性损益（元）	−967 334 580.95	—	—
归属母公司股东的净利润（扣除非经常性损益)(元)	−2 612 666 561.63	−3 723 499 717.19	−48 609 748.16
资产负债表摘要			
资产总计（元）	6 779 987 014.90	2 247 152 430.34	153 816 852.12
负债总计（元）	3 251 278 775.63	1 771 980 860.13	107 149 027.23
股东权益（元）	3 528 708 239.27	475 171 570.21	46 667 824.89
归属母公司股东的权益（元）	3 620 749 877.99	475 171 570.21	46 667 824.89
现金流量表摘要			
经营活动产生的现金净流量（元）	−4 692 380 348.56	−1 658 066 112.69	—
投资活动产生的现金净流量（元）	−1 166 909 447.20	−29 587 894.69	—
筹资活动产生的现金净流量（元）	6 741 770 893.53	3 630 505 110.54	—
现金及现金等价物净增加（元）	938 790 272.84	1 946 589 465.96	—

注：公司于 2016 年 1 月进行了业务重组，以上涉及财务数据引用自神州优车 2014、2015 年度经审计的备考口径下财务数据。

资料来源：公司年报，新三体研究院整理。

2016 年年初，公司进行重大资产重组，收购了原优车科技集团 5 家子公司 100% 股权，将优车科技集团相关公司的资产、业务及其债权债务转入华夏联合或其子公司，并将被重组入的神州专车业务及汽车产业链的其他业务作为公司的主营业务。经过资源整合后，公司营业收入提升明显，达到 58.45 亿元，同比增长 235.23%；营业成本 73.81 亿元，增长 55.45%；整体毛利率大幅收窄至 −26.28%。预计随着公司扩张，规模效应将继续拉大收入与成本的增速差距，有望实现全面盈利。

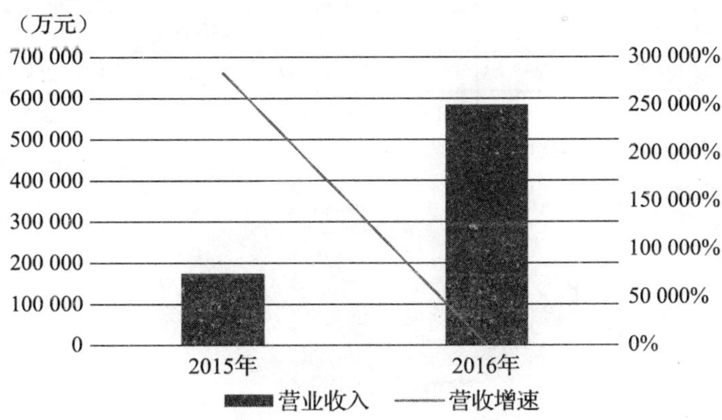

公司近两年营业收入与营收增速对比

资料来源：Choice，新三体研究院整理。

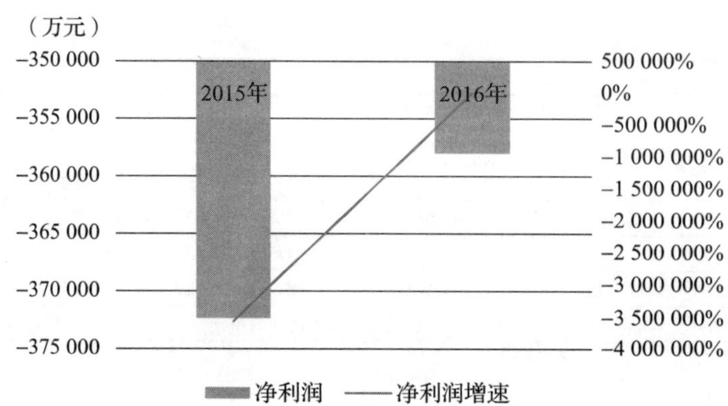

公司近两年净利润与净利润增速对比

资料来源：Choice，新三体研究院整理。

2016 年，公司归属于母公司净利润为 −35.80 亿元，在此我们应当注意到公司在 2016 年 4 月对核心员工实施了股权激励，涉及股份支付 9.85 亿元，致使当年管理费用猛增。扣除非经常性损益影响，公司实现归属于母公司净利润约为 −26.13 亿元，较上年 −37.23 亿元大幅减亏。

公司资产负债率为 47.95%，资本结构较稳定，相对上期有较大改变；流动比率与速动比率分别为 1.76 与 1.42，短期偿债能力较好。货币资金规模达到 36.04 亿元，资金充足，加上 2017 年年初募集资金 46 亿元用于买买车业务发展，可以预见 2017 年公司将继续大幅提升营收能力，三大业务的市场份额将继续提升。公司正在朝着多元化经营，打造汽车产业链服务，重塑人车生态圈的目标将更进一步。

2. 分业务经营情况

2015 ~ 2016 年分业务经营情况（单位：万元）

分业务	营业收入			营业成本			毛利率（%）		
	2015 年	2016 年	增减幅度（%）	2015 年	2016 年	增减幅度（%）	2015 年	2016 年	增减幅度
专车业务	174 141.02	505 799.81	190.45	474 668.62	654 221.95	37.83	−172.58	−29.34	—
其他业务	230.24	78 748.23	34 103.41	176.92	83 925.37	47 337.23	23.16	−6.57	−128.39
合计	174 371.25	584 548.04	235.23	474 845.54	738 147.32	55.45	−172.32	−26.28	—

注：其他业务主要包括买买车业务、神州车闪贷业务等。

资料来源：公司年报，新三体研究院整理。

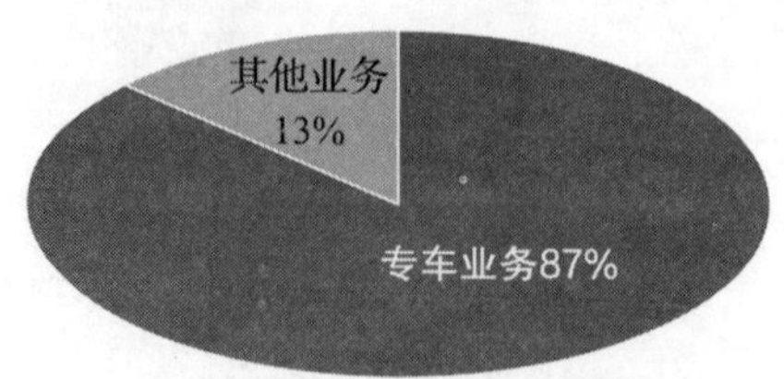

公司 2016 年分业务收入结构

资料来源：公司年报，新三体研究院整理。

2016年公司专车业务和其他业务在营收、成本方面继续保持着飞速增长。专车业务收入50.58亿元，同比增长190.45%；成本65.42亿元，同比增长37.83%，营业亏损较上期大幅度减少。公司在重组并整合资源后，适时推出升级的优驾平台。加之各地网约车新政密集出台，公司作为长期合法合规经营的网约车公司，获得了全国首张网约车经营许可证，使得公司品牌形象大幅提升，订单数量增长明显，规模效应带来运营效率提高，毛利率亏损也大幅收窄到−26.28%。

2016年公司新增加的买买车及其他主营业务初期发展良好，为公司带来了7.87亿元收入。公司前期累积的品牌效应在新业务拓展上有了十分明显的体现。截至2016年年末，神州买买车已覆盖116个城市，门店数量达到116家；车闪贷开始在全国各地陆续上线，已覆盖43个城市。由于买买车与车闪贷业务尚处于营业初期，为拓展业务渠道迅速占领市场，前期成本投入会相对较高，公司其他业务营业成本8.39亿元，毛利率−6.57%，属于正常范围内。

二、公司分析

（一）公司所处行业

1. 行业概况

根据中国证监会颁布的《上市公司行业分类指引》（2012年修订），公司主营业务属于“互联网和相关服务”（代码I64）。依据国民经济行业分类（GB/T 4754—2011），公司业务属于“其他互联网和相关服务”（代码6490）。根据全国股份转让系统发布的《挂牌公司管理型行业分类指引》，公司业务属于“其他互联网服务”（代码6490）。根据《挂牌公司投资型行业分类指引》，公司业务属于“互联网软件与服务”（代码171010）。

2. 细分行业发展现状和趋势

公司所属行业大类为“互联网软件与服务”，但根据公司三块主要业务，又可以将所属行业细分为专车服务、汽车销售、汽车金融。

（1）专车服务。

城镇人口不断增长、城市交通压力与日俱增、人民生活水平持续提高，均使得人民对于优质出行体验的需求随之快速增长，网络预约出租汽车的出现，不仅充分调动了公共交通体系外的车辆资源，而且弥补了当下出行领域的消费痛点和消费空白，满足了消费者对乘车环境和服务的升级需求。我国网约车行业尚处于发展阶段，渗透率有待提高，未来，随着供应量提升、网约车服务覆盖更多城市以及消费习惯的逐步养成，网约车丰富的使用场景将逐渐实现对其他出行方式的替代。

路边打车难	司机挑客拒载现象	中高端市场无法满足
·司机与乘客匹配率较低	·出租车司机偏好接送远距离乘客	·传统出租车无法满足商务出行高端要求 ·公务用车改革下，部分需求转向专车市场

网约车解决传统出行方式消费痛点

资料来源：公开资料，新三体研究院整理。

目前网约车市场大致形成了两种运营模式：一种是以滴滴出行为代表的C2C模式，向私家车主开放约车平台，由私家车主向用户提供用车服务；另一种是以神州专车为代表的“专业司机，专业车辆”的B2C运营模式，这一模式服务品质更高、更安全，但服务收费相对较高。

在网约车市场逐渐扩大影响力的同时，市场的监管也随之加强。2016年7月28日，交通运输部联合公安等七部委联合发布了网约车新政，并规定自2016年11月1日起正式施行，其对网约车平台的职责和义务、网约车驾驶员和网约车车辆的准入条件做了规定，同时赋予地方政府属地化管理职责。截至2016年年末，全国已有包括北京、上海、广州、深圳等在内的约50个主要城市颁布了本地网约车管理细则，约140个城市颁布了管理细则征求意见稿。

网约车新规主要内容

主体	新政要求
车辆	1. 7座及以下乘用车 2. 安装具有行驶记录功能的车辆卫星定位装置、应急报警装置 3. 车辆技术性能符合相关要求 4. 行驶里程达60万公里强制报废；使用年限达8年，退出网约车经营
驾驶员	1. 取得相应准驾车型驾驶证并具有3年以上驾驶经历 2. 无交通肇事犯罪、危险驾驶记录，无吸毒记录，无饮酒后驾驶记录，最近连续3个记分周期内没有记满12分记录 3. 无暴力犯罪记录 4. 城市政府的其他规定 5. 取得《网络预约出租汽车运输证》
网约车平台	1. 向企业注册地的出租汽车行政主管部门提申请，线上服务能力由注册地所在省级部门认定，全国有效 2. 依法与驾驶员签订多种形式的劳动合同或者协议 3. 将车辆相关信息向服务所在地出租汽车行政主管部门报备 4. 公布符合国家有关规定的计程价方式，不得以低于成本的价格扰乱正常市场秩序，并向乘客提供相应的出租汽车发票 5. 网约车平台公司应当依法纳税，为乘客购买承运人责任险等相关保险

资料来源：公开资料。

可以明显看出，政策对网约车平台、车辆、司机分别提出了较高要求，加之一些地方性的政策，监管政策势必导致网约车合格司机数量锐减。研究机构及主流媒体普遍分析认为，主流的 C2C 运营模式（非专车模式）从根本上并不符合新政要求，上述趋势必然造成 C2C 模式下网约车运营成本上升，价格上升，需求下降，供给下降，因此长期来看 C2C 模式将受到严重抑制，而运营标准更为规范的 B2C 模式（专车模式）将迎来最佳发展机遇。

此外，就市场需求度分析，专车行业市场规模潜力巨大。根据罗兰贝格的《2015 年专车市场分析报告》，2015 年中国整体出行市场规模约为 28 亿次 / 天，其中专车潜在市场需求约为 9 100 万次 / 天。虽然可替换市场需求巨大，但由于中国专车市场尚处于起步阶段，渗透率较低，2015 年平均实际专车出行次数仅约 50 万次 / 天，市场规模约 80 亿元。

随着潜在需求不断被替换、升级，中国专车市场未来将迎来高速增长期，罗兰贝格报告考虑了市场供给、专车消费习惯、城市公共交通完善程度等诸多因素提出：预计 2020 年，中国专车出行次数将增长至约 2 210 万次 / 天，专车潜在市场需求容量约达 0.5 万亿元，行业年平均复合增速达 129.3%。

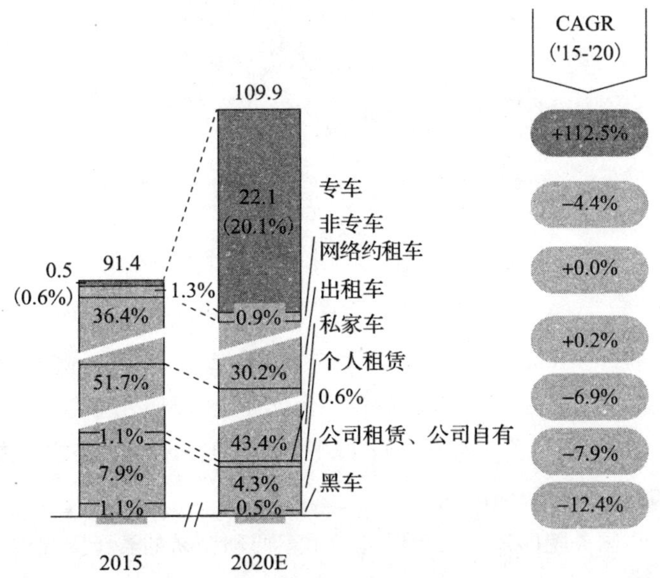

专车潜在市场出行需求次数预计（百万次 / 天）

资料来源：罗兰贝格。

（2）汽车销售。

在国内的汽车流通领域，4S 店集团、经销商等传统汽车销售渠道长期以来占据主导地位。近年来传统汽车经销模式逐渐进入瓶颈期，从供给端来看，固有商业模式及日益加剧的市场竞争导致汽车经销行业利润空间不断被压缩；从需求端来看，消费者的消费习惯正在发生重大变革，网络消费占全部消费比重日渐升高。经销行业利润的压缩和消费者习惯的改变使得汽车销售产业的转型压力不断增强，在"互联网 +"快速崛起的大背景下，汽车电商平台（包括新车电商和二手车电商）正逐步兴起并发展成为重要的汽车销售新渠道。

当前汽车电商主要有三类参与者，一是垂直电商，如易车、一猫等，二是综合电商平台，如天猫、京东等，三是车企/经营商O2O电商运营平台，如车享网等。汽车流通行业的特征决定了汽车电商行业不能离开线下实体店的落地支持。相反，拥有强大的线下资源与服务的汽车电商则更容易吸引消费者前至线上进行消费。也就是说，汽车电商线上业务发展主要依靠线下实体的支撑，线下资源主导型的汽车电商更具竞争力。全力布局线下、电商与实体融合将是汽车电商未来的发展趋势。

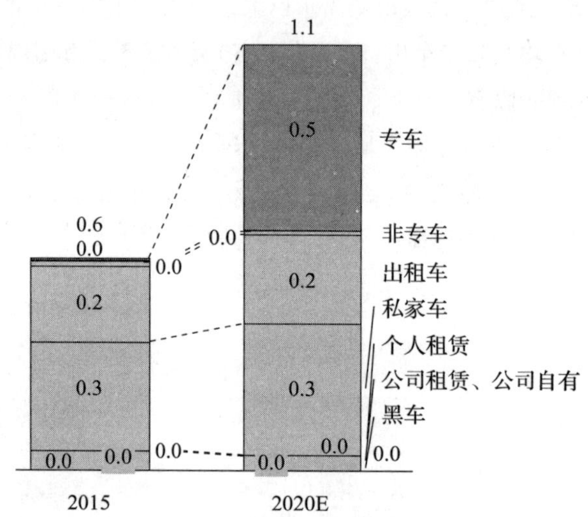

专车潜在市场出行需求容量预计（万亿元）

资料来源：罗兰贝格。

2017年2月商务部发布了新的《汽车销售管理办法》，打破了品牌授权为核心的4S店模式，为多种模式并行的汽车流通形式提供了保证。业内人士分析，取消了单一授权模式，不再强制性要求品牌授权后将更有利于O2O平台的发展，行业内将通过展开激烈竞争实现汽车销售业更加规范、健康运作。

此外，2016年国务院印发《关于促进二手车便利交易的若干意见》，取消二手车限迁政策，政策环境利好行业发展，二手车成交量有望快速增加。中国汽车流通协会预计到2020年，中国二手车交易规模将达到2 920万辆，市值规模高达1.5万亿元。

（3）汽车金融。

广义的汽车金融，是指在汽车的生产、流通、购买与消费环节中融通资金的金融活动，狭义的汽车金融服务通常是指汽车销售过程中对消费者和经销商所提供的融资及其他金融服务，包括对经销商展厅建设和设备贷款、库存融资和对用户的消费信贷、融资租赁和保险等。当前，国内汽车金融市场发展尚不成熟，主要以传统的汽车消费贷款为主，在融资租赁、保险等领域的业务刚起步，各种业务模式正在不断摸索中。

据罗兰贝格和建元资本联合发布的《2016中国汽车金融报告》显示，汽车金融作为汽车产业链中最具价值和活力的一环，日益成为各方关注的焦点。与国外相比，国内汽车金融的渗透率相对较低，2014年汽车金融渗透率仅为20%，2015年约为35%，但市场增长潜力巨大，近年来快速发展，背后的驱动要素主要包括中国汽车消费市场的快速增长、消费主体和消费观念的转变、汽车金融产品和服务更加丰富、个人征信体系的完善以及汽车金融行业的政策利好等。据德勤中国预测，2020 年中国汽车金融的渗透率将达到 50%，市场规模预计突破 2 万亿元。未来中国的汽车金融市场潜量巨大，蓄势待发。

（二）公司主要业务

1. 专车业务

神州优车的专车业务主要通过手机 APP 客户端（神州专车）、网站（www.10101111.com）、微信公共号及电话热线（10101111）等渠道为客户提供全方位的即时或预约出行服务。公司主要产品按服务类型分有即时叫车、预约用车（单次、半日租、日租）、接送机和企业服务，按车型分有公务轿车、商务 7 座和豪华轿车。

（1）业务流程。

客户从 APP 端、PC 端等下单后，系统后台接到客户指令，通过数据运算并进行车辆调度，司机在接受后台调度信息后确定并到达指定地点接送乘客完成行程，乘客付款评价后，后台确定订单完成并进行后续车辆分配。

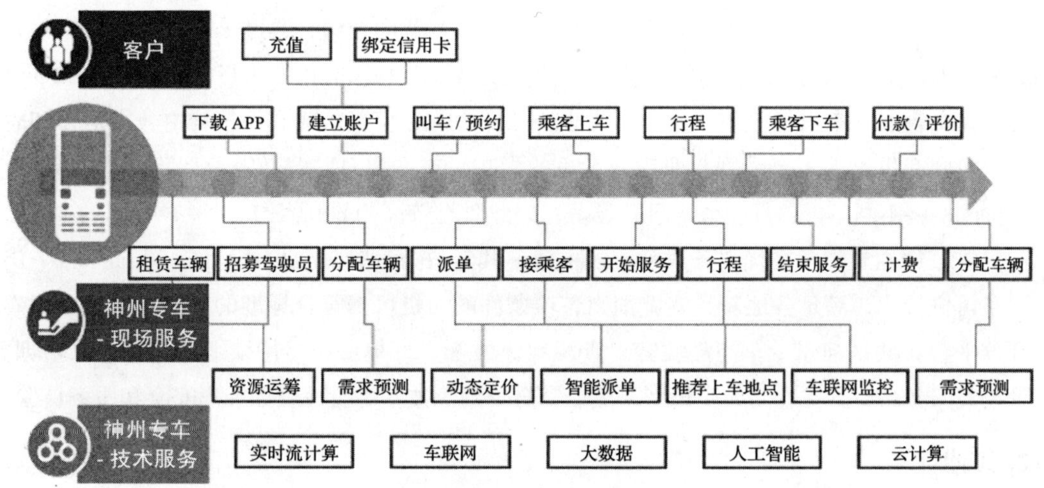

神州专车业务流程

资料来源：公开转让说明书，新三体研究院整理。

（2）业务架构。

神州优车母公司负责整体经营及战略管理。在 B2C 模式中，母公司负责向汽车租赁公司租赁车辆，为子公司正式开展专车业务供应车辆；子公司福建信息技术为公司的主要运营载体，其下属子公司福建优驾及福建优科为驾驶员服务公司，主要从事驾驶员的招聘和管理，下属子公司海南信息技术主要负责技术咨询业务；天津安驾及上海亿君均为驾驶员服务公司，主要负责驾驶员的招聘和管理。

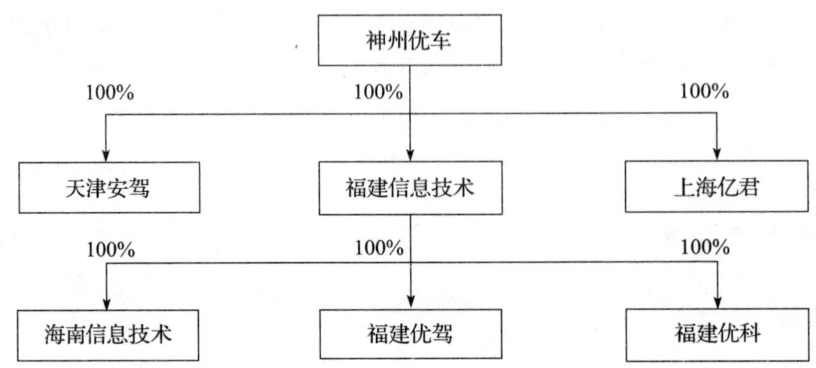

神州优车专车业务子公司架构

资料来源：公开转让说明书，新三体研究院整理。

（3）商业模式。

神州专车采取 B2C 模式为主、C2C 模式（优驾开放平台）为辅的商业模式，依靠 B2C 模式下的自营车辆向个人及企业用户提供出行服务并取得收益，对优驾开放平台中的全部加盟车辆承诺"永不抽成"获取有效流量，从而达到完善产品线、提高运营效率、提升市场占有率的目的。

B2C 自营模式采用 100%"专业车辆、专业司机"，车辆均为来自租赁公司的正规租赁车辆，司机均经过严格筛选和专业培训并与公司签署劳动合同，通过采用移动互联网及大数据技术，为客户构建全国范围内高效便捷、安全舒适、标准化的出行共享平台。B2C 模式向客户收取专车出行费用，盈利模式清晰可控。B2C 模式车辆和司机均由公司运营和聘用，因此在供给端不会受到行业激烈竞争的影响，成本相对固定，随着运营效率的提升，单位成本将不断下降，规模效应日益显著，因此具有较高的盈利潜力。

C2C 端主要体现在优驾开放平台的构建，其定位为流量平台，并承诺永不向个人、出租车司机抽成，满足各地新政实施细则各项条件的司机可携符合标准的社会车辆接入优驾开放平台，共享神州专车高品质客户资源和优质客户订单。公司持续组织兼职司机培训、管控其服务品质，并应用人脸识别及虚拟安全号码等技术手段，确保客户安全和服务体验。

2. 其他业务

其他业务主要包括买买车、车闪贷业务。神州优车于 2016 年 4 月收购神州买买车并建立汽车电商平台，由神州买买车及其下属子公司开展汽车线上线下销售业务。神州闪贷是公司于 2016 年 3 月设立的全资子公司，主要开展汽车金融相关服务。

（1）买买车业务模式。

神州买买车是神州优车旗下大型新车及准新车零售品牌，致力于打造中国最大的线上线下相结合的汽车电商平台，全面覆盖从车源、供应链、门店、消费者、后服务到旧车处置的全用车周期，依托深耕汽车行业的长期积累，深度整合汽车厂商、4S 店、进口商等优质资源，为终端消费者提供高性价比、高保障的一站式购车服务。

相比于传统4S店销售模式和已有的汽车电商平台导流提成模式，神州买买车受益于公司及其关联企业已经形成的线上用户和流量，以及遍布全国的线下供应商和销售网络，采用线上线下相结合的新型互联网闭环购销模式，从多种渠道（包括厂家、4S店和进口商等）以大规模集团采购方式获得车源，并通过网站、APP、微信等多种线上渠道将消费者有效导流至线下门店，完成终端销售，并向消费者持续提供全面完善的售后服务。

（2）车闪贷业务模式。

神州车闪贷致力于打造全新的一站式汽车金融服务平台，以客户为中心，以技术为驱动，深度聚焦汽车领域，为客户提供全面、专业、安全、快捷的汽车消费信贷与汽车抵押贷款等产品服务。神州车闪贷秉承高效务实、开拓创新、为客户创造价值的理念，针对放款时间、资金安全、准入资质等客户实际需求中的痛点，建立标准化的业务运作规范、全面合理的车辆评估体系、安全快捷的审核机制、成熟严谨的风控体系，节约客户融资成本，帮助客户实现资产价值最大化，解决小额资金借贷难题。同时，神州车闪贷建立了完善的贷前风险评估机制和独有的贷后风险管控体系，全面保障资产安全、维护客户权益。

（三）竞争优势分析

1. 定位高端，受政策因素影响较小

目前公司成熟的产品仅专车业务，其他业务相对处于前期阶段。在专车业务竞争方面，市场上已经形成了滴滴打车、神州专车、首汽约车、易到用车四家的竞争格局。神州优车主要定位以B2C端为主，针对的是高质量服务、高消费人群，专注高端市场，有别于其他服务商。

	神州专车	滴滴打车	首汽约车	易到用车
市场定位	专注B2C市场，定位高端	一站式智能出行平台，B2C、C2C皆有	专注B2C市场，定位高端	专车占一半，社会车源为主
新政影响	影响较小，拥有关联方神州租车资源，车型、驾驶员皆符合条件，最早取得网约车营业资格	影响较大，C2C端受政策影响，成本优势锐减	影响较小，但是起步较晚	影响较大，营运专车车辆、人员受限

在四家竞争者中，由于神州专车针对高端领域开展B2C业务，定位明确，且人员配置稳定，依托关联方神州租车，符合新政条件车辆资源庞大，加之一直以来规范化经营，所以受政策影响最小。

2. 客户留存水平高于行业平均

从用车的各个环节来看，神州专车在接驾、乘客坐车的环节客户满意度高于竞争对手，这与长期定位高端、注重服务的企业目标分不开。据CNIT-Research统计，神州专车在等待时间上较竞争对手处于劣势，而整体服务满意度上较好，高于竞争对手。在反映客

户对平台的黏性指标中，平均次月留存率也很好地说明了这一情况。神州专车平台留存率高，说明企业在服务上被替代可能性较低，对长期发展较为有利。

3. 全产业链布局，未来将产生协同效应

公司致力于“成为中国最大的一体化汽车共享（car sharing）和出行共享（ride sharing）平台”，目前生态闭环格局初具雏形。公司现有神州专车、神州买买车、神州车闪贷三大业务板块，涵盖网约车服务、汽车电商及汽车金融，关联企业神州租车（0699.HK）主营租车服务，各业务在车辆资源、客户资源、渠道及品牌效应等领域具有强协同性（租车业务车辆可用于网约车租赁、买买车服务，买买车服务可辅助租车、网约车采购，车闪贷业务提供产业链金融支持），深度服务汽车出行“自驾 / 运营 + 租车 + 约车”全方位，及“购买 + 车贷 + 保险 + 服务 + 售车”全生命周期需求。

4. SWOT 分析

SWOT 分析	
优势（Strength）	• 资源渠道丰富，拥有庞大稳定汽车资源与汽车相关产业经验 • 标准化服务品质强，易形成品牌效应，利于长期发展
劣势（Weakness）	• 前期投入较大，成本较高
机会（Opportunity）	• 抵御政策风险能力较强 • 高端市场仍有开发空间
威胁（Threat）	• 行业内部竞争激烈，新竞争者不断进入

（四）未来发展战略

1. 公司愿景

汽车技术革命及互联网技术革命正在深刻改变消费者在出行及汽车领域的消费习惯，并将带来出行领域和汽车行业的革命性变化。神州优车作为行业的先行者和深耕者，将充分利用领先的行业地位、丰富的行业经验及资源，以技术为驱动，以客户为中心，通过商业模式的不断创新，最大程度发挥各业务板块之间的协同效应，迎接行业革命，把握变革机会，重塑人车生态圈。

2. 发挥现有专车业务的领先优势，打造中国最大的出行共享平台

公司将发挥在政策合规性最强、盈利模式最清晰的 B2C 专车领域的领先优势，进一步提升专车业务规模及效率，通过持续为客户提供安全、可靠、高品质的服务，深化品牌影响力，实现自身盈利模式良性循环，以保持在 B2C 领域的绝对领导地位。同时，公司将继续开放优驾开放平台，开展 C2C 模式的业务，在为 B2C 模式业务导流的同时，改变现有竞争格局。借助 B2C 模式与 C2C 模式的互为补充、相得益彰，使得公司实现在汽车和出

行共享领域的全面领先地位。公司将通过进一步深化与神州租车的战略合作关系，打造中国最大的一体化汽车共享和出行共享平台。

3. 联手合作伙伴，构建中国最大的汽车电商平台

公司将充分利用在汽车领域丰富的行业资源和经验，联合战略合作伙伴，通过线上线下相结合的模式，构建中国最大的汽车交易平台，提高流通效率、改善客户体验，迎接汽车流通领域的革命，把握行业变革中巨大的商业机会。

4. 充分发挥独特优势，打造全新的一站式汽车金融服务平台

依托完善的人车数据云平台，公司将充分发挥专车、汽车电商等业务板块的协同效应，借助完善的贷前风险评估、独有的贷后风险管控，打造全新的一站式汽车金融服务平台。

5. 充分利用行业资源及产业链协同效应，重塑人车生态圈

公司将充分利用丰富的行业资源、独特的线上线下优势，凭借庞大的用户、车辆规模，极具价值的汽车产业链大数据和全面的产业链协同效应，依托领先的智能技术平台及运营经验丰富的管理团队，持续关注汽车保险、智能汽车、智慧出行、大数据营销等领域，寻找业务机会，推动公司在全产业链的业务提升，实现汽车全产业链及全生命周期的整合与革新，成为迎接汽车和出行行业变革的桥头堡和重塑人车生态圈的先行者，引领中国汽车及出行领域的创新发展。

三、公司挂牌后融资行为

挂牌后，公司共进行过一次非公开股票发行。公司于 2016 年 10 月公告了此次股票发行的预案，11 月 1 日通过股东大会并进行了公告，2017 年 4 月公司披露了此次股票发行报告书。此次发行股票价格为 16.8 元 / 股，共发行普通股 273 822 371 股，募集资金 46 亿元。发行对象为新增的 4 家机构投资者：联银创投、浦银安盛、谷欣投资、中金启元。

公开资料显示，联银创投成立于 2004 年，是中国银联下属公司，经营范围包括投资信息、现代生物医药和新材料等高新技术产业等；浦银安盛资管为浦银安盛基金全资子公司，后者的股东为浦发银行、安盛投资和国盛资产；中金启元是国家新兴产业创业投资引导基金，由国家发展和改革委员会、财政部以及社会出资人共同发起设立，总规模 400 亿元，是国内首只专注于新兴产业创投基金投资和直接投资的国家级基金。

此次募集资金主要用于神州买买车业务的发展，主要包括门店建设、市场营销、员工招募及车辆采购（含新车和准新车）等方面，其中车辆成本投入 34 亿元，门店成本投入 8 亿元（包含房租及其他运营成本、人员成本等），市场营销投入 4 亿元。

此外，根据公司在 2017 年 6 月 5 日披露的《股票发行方案》，公司以 16.8 元 / 股的价

格向中国人保资产管理有限公司募集资金 24 亿元，用于增强公司资本实力，开拓神州买买车业务的发展。获得该笔投资后，神州优车将完成总额 70 亿元定增融资。除了资本上对接外，神州优车更有可能获得更多与人保的战略合作机会，业内分析认为，双方将在汽车保险、汽车金融和客户大数据等领域优势互补，创造更多的利润空间。

四、投资亮点

（一）发展模式清晰

公司聚焦出行和汽车领域的全产业链和人车生态圈，在产业链上布局已渐入佳境。未来形成生态闭环后，上下游之间的阻隔会彻底被打破，子品牌、子公司之间的协同效应使产业链上各个环节都能提供最具性价比、最优质的服务，效益也将得以最大化。

（二）行业成长稳定

公司提供的主要服务——网约专车、汽车金融、线上线下相结合的汽车销售，以及关联方的租车业务均是能够长期改变人们消费习惯，为用户出行、生活带来便利的服务领域，因此市场需求也将不断被创造，未来必定能形成相当庞大的市场规模。公司作为行业先行者，凭借发展多年取得的经验优势，必然能在市场发展中不断做强。

（三）资源渠道丰富

公司在汽车相关领域拥有丰富资源，内部吸纳扎根行业多年的子公司，外部有关联方神州租车；随着优质战略投资者的加入，公司得到了资本市场方面诸多支持，在业务拓展、合作渠道上有了更多发展。

综上所述，公司立足新经济、新产业领域，通过不断优化商业模式、扩大市场布局、拓展多样化的渠道，未来必定能获得更多资本市场方面的关注，值得重点关注。

超能国际（836686.OC）投资价值分析报告

供应链服务特色突出，未来发展空间广阔

一、公司基本情况

（一）公司简介

公司名称	深圳市超能国际供应链管理股份有限公司	所属板块	批发和零售业
成立时间	2012-07-13	挂牌时间	2016-03-30
转让方式	做市转让	公司地址	中国，深圳
主办券商	东方财富证券	所属分层	创新层
主营业务	大宗商品贸易及其供应链管理配套服务		

资料来源：2016 年年报，新三体研究院整理。

公司成立于 2012 年，2015 年 9 月完成股份制改制。作为珠三角区域内优质的供应链服务运营商，超能国际以专业规范、诚实守信为经营理念，专注于为各行业提供供应链管理解决方案。公司主要从事供应链管理及相关配套服务，供应链管理行业属于新兴的服务业，该行业的主要特点在于为客户提供非核心业务的外包服务，包括信息流、商流、物流、资金流等各个环节。公司主要为客户提供包括供应链方案设计及优化、采购分销、库存管理、资金结算、通关物流等诸多环节在内的一体化供应链管理服务。目前，公司供应链管理服务主要集中于大宗商品行业及综合基建房地产行业。公司主营业务收入主要为产品销售收入（主要是有色金属）和供应链管理配套服务收入，收入构成较为稳定，公司下游客户商品采购数量与金额的增长以及综合基建房地产供应链管理服务和城市更新配套服务业务的发展是公司利润的增长点。

（二）股本结构

1. 前十大持股股东

股东名称	股东性质	持股数量（股）	持股比例（%）
朱泽侨	个人	57 700 000	31.95
许国立	个人	18 300 000	10.13
深圳市深广瀛投资发展集团有限公司	投资公司	16 666 666	9.23
朱仁炼	个人	13 100 000	7.25
刘正权	个人	11 900 000	6.59
张晓东	个人	11 100 000	6.15
谢小强	个人	5 450 000	3.02
胡晓	个人	4 033 333	2.23

（续）

股东名称	股东性质	持股数量（股）	持股比例（%）
深圳中广核红鲱鱼新三板股权投资合伙企业（有限合伙）	投资公司	3 667 333	2.03
深圳前海光大熙康产业基金企业（有限合伙）	其他	3 333 333	1.85
合计		145 250 665	80.43

资料来源：Choice，截至2016年12月31日。

2. 控股股东及实际控制人

总股本	180 606 665	流通股本	63 403 665
控股股东	朱泽侨	实际控制人	朱泽侨

资料来源：Choice，截至2017年5月17日。

截至2017年5月17日，公司总股本为180 606 665股，其中流通股本为63 403 665股。根据公司2016年年报，朱泽侨先生持有公司股份57 700 000股，持股比例为31.95%，为公司第一大股东。朱泽侨先生担任公司董事长兼总经理，能够对公司的经营决策产生实质性影响，是公司控股股东和实际控制人。

（三）盈利能力

1. 总体经营状况分析

项目	2016-12-31	2015-12-31	2014-12-31
利润表摘要			
营业总收入（万元）	687 007.44	353 813.96	259 187.11
营业总成本（万元）	681 967.43	350 846.44	258 669.85
营业收入（万元）	687 007.44	353 813.96	259 187.11
营业利润（万元）	5 011.05	2 903.31	506.28
利润总额（万元）	5 010.73	2 894.07	609.85
净利润（万元）	3 799.33	2 148.14	469.80
归属母公司股东的净利润（万元）	3 799.33	2 149.44	470.57
非经常性损益（万元）	−21.96	−68.91	53.44
归属母公司股东的净利润（扣除非经常性损益)(万元)	3 821.29	2 218.35	417.13
资产负债表摘要			
资产总计（万元）	145 887.26	93 370.73	49 830.60
负债总计（万元）	97 200.61	79 777.64	44 337.61
股东权益（万元）	48 686.65	13 593.09	5 492.98
归属母公司股东的权益（万元）	48 686.65	13 593.09	5 443.31
现金流量表摘要			
经营活动产生的现金净流量（万元）	−33 479.00	9 666.86	−3 941.31
投资活动产生的现金净流量（万元）	−860.49	−12 999.10	−949.31
筹资活动产生的现金净流量（万元）	34 189.91	10 453.56	5 240.82

（续）

项目	2016-12-31	2015-12-31	2014-12-31
现金及现金等价物净增加（万元）	−142.34	7 121.61	350.16
每股指标			
每股收益——基本（元）	0.240 0	0.200 0	0.110 0
每股收益——稀释（元）	0.240 0	0.200 0	0.110 0
每股收益——期末股本摊薄（元）	0.210 4	0.195 4	0.094 1
每股净资产 BPS（元）	2.700 0	1.240 0	1.090 0
净资产收益率——摊薄（%）	7.800 0	15.810 0	8.640 0
净资产收益率——加权（%）	11.06	19.51	10.36
净资产收益率——平均（%）	12.20	22.58	11.18
总资产净利率——平均（%）	3.18	3.00	1.77
销售毛利率（%）	0.74	0.47	0.35
销售净利率（%）	0.55	0.61	0.18
资产负债率（%）	66.63	85.44	88.98

资料来源：Choice。

公司近三年的营业收入增长较快，尤其是 2016 年比 2015 年增长的数额较大，主要原因是，①公司积极拓展新的销售渠道，增加了新客户，其中深圳市和华兴电子商务有限公司采购金额 2 142 761 394.54 元，天津宗昌电子商务有限公司采购金额 934 179 536.98 元，上海燊普电子商务有限公司采购金额 867 563 230.30 元；②公司供应链管理服务领域从大宗商品（主要是有色金属）行业，已延伸拓展至综合基建房地产行业、城市更新领域，公司通过为客户提供供应链管理及配套服务，取得了服务费收入 47 642 221.43 元。公司的净利润增长也十分明显，主要原因除了公司拓展了销售渠道、增加新客户以外，还包括：2016 年年初布局的综合基建房地产供应链业务和城市更新配套服务进展顺利，通过为客户的房地产业务和城市更新业务提供供应链管理的配套服务，取得了服务费收入，供应链管理及配套服务收入的毛利率高，利润的实现主要依靠公司能够为客户提供满足其需求的供应链管理及配套服务解决方案和执行方案。

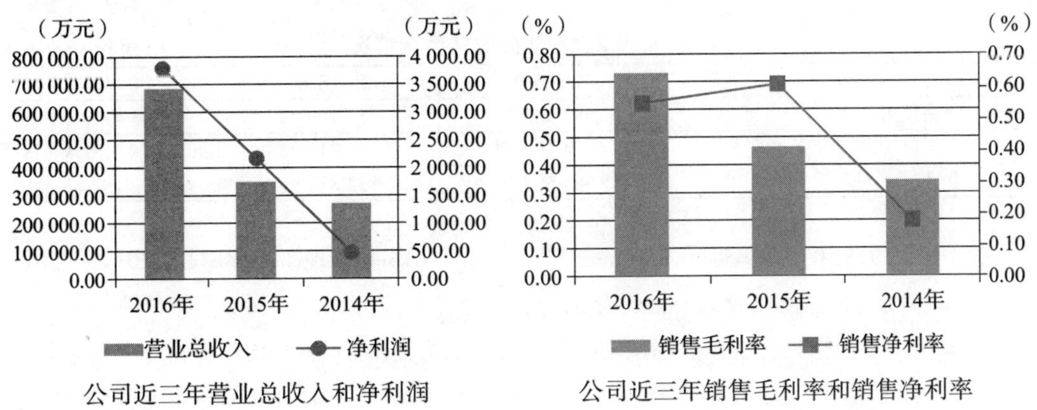

公司近三年营业总收入和净利润　　公司近三年销售毛利率和销售净利率

公司 2014 年、2015 年和 2016 年分别实现收入 259 187.11 万元、353 813.96 万元和 687 007.44 万元，增长趋势十分明显；净利润分别为 469.8 万元、2 148.14 万元和 3 799.33

万元，公司净利润在 2014 年转亏为盈并持续增长；销售毛利率分别为 0.35%、0.47% 和 0.74%，销售净利率分别为 0.18%、0.61% 和 0.55%。公司销售毛利率处于平稳增长态势但绝对值较低，主要是因为公司主要从事有色金属的采购分销活动，采取的商业模式为根据客户订货需求，向客户提供产品的市场价格、供求信息，待下游客户确定订货量，再由公司向上游供应商下单，做到去库存化，赚取贸易价差和供应链配套服务收入。公司在采购阶段有较高的成本支出，导致毛利率和净利率偏低，属于正常现象，且从其他盈利指标可以看出，公司盈利能力较好。

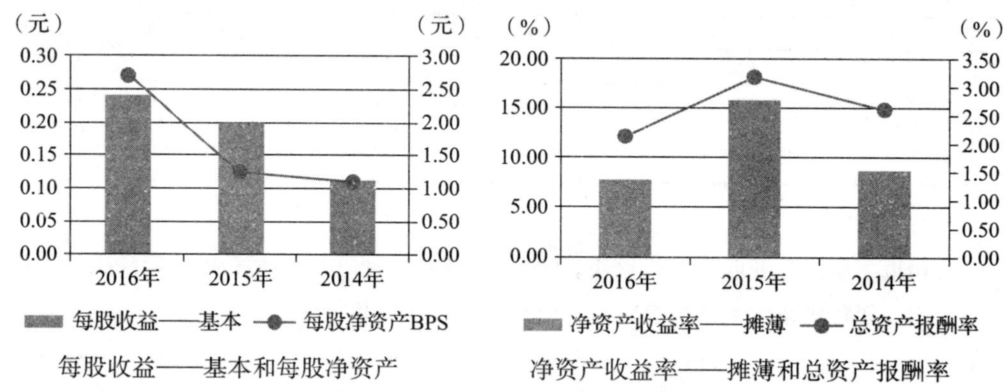

每股收益——基本和每股净资产

净资产收益率——摊薄和总资产报酬率

2014 年、2015 年和 2016 年基本每股收益分别为 0.11 元、0.20 元和 0.24 元，每股净资产分别为 1.09 元、1.24 元和 2.70 元；净资产收益率（摊薄）分别为 8.64%、15.81% 和 11.06%，总资产报酬率分别为 2.59%、3.16% 和 2.12%。从每股收益及每股净资产稳定的增长趋势可以看出，公司盈利能力较强；公司 2016 年净资产收益率及总资产报酬率有所降低，主要是因为 2016 年公司所有者权益相对于税后利润有较大幅度增长，资产总额相对于利润总额有较大幅度增长。

2. 分业务经营情况

2014 ~ 2016 年分业务经营情况 （单位：万元）

项目	2016 年	2015 年	2014 年
产品销售收入	682 243.22	353 100.71	258 473.60
供应链管理配套服务收入	4 764.22	713.25	713.51
合计	687 007.44	353 813.96	259 187.11

2014 ~ 2015 年产品销售收入增长较为稳定，到 2016 年实现了大幅增长；2014 ~ 2016 年产品销售收入在总营业收入中占比分别为 99.72%、99.80% 和 99.31%，即目前营业收入主要来源为产品销售。其中，公司供应链管理配套服务自 2014 年开始产生收入，且毛利率较高，该项利润的实现主要依靠公司能够为客户提供满足其需求的供应链管理及配套服务解决方案和执行方案，公司正积极打造供应链管理配套服务的利润增长点，从而进一步提升公司利润增长点。

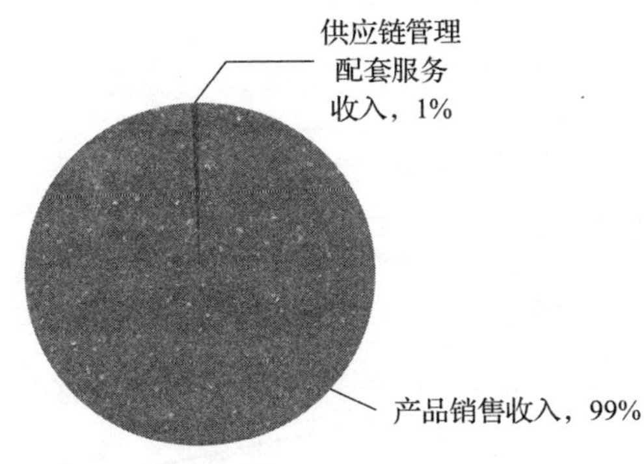

公司 2016 年产品收入结构

二、公司分析

（一）行业分析

公司的主营业务为供应链管理及相关配套服务，主要提供大宗商品（主要是有色金属）贸易及其供应链管理服务、综合基建房地产供应链管理服务，主营业务收入包括产品销售收入和供应链管理配套服务收入。因此，公司的主营业务涉及有色金属行业和供应链行业。公司所处行业情况分析如下。

1. 有色金属行业分析

从国内市场来分析，铜、铅、锌被广泛地应用在电气、轻工、机械制造、建筑及国防工业等领域，其中电解铜在我国有色金属材料的消费中仅次于铝。我国是个有色金属资源缺乏的国家，其中铜的原料自有率只有 40% 左右，每年需进口大量的精炼铜。由于铜资源的特性以及新矿发现的不足，预计远期全球精铜的供求关系将依然紧张，而且国内市场的需求伴随经济的发展将会进一步增大，精铜需求缺口将会长期存在。总体来看，现阶段由于矿产资源的匮乏，以及稳定的市场需求，有色金属进出口行业依然有良好的发展空间。

近年来的发展成果可以明确地看出专业的贸易企业比综合性的生产型企业在有色金属贸易行业上更具有专业优势，更具有竞争优势，专一经营代表着专业，故生产企业拟替代贸易企业不容易。具体到公司占比很大的电解铜贸易上，铜产品在工业上具有的不可替代性尤其突出。铜被广泛地使用在电力、电子电器、建筑交通等方面，铜工业是国民经济中的重要行业，在我国现有的 124 个产业中，有 113 个部门使用铜产品，占 91%，关联程度较高。人类的科技发展迅速，但目前为止尚未找到能真正取代铜的其他金属，故铜的替代性较低。有色金属贸易行业通过近年在市场经济中的发展，趋于成熟稳定，行业规范逐步完善。例如，电解铜贸易，在过去对于贸易商的资质要求良莠不齐，市场准入门槛过低，投机气氛严重，经过十几年的发展，市场对于资金准入门槛上升，而且贸易商都必须具备真实的贸易背景，行业发展日趋稳健。

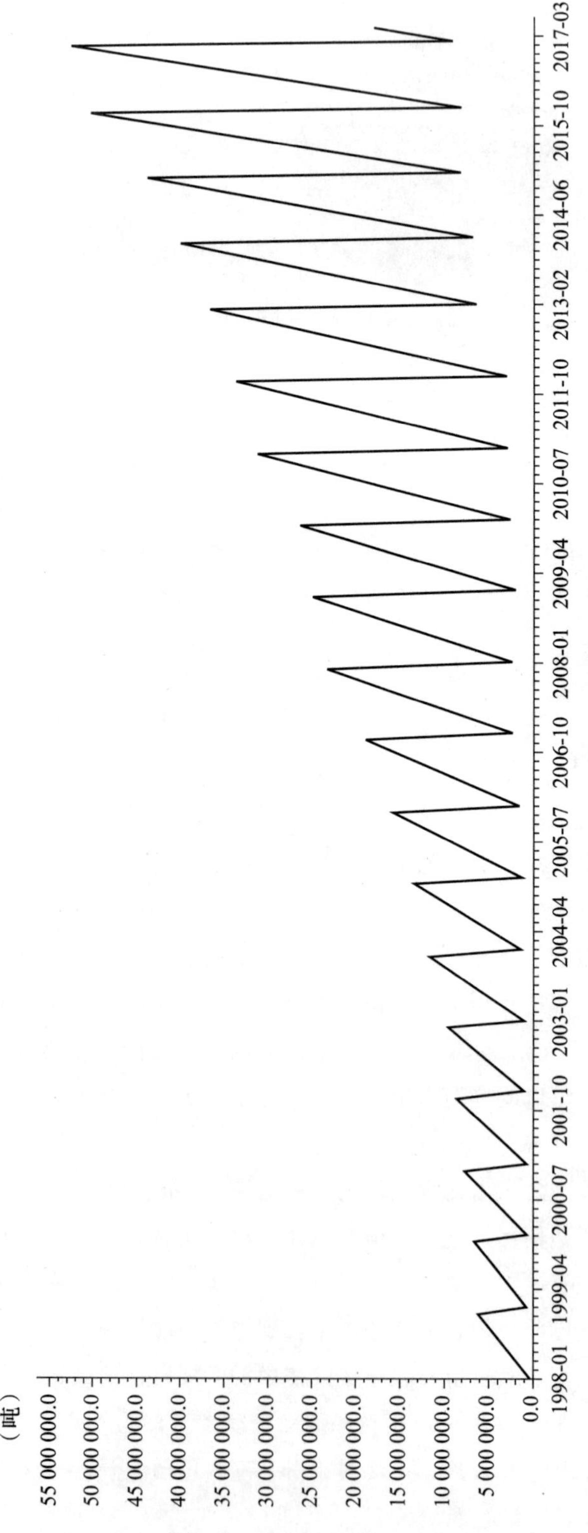

十种有色金属按月累计产量情况

资料来源：Choice，新三体研究院。

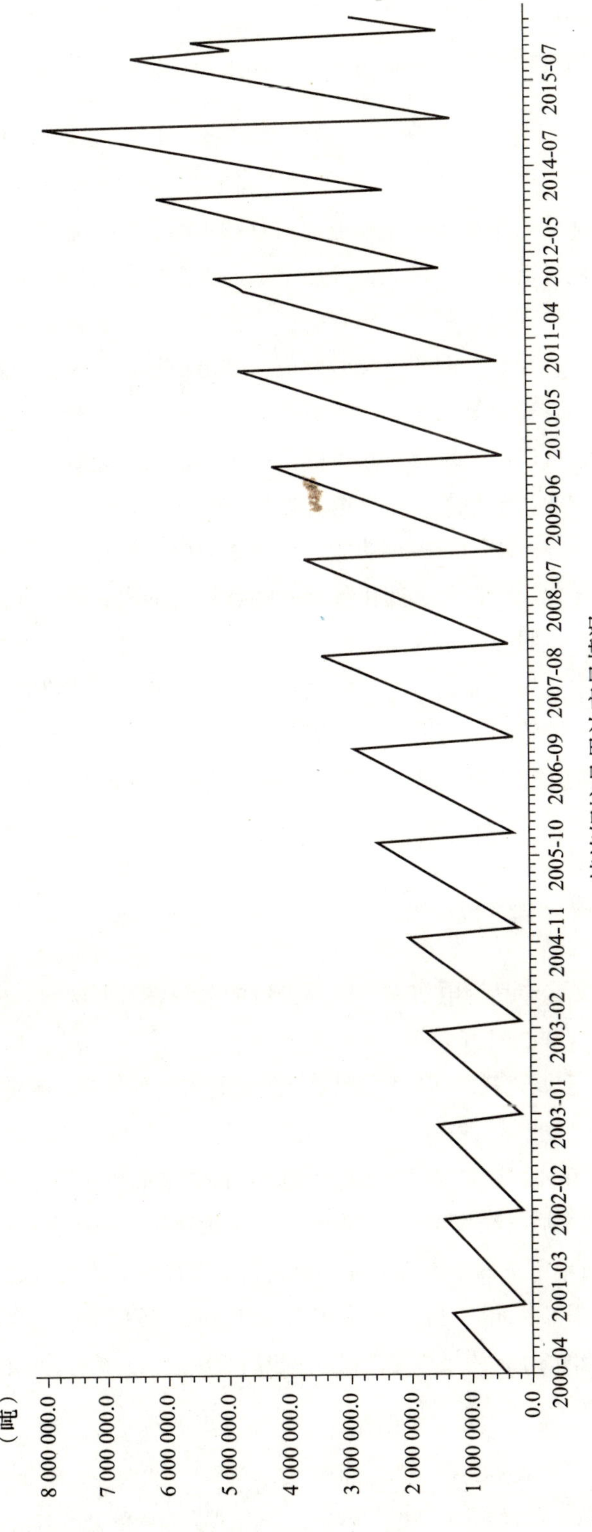

精炼铜按月累计产量情况

资料来源：Choice，新三体研究院。

到2010年年底，十种有色金属按月累计产量突破了3 000万吨；到2013年年底，全国精炼铜按月累计产量已突破500万吨，产量增长趋势十分明显。有色、精炼铜产量的提升在一定程度上将为精炼铜批发和零售贸易提供充足的供应量，从而有利于有色及精炼铜批发零售市场的发展。

2. 供应链行业分析

随着全球经济一体化、市场国际化和通信信息技术的发展，企业所处的竞争环境发生了根本的变化。企业供应链管理的模式也经历了从内部高度集成的纵向一体化到内外部部分分离的第三方物流，再到内外部高度协同的供应链管理时代。供应链管理可以提高企业对市场的快速反应能力，在客户需要时及时供应，满足市场需求，供应链上有很多环节都有节省成本的空间，如各种交易成本、物流成本，对流程加以优化，可以降低成本；通过供应链上的资源共享，可以降低库存，减少资金占用，提高资金利用效率。供应链管理行业作为一种新兴服务行业，汇集了相当于第三方物流公司、外贸进出口公司、贸易资金平台公司、管理咨询公司等所承担的多重功能，具有集成服务特点。现代经济条件下，企业所面对的市场需求多样化、个性化、变化频繁的特点日益突出，而企业之间的竞争也日益激烈。通过专业化分工、服务外包的手段提高核心竞争力，提升对市场的响应速度，降低非核心业务的运行成本成为企业竞争的主要热点。其中，通过利用高效的外部供应链服务平台、借助专业的供应链管理公司所提供的服务，改进企业的内部供应链架构，提升供应链的运行效率，降低供应链的运行成本，是现代经济发展的主要趋势之一。

（二）经营分析

1. 产品销售收入

目前，公司主要交易产品为电解铜，以及少量的电解镍、电解锌、PVC、木材等其他贸易品种。

铜作为一种重要的金属材料，其主要特性表现为塑性好、易加工、耐腐蚀、无磁性、美观耐用等，由于铜的导电性和导热性在所有金属中仅略逊于银，而其价格较银便宜很多，因而被广泛应用作导电体和导热体。铜主要存在于硫化物、碳酸盐和硅酸盐等多种类型的矿床中，将含铜矿石从地下开采出来后，经破碎和选矿处理，成为铜精矿，或从岩石、矿石中浸取获得。铜矿可以通过精炼法及电解法两种方式冶炼成金属铜（精铜），其中电解法需要将粗铜（含铜99%）预先制成厚板作阳极，纯铜制成薄片作阴极，以硫酸和硫酸铜的混合液作为电解液，通电后，铜从阳极溶解成铜离子向阴极移动，到达阴极后析出纯铜，被称为阴极铜，亦称电解铜。

电解铜生产过程如下。

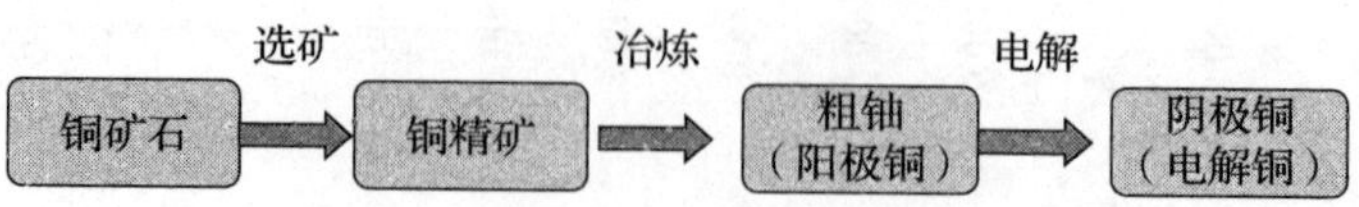

就国内电解铜行业而言，大部分下游企业规模较小，采购量不稳定，与上游生产企业议价能力差，这就给贸易企业提供了充足的业务空间。

主要贸易品种

序号	分类	主要应用领域	公司主要采购对象	公司主要销售对象	用途
1	电解铜	电气、国防、轻工业等	有色金属冶炼企业、贸易商	金属制品加工企业、贸易商	在导电性、导势性、抗拉强度、可延伸性、耐腐蚀性、耐疲劳性等方面有其独特的优点，是与人类关系非常密切的有色金属，被广泛地应用于电气、轻工、机械制造、建筑工业、国防工业等领域
2	电解镍	军工、机械、化工等	贸易商	贸易商	主要用来制造不锈钢、高镍合金钢和合金结构钢，被广泛用于飞机、雷达、导弹、坦克、舰艇、宇宙飞船、原子反应堆等各种军工制造业；在民用工业中，常制成结构钢、耐酸钢、耐热钢等大量用于各种机械制造业
3	锌锭	建筑、汽车等	贸易商	贸易商	具有优良的抗大气腐蚀性能，被主要用于钢材和钢结构件的表面镀层，广泛用于汽车、建筑、船舶、轻工等行业
4	PVC（聚氯乙烯）	建材、薄膜、塑料制品等	贸易商	贸易商	是世界上产量最大的塑料产品之一，价格便宜，应用广泛；通过加入不同的添加剂，可呈现不同的物理性能和力学性能，具有较好的抗拉、抗弯、抗压和抗冲击能力，可单独用作结构材料，有较好的电气绝缘性能，可做低频绝缘材料
5	木材	建筑、装饰、家居等	贸易商	贸易商	是传统的建筑材料，主要用于构架和屋顶，如梁、柱、椽、望板、斗拱等，具有绿色环保、可再生、可降解、施工简易、工期短、冬暖夏凉、抗震性能优良等特点

2. 供应链管理配套服务收入

（1）公司在向客户提供大宗商品贸易服务的同时，针对不同客户实际业务需求，也为下游客户提供信息咨询等供应链管理配套服务。

公司要对客户的实际需求及业务规划进行详细了解，以便进行合理恰当的评估。一方面，公司在了解客户对相关品种需求的基础上积极为客户寻找供应商，提供供应商信息，促成客户、公司与供应商三方之间完成购销合作，并协调客户与供应商之间对交割地点、交割时间等贸易要素进行安排，满足客户对相关贸易品种及价格的需求；另一方面，公司根据客户的实际需求，协助客户办理货物运输、计量、仓储、过户等第三方业务，并促成客户与供应商之间部分款项的结算。公司业务团队从事相关行业多年，对市场判断和价格预估具有较为丰富的经验，能够及时为客户提供市场信息动态及相关变化情况，以便客户能够根据上述信息提前做好相关准备，当市场出现异常波动时，公司业务团队将根据自身对市场行情的预判及对贸易品种价格波动的预估提前将相关信息传递给客户，保证客户在采购时做到信息通畅、货源稳定，公司与下游客户建立了长期、稳定的合作关系。

（2）综合基建房地产行业配套供应链服务收入。

综合基建房地产行业产业链条长，涉及的主体众多，供应链服务空间大，公司目前主要为房地产项目、城市更新项目的前期提供配套的供应链服务。公司组建了专业的团队，针对客户的需求，为客户提供项目信息咨询、法规政策分析，协助客户与业主签订拆迁补偿协议，并根据项目的具体情况，为客户提供代付拆迁款的服务等。

（三）商业模式分析

公司主要从事供应链管理及相关配套服务，供应链管理行业属于新兴的服务业，该行业的主要特点在于为客户提供非核心业务的外包服务，包括信息流、商流、物流、资金流等各个环节。公司主要为客户提供包括供应链方案设计及优化、采购分销、库存管理、资金结算、通关物流等诸多环节在内的一体化供应链管理服务。目前，公司供应链管理服务主要集中于大宗商品（主要是有色金属）行业及综合基建房地产行业。

1. 大宗商品贸易以及相关供应链管理配套服务

公司主要利用自身渠道优势，获得有利的价格、供应份额等，进而开拓更多的客户资源，提高市场占有率。公司通常根据客户订货需求，向客户及时提供产品的市场价格、供求信息，待下游客户确定订货量，再由公司向上游供应商下单，做到去库存化，赚取贸易价差。公司在向客户提供贸易服务的同时，针对不同客户实际业务需求，也为下游客户提供信息咨询等供应链管理配套服务，收取服务费。

2. 综合基建房地产行业配套供应链服务

公司根据客户的需求，为客户在房地产开发项目（包括城市更新项目）的各个业务环节提供配套的供应链服务，包括房地产项目的信息咨询、签约服务，房地产项目申报阶段的资源整合服务，项目施工建设阶段的配套服务。公司向客户提供原材料的询价、采购、项目工程结算、资金支付、应收和应付账款的整合等开发建设环节配套的供应链服务方案。公司通过为客户提供的供应链配套服务，收取服务费。

（四）未来发展战略

公司在挂牌之前主要从事大宗商品贸易及供应链配套服务，挂牌后，公司通过资本市场引入了战略投资者，未来将结合股东资源发展成为一家控股型的集团公司，通过控股和参股的方式，逐渐构建起大宗商品贸易及供应链服务、综合基建房地产行业配套供应链服务、城市更新配套服务、对外投资等四大业务板块。

1. 大宗商品贸易及供应链服务

未来超能国际将充分利用资本市场的融资优势，依托现有的大宗商品贸易服务以及供应链管理配套服务的成熟模式，充分利用和发挥已经建立的大宗商品交易的便捷渠道，为客户带来快速、专业的服务。

2. 综合基建房地产行业配套供应链服务

综合基建房地产行业对于建筑材料的需求量极大，由于采购量足够大，比较适合超能国际的经营模式。公司拟打通上下游的渠道，建立建筑材料大宗商品交易的便捷渠道，缩短供应环节，降低客户的采购成本，同时为供应商及时提供信息、资金、物流等综合服务，公司通过已经成熟的经营模式，获取一定的咨询服务费收入，在迅速做大销售规模的同时，获取一定的利润。

目前公司已经成立全资子公司“深圳市供给通供应链管理服务有限公司”，努力为综合基建房地产行业提供供应链管理及配套服务的平台——“供给通”。“供给通”平台以基建房地产企业为核心，通过供应链企业的参与（分为线上和线下），为基建房地产企业从根本上解决开发建设环节中出现的信息流、物流、资金流以及结算方式等问题；让设计单位、施工企业、材料供应商更好地为基建房地产的核心客户提供服务。在各企业之间形成供应链结构，通过各企业的协作使其房地产开发过程顺利完成，同时还可以减少成本，增强企业竞争力。

3. 城市更新配套服务

（1）市场背景。

自改革开放以来，深圳已经快速发展成为一座现代化大城市，在深圳这样寸土寸金的城市，土地资源尤为稀缺，深圳已成为中国人口密度最高的城市。城市更新已经成为深圳未来可持续发展的重大战略举措。公司参与城市更新领域，有着良好的社会效益，政策上得到政府的大力支持，同时由于公司致力于成为城市更新的配套服务商，采用轻资产模式运行，为该产业链的企业提供非核心业务的外包服务，符合公司的主营业务——供应链管理及配套服务（为企业的非核心业务提供外包服务）。

（2）资源优势。

公司的股东方深圳市深广瀛投资发展集团有限公司（以下简称“深广瀛”）持有公司9.23%的股权，在深圳市城市更新领域，具有丰富的资源和成功的案例。2016年度，公司已经与深广瀛签订了《供应链服务协议》，为深广瀛在房地产开发项目、城市更新项目中的各个业务环节提供配套的供应链服务。未来公司将与深广瀛加强合作，双方将整合各自的优势资源，共同发展城市更新的配套服务业务。

4. 对外投资

公司将充分发挥公司的资源优势，为公司寻找优质的投资项目，通过投资和并购，不断扩大公司的业务领域，为公司的投资者创造更多价值。

（五）外部环境分析

首先，中国是目前全球最大的有色金属生产国、消费国，同时也是进出口贸易大国，相关贸易活动相当活跃，在世界有色金属产品贸易活动中具有重要影响。从 2009 年开始，有色金属进口累计值都会突破 500 亿美元，当前中国有色金属产品的年度国际贸易总额在 1 600 亿美元左右，约占中国进出口商品贸易额的 6.6%。目前，我国一些有色金属生产企业的规模已经进入世界前列。

为了进一步扩大企业规模，增加主营业务收入，国内主要有色金属生产企业都把在贸易领域的扩张作为实现发展的一条重要途径。从规模上看，已经在我国有色金属产品贸易中处于领军地位，其经营规模在国内商贸企业中也位居前列。受此影响，尽管有色金属具有良好金融属性，但专业有色金属贸易企业的发展空间受到压制，没有出现像钢铁行业那样具有影响力的专业化贸易企业。国内不少具有实力的商贸企业很早就介入有色金属产品贸易活动。目前，经营规模居国内前列的中国中信、中国华润、中国铁路物资、天津物产集团等营业收入超过 2 000 亿元的综合性商贸企业，均在我国有色金属产品贸易中占有重要地位，并在部分领域形成竞争优势。

贸易是连接生产和消费的关键环节，在现代社会中，对推动产业发展具有不可忽视的作用。当前我国有色金属产业正处于转型发展的重要阶段，大力发展包括产业链各环节产品贸易，完善配套服务业，是推动产业转型升级、培育新增长点的内容之一。各种有色金属产品都有其特有的技术特征和市场特征，特别是有色金属精深加工产品和稀有金属产品，其贸易活动需要技术能力强的专业化贸易企业支撑。与从事大宗有色金属产品贸易企业相比，我国技术能力强的专业化贸易企业的发展更为薄弱。因此，积极培育众多技术能力强、具有特色的专业化有色金属贸易企业，应是完善配套服务业的一个重点领域。大宗有色金属产品具有较强的金融属性，目前其贸易活动与金融融合已经取得重要进展。但是，有色金属产品单位价值高，贸易活动占用资金大，资金不足依然是我国有色金属产品贸易企业面临的重要问题。因此，通过与金融机构合作，创新理念，探索新的有色金属产品贸易与金融融合形式，仍是促进中国有色金属产品贸易发展的重要环节。

其次，供应链管理行业实质上是一种管理模式和管理理念的更新，它强调供应链上的企业之间通过协同配合与流程优化，使供应链从采购到销售的全过程，包括信息流、物流、资金流均能高效率运作，最终使得最合适的产品以最合理的价格最及时准确地交付给客户，以达到缩短供应链响应时间、降低供应链总体交易成本、提高用户满意度、整条供应链价值最大化的目的。随着全球经济一体化、市场国际化和通信信息技术的发展，企业所处的竞争环境也发生了根本的变化。企业供应链管理的模式经历了从内部高度集成的纵向一体化到内外部部分分离的第三方物流，再到内外部高度协同的供应链管理时代。供应链管理可以提高企业对市场的快速反应能力，在客户需要时及时供应，满足市场需求，供应链上有很多环节都有节省成本的空间，如各种交易成本、物流成本，对流程加以优化，可以降低成本；通过供应链上的资源共享，可以降低库存，减少资金占用，提高资金利用效率。供应链管理行业作为一种新兴服务行业，汇集了相当于第三方物流公司、外贸进出口公司、贸易资金平台公司、管理咨询公司等所承担的多重功能，具有集成服务特点。

根据国际数据公司IDC研究分析，包括企业内部运营、企业服务、供应链管理在内的全球业务流程外包市场规模将以每年5.7%的速度增长，到2017年预计将超过2 000亿美元，市场潜力巨大。从国内外竞争格局上看，供应链管理首先出现在国外，由于国外供应链管理巨头业务发展相对成熟，并且其供应商、生产厂商和客户大多为各领域内的国际领先企业和跨国公司，在运作模式、管理经验以及拥有的供应商和客户资源方面较国内供应链企业均有一定优势，因而在国际市场上占据主导地位。其代表性企业有英迈国际等。国内供应链管理行业发展较晚，由于国外供应链管理巨头对中国内地市场需求及生产资源的掌握和了解较本土企业存在劣势，导致国际供应链管理领先企业在中国内地市场的竞争优势并不突出。相比而言，境内供应链管理企业由于更贴近境内企业和国内市场，掌握了境内丰富的供应商、生产厂商和客户资源，在国内供应链管理市场中一直占据着主导地位。代表性企业主要有怡亚通、飞马国际、普路通等。

（六）竞争优势分析

1. 客户黏性高

公司通过积极的市场拓展和维护，积累了大量的下游客户，公司通过对传统业务模式的调整，对原来贸易环节进行优化，拥有优质的供应商以保证对下游客户的供货稳定，同时公司提供的信息咨询等供应链管理配套服务为下游客户减小了预付款账期压力，缩短了提货期，获得客户信赖，使客户具有黏性。

2. 信誉度高

公司所在地深圳是中国经济最活跃、最发达的地区之一，区域内贸易规模及贸易企业数量居全国前列，相比内陆地区而言，深圳市贸易行业具有资金、地域、人才管理、信息等方面的优势。公司与上游供应商经过多年贸易往来已经建立了较为稳定的合作关系，公司对上游采购量大，付款及时，已经成为供应商的重要贸易伙伴；此外，公司充分利用所在地地缘优势，发挥在资金、人才、信息、管理等方面的积极作用，为全国各地客户创造更加优质的贸易服务，公司行业内信誉度高，受到广泛认可。

3. 定制化服务

在为客户提供服务时，公司以满足客户的需求作为服务的主导，紧紧围绕客户的供应链需求，依据价值创新、资源整合和专业化运作的理念，为客户量身定制供应链解决方案，并通过自身的专业化高效运作平台，整合所需的资源和技术，为客户提供集合商流、物流、资金流和信息流的一体化供应链服务，使企业外包环节与非外包环节无缝链接，最大限度降低供应链成本，提高供应链效率，与客户共同成长，实现客户与公司的双赢。

4. 资源整合能力

公司提供的供应链管理服务不同于传统的物流、商贸公司，服务范围已经涵盖了供应链各环节的相关服务，公司已经整合了包括仓储、运输、贸易、关务等各方面的资源为客户提供服务，而且公司具有良好的信誉与融资渠道，能够为客户提供配套的金融服务。

5. 风险管控体系

由于供应链管理与服务常常涉及多节点、全流程业务运作，或大量的资金和高值的货物运作，供应链融资还广泛涉及权利转让和资产支持的法律问题，面临着各种经营、运作、财务、投资、安全、汇率、法律、道德、政策、信用、社会责任等风险，因此公司专门设立了风险控制部门，根据公司业务的特点和可能的风险特征，建立了风险管理和控制体系。

三、公司挂牌后融资行为

公司 2016 年以来完成了两次定向增发融资行为，合计募集资金 17 640.00 万元。

2016 年 3 月公司公告股票发行方案并于 5 月成功增发 798 万股，发行价格为 6 元 / 股，实际募集资金为 4 790 万元，本次股票发行所募集资金主要用于补充公司流动资金。

2016 年 6 月公司第二次公告股票发行方案并于 10 月成功增发 1 713 万股，发行价位为 7.5 元 / 股，实际募集资金为 12 850 万元，本次股票发行募集资金主要用于公司综合基建房地产行业供应链管理及配套服务、天兴集团物资采购及供应链管理配套服务及补充流动资金。此次募集资金到位后使得公司拥有更强的资金实力，从而能够掌握更多的货源及商业机会，并获得更多的采购优惠条件，从而更容易开发下游客户取得竞争优势。

四、公司风险分析

据公司 2016 年年报及相关调查，公司目前面临的主要风险因素为应收账款回收的风险、资产负债率较高的风险和资金实力不足的风险。

（一）应收账款回收的风险

根据 2016 年年度报告，公司应收账款净额为 32 570 424.33 元，较期初增加了 47.04%，主要原因为公司的主营业务收入大幅增长，导致应收账款增加。随着公司销售规模的扩大，应收账款余额仍有可能继续增加，如果公司对应收账款催收不力，或者公司客户资信状况、经营状况出现恶化，导致应收账款不能按合同规定及时收回，将可能给公司带来坏账风险，影响公司现金流及利润情况。

公司的应对措施：公司已加强应收账款的管理，并建立了客户信用评审制度，根据客户的信用情况给予一定的账期；同时要求业务经办人员保持对客户经营状况的实时跟踪，财务人员负责督促，防止出现应收账款逾期的情况，回款情况纳入员工的绩效考核。报告期内，公司的应收账款保持了较高的周转率，目前应收账款尚未发生不能按时回收的风险。

（二）资产负债率较高的风险

根据 2016 年年度报告，资产负债率为 66.63%，较上年期末有所下降。从债务结构上看，报告期内流动负债占总负债比例超过 97.54%，主要为短期借款、应付票据、应付账款、预收款项、应交税费等，公司主要从事大宗商品（主要是有色金属）贸易服务及其供应链管理服务、综合基建房地产供应链管理服务、城市更新配套服务及其供应链管理服务，对资金需求量大。截至 2016 年 12 月 31 日，公司流动比率为 1.52，具有较好的短期偿债能力，公司目前的资产负债率水平并不会对经营产生重大影响，但如果因预付货款不能及时收到商品进行销售，或某一时点公司大额支付发生，可能造成流动资金不足，不能及时偿还债务。

公司的应对措施：由于供应链管理的行业特性，具有较高的资产负债率是常态，在维护好与客户、供应商的良好关系的同时，公司加强与供应商的紧密沟通，确保供应商按合同约定及时交付货物，同时加快资金的流转，防止出现不能及时偿还债务的风险。

（三）资金实力不足的风险

公司所从事的有色金属等大宗商品贸易行业、综合基建房地产供应链行业，均具有资金密集的特点，公司资金实力是否雄厚直接决定了公司所处的行业地位和业务开展情况。虽然公司已经具有一定的业务规模并取得了一定的市场竞争优势，但由于股本规模较小，自身资金实力有限，融资能力较弱，公司进一步的业务开展受到了制约。

公司的应对措施：针对资金规模的限制，公司一方面加快业务的流转，提高资金的使用效率，另一方面通过各种方式进行融资，以增强公司的市场竞争优势。截至报告期末，公司以增资的方式于 2016 年 2 月获得资金 136 469 997.00 元，以定向发行股票的方式于 2016 年 4 月募集资金 47 899 998.00 元，2016 年 9 月募集资金 128 499 997.50 元，这些措施有效补充了公司发展所需资金，提高了公司的业务竞争力。

五、行业估值分析

鉴于超能国际当前主要从事供应链管理及相关配套服务，新三板同行业与其主营业务相似的公司较少，因此，新三体选择了新三板市场上批发和零售行业的部分企业作为估值比较，结果如下。

对标公司与超能国际的估值对比

序号	代码	简称	总市值（亿元）	每股收益（TTM）（元/股）	市盈率 PE（TTM）	市净率 PB（MRQ）	市销率 PS（TTM）
1	836686.OC	超能国际	10.48	0.21	27.57	2.15	0.15
2	871099.OC	金汇通航	46.50	0.04	336.06	13.24	11.31
3	838546.OC	乐活天下	39.50	0.74	106.25	36.14	12.16

（续）

序号	代码	简称	总市值（亿元）	每股收益（TTM）(元/股)	市盈率 PE（TTM）	市净率 PB（MRQ）	市销率 PS（TTM）
4	832737.OC	恒信玺利	36.42	1.07	16.16	2.32	2.56
5	830993.OC	壹玖壹玖	32.41	−0.88	−37.43	7.01	1.12
6	870447.OC	柯菲平	28.89	0.59	23.05	4.04	2.31
7	833585.OC	千叶珠宝	22.46	0.56	36.14	2.82	1.95
8	835961.OC	名品世家	20.35	0.43	66.65	15.14	3.34
9	430754.OC	三态股份	19.92	0.10	28.60	9.97	3.36
10	400064.OC	国恒 1	18.67	−1.23	−1.02	−5.01	213.02
行业均值（整体法）			7.65	0.04	261.57	5.36	1.14
行业中值			2.30	0.12	16.23	3.45	1.16

资料来源：Choice，截至 2017 年 5 月。

截至 2017 年 5 月，公司总市值为 10.48 亿元，在对标公司中处于较低位置，但高于总体均值（整体法）7.65 亿元，说明公司现阶段还有较大的发展空间；公司每股收益为 0.21 元，在对标公司中处于中等偏低位置，但是高于行业均值和行业中值；公司市盈率为 27.57，在对标公司中处于较低位置，但是高于行业中值；公司的市净率和市销率分别为 2.15 和 0.15，分别低于行业均值 5.36 和 1.14，因此公司两项指标在行业中处于较低位置。结合上述分析及公司当前的经营情况和盈利能力，新三体研究院认为公司股价不存在虚高现象，且具有较高的投资价值。

中建信息（834082.OC）投资价值分析报告

与华为共成长，打造业内领先 IT 分销商

一、公司基本情况

（一）公司简介

公司名称	中建材信息技术股份有限公司	所属板块	计算机、软件及辅助设备批发
成立时间	2005-04-22	挂牌时间	2015-11-05
交易性质	做市转让	公司地址	北京市海淀区首体南路 9 号主语商务中心 4 号楼 18 层
主办券商	信达证券	所属分层	创新层
主营业务	华为及其他 ICT 产品增值分销、进口网络产品销售、医疗产品销售		

资料来源：公司 2016 年年报，新三体研究院整理。

中建材信息技术股份有限公司主要从事华为及其他 ICT 产品增值分销、进口网络产品销售、医疗产品销售业务。公司自成立以来，经过在 ICT 分销领域的经验积累，特别是自 2009 年与华为公司签署分销代理协议以来，连续 6 年成为华为企业级业务核心分销商，迅速成为 ICT 厂商分销行业内成长最快的企业。2013 ~ 2014 年，公司被《 SP/ 计算机产品与流通》评选为中国 IT 金榜十大卓越分销商。未来，公司通过建设渠道服务中心、产品测试中心和解决方案中心，将在信息与通信技术领域，逐步向渠道增值服务提供商转型。

（二）股本结构

总股本	110 250 000.00	流通股本	92 748 249.00
控股股东	中建材集团进出口公司	实际控制人	中国建筑材料集团有限公司

（三）盈利能力情况

1. 总体经营状况分析

最近一个报告期的营收等情况

	2015 年年报	2016 年年报	增长率（%）	2015 年中报	2016 年中报	增长率（%）
利润表摘要						
营业总收入（万元）	621 472.52	830 064.32	33.56	241 454.48	332 613.72	37.75
营业总成本（万元）	609 199.66	813 168.96	33.48	234 749.33	321 824.08	37.09

（续）

	2015 年年报	2016 年年报	增长率（%）	2015 年中报	2016 年中报	增长率（%）
营业收入（万元）	621 472.52	830 064.32	33.56	241 454.48	332 613.72	37.75
营业利润（万元）	12 529.35	17 540.76	40.00	6 842.62	11 218.93	63.96
利润总额（万元）	12 515.93	17 491.87	39.76	6 834.62	11 259.28	64.74
净利润（万元）	9 099.53	12 892.88	41.69	5 125.96	8 358.26	63.06
归属母公司股东的净利润（万元）	9 099.53	12 892.88	41.69	5 125.96	8 358.26	63.06
非经常性损益（万元）	298.70	447.39	49.78		410.42	
归属母公司股东的净利润（扣除非经常性损益)(万元）	8 800.83	12 445.50	41.41		7 947.83	
资产负债表摘要						
资产总计（万元）	402 362.93	471 467.51	17.17		382 918.40	
负债总计（万元）	381 576.26	412 107.41	8.00		328 092.92	
股东权益（万元）	20 786.67	59 360.11	185.57		54 825.48	
归属母公司股东的权益（万元）	20 786.67	59 360.11	185.57		54 825.48	
现金流量表摘要						
经营活动产生的现金净流量（万元）	−97 145.73	−123 511.06	−27.14	−5 906.85	−57 069.38	−866.16
投资活动产生的现金净流量（万元）	−19 258.91	19 401.25	200.74	−183.39	12 308.71	6 811.77
筹资活动产生的现金净流量（万元）	120 457.04	113 839.12	−5.49	−10 829.56	33 341.41	407.87
现金及现金等价物净增加（万元）	4 052.39	9 729.30	140.09	−16 919.80	−11 419.26	32.51

资料来源：Choice，新三体研究院。

2016 年度，公司销售收入 8 300 643 153.66 元，较 2015 年销售收入增长 33.56%，主要原因为公司加大了对核心业务的投入力度，不断健全公司分销网络布局，并持续培养和提升相应的综合服务能力。报告期内，华为及其他 ICT 产品增值分销业务实现营业收入 71 亿元，较上年同期增长 52.90%，公司核心主业高速增长，整体拉动营业收入增长。

2016 年度，公司营业成本 7 720 110 415.35 元，较 2015 年增长 33.03%，主要原因为公司 2016 年营业收入增长，相应的采购加大，成本相应增加，与报告期内营业收入的增长幅度相匹配。

2016 年度，公司净利润 128 928 847.88 元，较 2015 年提高 41.69%。主要原因为 2016 年公司营业收入较上期增长较快；同时，公司业务板块中较高毛利的核心 ICT 增值分销业务占比进一步提升，且附加值高的增值服务业务对公司营业利润的贡献快速增长，从而整体提升了公司净利润水平。

公司在 2016 年经营活动现金流量净额为 −1 235 110 632.23 元，较上期减少了 263 653 335.04 元，减少了 27.14%。其主要原因：公司处于 ICT 增值分销行业，该行业的特点为分销企业向上游厂商采购时需要全额支付货款，在销售时给客户一定的信用期，货款会出现延后收回的情况，由此导致分销商普遍在业务高峰期出现经营活动现金大幅度流出的情形。

2. 分行业经营状况分析

公司主营业务构成 （单位：万元）

报告期	2016 年年报	2015 年年报	2014 年年报	2013 年年报
进口网络产品销售	55 318.94	79 760.98	102 378.69	88 921.68
医疗产品销售	29 702.43	35 063.28	46 357.55	59 460.85
华为及其他 ICT 产品增值分销	710 011.33	464 370.65	305 110.74	181 715.61

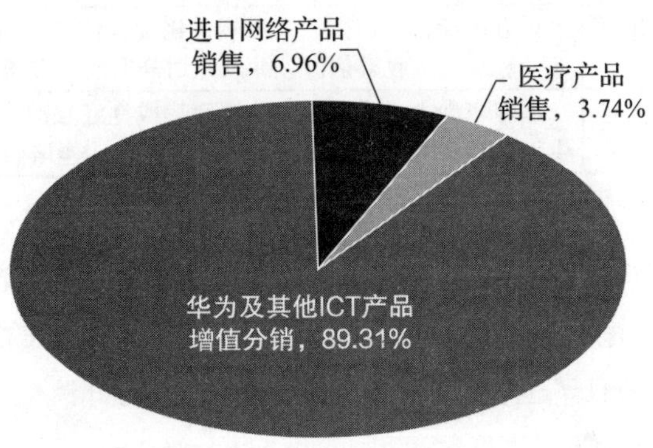

公司 2016 年产品收入结构

注：因四舍五入，合计仅约为 100%。

资料来源：Choice，新三体研究院。

二、公司分析

(一) 公司所处行业

新环境下的 IT 企业营销日益受到市场全球化的影响，企业产品生命周期越来越短，并且企业产品品种数急剧增加，产品种类更新速度越来越快，客户对交货期的要求越来越高，对产品和服务质量的期望越来越高，信息化带来的管理效率提高、企业虚拟化发展的趋势以及企业对与合作伙伴关系的重新认识等也都影响着 IT 行业中各个企业的营销行为，并直接影响企业对营销渠道模式的选择。伴随着 IT 市场的快速发展和渠道的多种新型业态的出现，引起了 IT 分销渠道新的一轮变革，而 IT 分销业就是依靠搭建和维系 IT 分销渠道应运而生的。IT 分销渠道是指将 IT 产品或其服务从生产者向消费者（用户）转移过程中经过的由各中间环节联结而成的路径。它是促使 IT 产品（或其服务）顺利地经由市场交换过程，转移给消费者（用户）消费使用的一整套相互依存的组织。这些中间环节包括生产者自设的销售机构、分销商、代理商、经销商、中介机构等。

在市场经济中，产品或服务必须通过交换过程，完成通常不止一次的购销活动，才能进入消费领域满足客户的需求，并实现价值。ICT 分销渠道通过其组织成员的协调动作，产生形式效用、所有权效用、时间效用和地点效用，为最终使用者创造价值。ICT 产品的分析模式从无到有经历大致三个阶段，即由卖方时代的粗放型渠道进入买方市场之后，厂商细分渠道，推行渠道扁平化，到最后过渡为深度的分销阶段。而 ICT 行业的深度分销阶段较为成熟的体现形式就是增值分销模式。ICT 分销行业经过 20 年的发展，第一批厂商的渠道建设如今已经进入第三阶段，市场中已经有一批诸如中建信息的成熟 ICT 分销企业随之成长起来，成为行业的领军企业；与此同时，相当一批分销企业被行业竞争所淘汰。

粗放型渠道（2000 年前）	卖方市场，产业分布比较分散，分销商多为商贩，商业模式基本为进货、倒卖这样的过程
细分、扁平化渠道（2000 年后）	买方市场，分销商竞争激烈，建设有针对性的渠道，渠道更加透明，厂商能够从渠道收集信息，并以此划分出细分市场，从而分析客户需求
深度分销阶段（新趋势）	以客户为中心，厂商和分销商形成良好互动，比如厂家为 ICT 分销商提供培训和服务，再通过渠道成员向客户传递培训和服务等

资料来源：新三体研究院，公开转让说明书。

数据显示，2013 年中国 IT 分销市场整体销售额为 1 873.8 亿元，同比下降 6.6%。同时，随着中国国内台式电脑、笔记本电脑等 IT 产品市场逐渐趋于饱和状态且销售增速放缓，传统 IT 分销企业的日子也将日益艰难，于是有能力的分销企业不得不考虑通过“转型”来保持和加强市场地位。

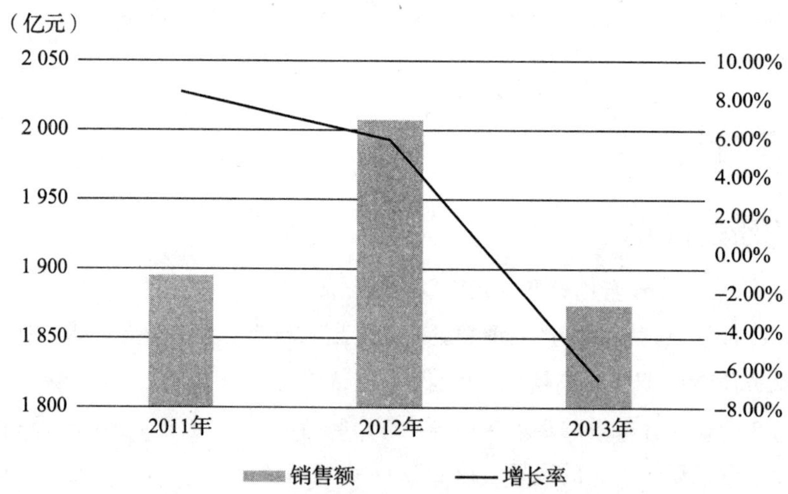

2011 ～ 2013 年中国 IT 分销市场销售额与增长率

资料来源：赛迪网。

随着智慧城市和云计算、大数据等互联网应用概念的推广，信息系统最终用户更希望依托长期小成本投入、替代一次性大成本购置设备。因此，传统 IT 分销企业在传统业务业绩逐年下滑的形势下，逐步向给予客户增值服务角度考虑，在项目前期咨询、后期技术培训、系统维护，以及介绍新型第三方系统服务外包、云方式系统存储等方面开发市场领域，逐步扩大 IT 分销商的市场份额。虽然 IT 市场的整体增速将逐渐放缓，但是，经 CMIC 分析预测，随着“十三五”规划的逐渐明确，IT 市场增速又将逐步回升，预计到 2018 年中国 IT 市场规模将突破 2 万亿元，达到 21 920 亿元，复合增长率达到 12.9%。在整个 IT 市场发展的带动下，IT 分销市场规模有望转暖升温。

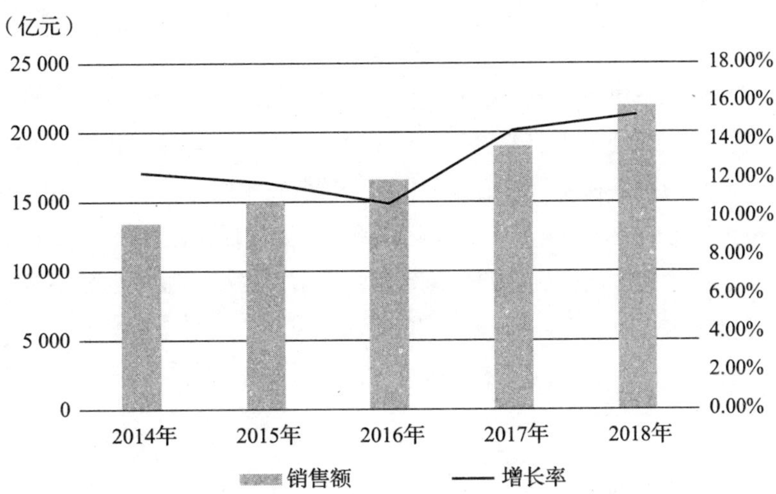

2014 ～ 2018 年中国 IT 分销市场销售额与增长率

资料来源：赛迪网。

（二）公司主要产品分析

公司业务属于批发和零售行业中的计算机、软件及辅助设备零售，主要业务为华为及其他 ICT 产品增值分销、进口网络产品销售业务、医疗产品销售业务。营业范围为：技术服务、技术开发；货物进出口、代理进出口、技术进出口；销售有色金属矿、矿产品，以及医疗器械Ⅱ、Ⅲ类；计算机系统服务；销售汽车（不含九座以下乘用车）；互联网信息服务（企业依法自主选择经营项目，开展经营活动；依法须经批准的项目，经相关部门批准后依批准的内容开展经营活动；不得从事本市产业政策禁止和限制类项目的经营活动）。

1. 华为及其他 ICT 产品增值分销

中建材信息的华为及其他 ICT 产品增值分销业务主要是为企业级用户提供国内外一级厂商的软硬件产品；同时，通过设计解决方案和提供后续服务，提供 ICT 产品增值服务。

公司已获得华为数据通信产品总经销商、华为语言产品总经销商、华为网络产品总经销商、华为视讯产品总经销商、华为 UC 产品总经销商、华为 UPS 产品线等华为全线企业产品总经销商、SAP 产品总经销商、Oracle 应用软件总经销商、微软公司中国区云服务总销商和云解决方案提供商（全球 200 家认证服务商之一）资质。通过这些授权经销资质，公司直接通过厂商采购产品，利用物流、资金和技术优势，为下游二级经销商、系统集成商或最终用户提供系统解决方案或直接销售从厂商采购的产品。

自 2009 年成为华为公司企业业务总代理商后，公司在华为总代业务占比连续六年保持领先地位，并且在华为公司体系内的综合评分也持续保持明显优势，充分证明了公司的行业竞争力。在软件业务方面，通过 2014 年的沟通与摸索，与微软、Oracle 两个国际知名厂商形成了合作关系，加上原有的 SAP，实现了软件产品、技术服务与业务咨询等多维度服务，使各业务间形成产品相互补充，业务相互拉动，为厂商及客户提供优质的增值服务。

通过寻找和联系下游二级分销商和系统集成商（如中国电信集团系统集成有限责任公司），在有明确需求情况下，对已签署销售分销协议或授权的华为及其他 ICT 厂商提出采购需求，为上下游之间提供物流、资金流和售前、售后技术服务的同时，赚取相应的购销差价以及增值分销带来的技术服务费。公司物流服务主要体现在充分利用全国 32 家办事处和多地库存资源，在物流方面达到客户快速到货的要求；资金流服务主要是利用自身在银行体系的高额授信额度，为下游客户提供最长 90 天的采购产品资金服务；技术流体现在拥有一支具有跨产品技术整合能力的技术人员队伍，可为客户提供从售前方案设计，到售后安装维护等全方位的技术服务。

2. 进口网络产品销售业务

进口网络产品销售业务，主要是对华为及其他 ICT 产品增值分销业务的补充。在下游系统集成商方面，有些设备需求并不能够在国内厂商的采购设备中得到满足，因此，需要利用进口厂商产品得到相应的补充。公司已与 CISCO、IBM、HP、飞利浦、罗德斯瓦茨等国际知名厂商及 NETGEAR、MAPINFO 等中小厂商建立了多年的合作关系，帮助国内客户完成国际全程门到门运输服务、报关报检服务、国内运输门到门服务、货运保险服务、仓储服务。

进口网络产品销售业务主要依靠母公司进出口业务的基础发展而来。通过自身拥有专业的物流管理人员和团队，从事以网络产品为主的供应链管理物流服务。针对不同终端客户物流需求，以及客户实际运作情况，为客户设计个性化的整体物流方案和全面物流解决方案，借助物流功能集成和社会物流集成服务，提高物流管理效率、降低经营成本、整合供应链资源，为客户在市场中赢得竞争优势。

根据国内客户的需求，公司为客户提供国外网络产品的进口网络设备采购业务，公司从海外厂商处采购货物，并帮助客户完成进口、清关、开证、付汇、物流等服务，从中赚取货物价差利润。

3. 医疗产品销售业务

在医疗产品销售业务领域，公司先后与 GE 等国际知名医疗设备品牌建立了长期合作关系，并取得了 GE 部分产品的区域代理商资格。通过代理商批发和公立医院销售两种模式，开展代理医疗产品销售服务。公司可以提供的服务主要有：产品的运输、安装、调试，有关人员的培训，以及产品的售后三包服务。通过提供上述服务，赚取产品销售过程中产生的价差利润。

（三）公司主要竞争优势

1. 渠道优势

公司目前已经建成了一个包括国内 38 个办事处，有效覆盖全国主要市场的增值分销网络，并且成立第一个海外办事处——埃塞俄比亚办事处，开启了分销业务“走出去”战略，已发展了超过 3 000 家有价值的渠道合作伙伴。自 2009 年成为华为公司企业业务首家总经销商，公司在华为公司的总代业务收入排名、综合评分中超过神州数码、联强国际等国际和国内分销巨头，连续七年保持第一，并多次荣获华为公司“年度优秀总经销商”称号。目前，公司是华为企业业务（中国区）全产品线 CSP 五钻认证总经销商。2016 年，公司开始布局云计算业务，获得微软云总代理资质，并且在第一年就成为微软最佳云总代。

2. 人才优势

IT 分销企业最关键的因素是人才，尤其是核心业务骨干，经过十余年的发展，公司已经拥有一支由 200 余人组成，具有多年工作经验且全部通过多项资格认证的工程师团队，为合作伙伴提供高质量的服务。2016 年度，公司组织了近百场认证培训、定制培训、技能内训和职业培训活动，来提升员工的工作能力和团队力量。截至 2016 年，公司共计完成认证 664 人次，其中包括售前工程师认证 251 人次，HCNA 认证 157 人次，HCNP 认证 159 人次，HCIE 认证 41 人次等。同时，公司还拥有一批在 ICT 领域从业多年且技术水平较高的 TD 技术专家，他们具有华为、思科、艾默生、H3C、EMC、IBM 等国内外各大知名厂商相关产品的交付能力，可以实现各厂商之间互联互通，并对这些产品进行服务解决方案的设计及交付质量的把握。从公司业务成长速度，到行业口碑，再到人员单位产出和业务净利润率等多维度指标，均证明了这是目前业内最优秀的一个业务团队。公司提前投入云计算领域，目前已经打造了一支集销售、咨询、交付、开发于一体的云计算团队，在微软云业务中取得了优异成绩，得到了微软公司的充分肯定。

3. 未来战略实施优势

经过十余年精耕于 IT 增值分销领域，公司依托原有传统分销业务，已积累大量的优质高端客户以及渠道资源，未来战略性业务一旦成熟，公司就能以最快的速度进行推广，这是一般专注于服务的企业所不具备的。此外，基于传统分销业务，公司与多家世界级知名厂商发生关联，公司具备提供跨厂商、跨平台解决方案的能力。公司围绕云计算进行提前部署，将解决方案中心打造成云计算解决方案中心，围绕云计算进行了能力、解决方案以及平台建设，为未来云计算的大面积到来做好了准备。

4. 企业文化优势

公司在确立和发展核心业务的过程中，一直秉承集团公司的企业文化和经营理念，建立了行而有效的管理体系，在行业内初步树立了特有的良好形象和口碑，构成了公司不可复制的核心竞争力。这为公司利用企业文化的感染力、取信力和凝聚力，同时借用资本的扩张力，在行业内进行有效的资源整合，创造了非常好的基础条件。因此，通过与资本的结合，公司将进入一个全新的发展阶段。

（四）公司发展规划

1. ICT 资源集成及咨询服务

公司目前是中国最优秀的 ICT 产品增值分销商之一，正在从传统 ICT 分销企业向 ICT 资源集成及咨询服务提供商的方向战略转型。公司未来将利用“互联网 +”平台，通过在核心流程数字化、业务营销网络化、云计算移动化、大数据商务智能化等领域的精耕细作，帮助企业级用户使用经过最佳实践的 ICT 资源，获取最实用的 ICT 能力，最终实现为客户提供整体解决方案支持服务。

面向未来，公司将紧抓外部环境提供的发展机遇，紧盯华为企业级用户 ICT 需求，致力于为其获取最实用的 ICT 能力而提供增值服务。2017 年公司将从新起点出发，向发展成为引领行业发展的 ICT 资源集成及咨询服务提供商，实现帮助中国企业级用户高效获取 ICT 能力的领军企业的战略目标迈进。

2. 互联网 + 战略布局

公司即将推出 SaaS 商城化解传统经销商困境。在万物互联的互联网 + 时代，+ 后面蕴含着无尽的力量。对于分销行业，总经销商们的业务模式也已出现了本质的变化。在当今 IT 产业链中，总经销商不仅要成为资源整合者、厂商与渠道间的桥梁，甚至还要承担更多的角色。互联网 + 要求企业必须在更短的时间内做出响应，以更快的速度实现市场交付。客户需要一体化的解决方案，而不是硬件盒子或者单一的软件服务。作为中国企业级用户 ICT 能力的护航者，公司为了更好更快地解决合作伙伴的难题，顺势推出了 SaaS 商城。通过 SaaS 商城，公司能够高度紧密地捆绑硬件、软件、解决方案等厂商，提供专业的商务和全程技术服务，致力于为合作伙伴打造一站式聚合云服务。

三、公司挂牌后重大事件

（一）定向增发

2016 年 5 月中建信息完成挂牌后的第一次定向发行，公司以非公开定向发行的方式发行人民币普通股 2 350 万股，募集资金 29 774.5 万元，本次发行股票的价格为 12.67 元 / 股，本次股票发行的对象共 15 名，均为新增股东。本次发行募集资金的用途为产品研发、技术升级、市场开拓及补充公司流动资金。

（二）前期培育业务及新产品线开发

自公司 2012 年签订 SAP 软件、2015 年签署 Oracle 软件业务代理以来，2016 年度软件业务已成为公司收入和利润贡献的新增长点。2016 年 1 月，公司荣获“2016 财年 SAP 大中华区优秀合作伙伴 TopReseller”。2016 年 3 月和 5 月，公司分别与北京蓝海讯通科技有限公司（OneAPM）和 Firemon 公司（全球防火墙安全策略管理解决方案的领先厂商）都开启了合作，补充了安全产品线。

（三）海外业务拓展

在国家推行“一带一路”和企业“走出去”战略的指引下，2016 年年初公司在埃塞俄比亚建立了第一个海外办事处，其报告期内业务合作规模已超过 1 300 万美元。公司正在积极布局海外子公司业务平台，未来公司将进一步加大海外增值分销业务的开拓力度。

（四）推出 SaaS 商城

2016 年 7 月，公司正式推出 SaaS 商城。该商城是一个集厂商产品融合的平台，为经销商或者客户提供一体化的解决方案。

四、公司风险分析

（一）对单一供应商存在重大依赖的风险

公司目前最大的供应商为华为公司，导致公司对华为公司存在重大依赖的风险，若未来华为公司对公司的销售政策发生变化，会对公司正常生产经营产生较大的影响。

（二）应收账款无法收回的风险

截至 2016 年 12 月 31 日，公司应收账款余额为 22.82 亿元，虽然公司对分销商建立了较完备的风险信用管理体系，且历史坏账率极低，但公司应收账款余额较大，未来若出现客户恶意拖欠货款的情况，会导致公司出现应收账款无法收回的风险。

（三）偿债能力风险

截至 2016 年 12 月 31 日，公司资产负债率为 87.41%，比上年同期下降 7.42 个百分点，其主要原因是：公司所处分销行业属资金密集型行业，资产负债率高、流动比率和速动比率低是同行业企业普遍具有的特点，行业内规模较大的企业通常凭借其持续稳定的盈利能力，充分运用财务杠杆，以尽力扩大市场份额和盈利水平，致使其负债水平普遍较高。随着公司近年业务快速扩张，需要资金规模较大，而公司自有资金不足，主要依靠银行借款等债务融资，导致资产负债率较高，可能会导致未来出现偿债能力的风险。

五、估值对比

相关公司估值对比

代码	证券简称	总市值（亿元）	总收入（万元）	净利润（万元）	市盈率 PE（TTM）	市销率 PS（TTM）	销售毛利率（%）2016年年报	销售毛利率（%）2015年年报	销售净利率（%）2016年年报	销售净利率（%）2015年年报	ROE（%）	ROA（%）
834082.OC	中建信息	21.02	828 514.49	12 892.88	16.3	0.25	6.82	6.52	1.56	1.47	32.17	6.94
平均		30.16	1 863 723.37	26 695.54	14.4	0.22						
000034.SZ	神州数码	159.92	4 046 322.66	40 379.52	32.31	0.30	4.72	10.32	1.00	4.68	28.48	8.12
0856.HK	伟仕控股	31.42	4 308 397.93	49 369.35	6.5	0.08	3.86	3.72	1.15	0.99	14.37	5.02
8016.HK	长虹佳华	12.8	1 705 413.91	20 821.60	11.0	0.07	3.97	4.08	1.22	0.66	17.69	8.79
0465.HK	富通科技	3.29	344 479.90	1 766.70	18.9	0.10	7.17	9.12	0.48	0.91	3.09	2.94

资料来源：新三体研究院，Wind。

神州数码	公司一直是国内外产品技术以及服务的提供商在中国首选的合作伙伴，与 300 余家国际顶尖供应商展开精诚合作，市场份额稳居第一，并建成覆盖全国 860 个城市、30 000 余家渠道伙伴的中国最大的 IT 营销网络，累计拥有超过 4 项国家级标准认证、150 余项发明专利、100 余项软件著作权认证以及超过 500 项解决方案，在为广大的消费者用户提供丰富的电子产品的同时，神州数码集团已累计为超过 100 万家中国企业提供信息化所需的产品、解决方案和服务。面向未来，公司将继续通过专业化与多元化的 IT 产品和服务，释放信息技术的力量，把信息技术价值转化为客户价值，推动中国信息化建设进程
长虹佳华	公司为一间投资控股公司，主要从事分销 IT 产品、提供专业 IT 解决方案。公司具有在 IT 领域的产业优势和独特的团队文化，并拥有长虹的制造、资本优势，是长虹 IT 产业的旗舰和支柱企业，是整合、优化全球资源的 IT 产品分销商与专业解决方案服务商，专业位置及信息服务终端产品生产商和服务商
伟仕控股	公司是亚太区领先的信息科技产品分销及服务企业，专门分销享誉国际的信息科技产品及有关配件，包括桌面计算机、笔记本计算机、平板计算机、硬盘、中央处理器、内存配件与其他数码媒体产品。集团与国际知名的信息科技企业有稳固且长期合作的关系，包括惠普、苹果、希捷、AMD、英特尔、西部数据、联想、戴尔、IBM、宏碁、微软、甲骨文、思科、华硕等。集团拥有超过 27 000 个分销渠道合作伙伴服务广泛地区的客户，以及有 76 个办事处分布在中国、泰国、马来西亚、新加坡、印度尼西亚及菲律宾 6 个国家
富通科技	集团是中国企业信息科技产品的领先分销商之一，主要在中国提供信息科技解决方案、分销企业信息科技产品及提供信息科技技术支持服务，主要分销各种企业硬件及软件产品（包括企业服务器、系统储存产品及相关软件）并提供与分销企业信息科技产品相配套的信息科技技术支持服务。集团是 IBM、甲骨文及华为赛门铁克的若干企业信息科技产品的中国授权分销商，其中，主要的供货商是 IBM 的集团公司

中建信息的可比公司主要在我国香港上市，港股整体的估值是低于国内主板市场的。而从市盈率和市销率来看，新三板上的中建信息跟港股上市企业的估值较为近似，如果中

建信息未来能够登陆 A 股，相信公司的估值会有一个较大的提升。

目前行业已经完成洗牌，净利润已经降到较低水平，公司下游做的是 2B 业务，需求较为稳定，变化慢，不像消费电子，产品销量不可控，且公司代理的是明星产品，获得华为最高返点，华为也会保护大合作伙伴的利益。此外，公司提供增值服务，以及售卖云服务，未来公司毛利率会不断提升，公司未来的成长值得期待。

东方网（834678.OC）投资价值分析报告

服务社会民生，推进智慧化城市建设

一、公司基本情况

（一）公司简介

公司名称	上海东方网股份有限公司	所属行业	互联网信息服务
成立时间	2000-07-05	挂牌时间	2015-12-28
转让方式	做市交易	公司地址	上海
主办券商	中信建投证券	所属分层	创新层
主营业务	互联网媒体服务业务、信息技术服务业务、智慧城市建设、商贸服务		

上海东方网股份有限公司是一家集互联网传媒、信息技术服务、智慧城市和商贸服务于一体的综合服务提供商。东方网是由国务院确定的地方重点新闻网站，是上海市主流媒体之一，拥有新闻媒体、网络传播的各类资质。东方网以媒体业务为主体、政务服务和智慧社区O2O民生服务为支撑，确立了“一体两翼”的战略布局，同步发展B2B电子商务、贸易业务。

媒体业务依托东方新闻网站（www.eastday.com）、翱翔和东方头条客户端等主要平台，以广告和信息服务为主，通过品牌广告、流量广告经营，具备影响力变现、实现盈利的能力。政务业务主要服务政府信息化建设、宣传推广，已经覆盖上海超过60%的委办局单位。社区O2O业务，借助线下渠道和线上平台，集纳各类互联网垂直服务和电商企业，面向社区居民，致力于解决互联网落地、最后一公里问题，重点发展服务到家业务。东方网是上海市智慧社区创新联盟、服务到家联盟的理事长单位，社区业务得到本市各级政府的大力支持。东方网服务传统企业转型电商，开展名特优产品代运营业务和B2B业务，同时服务于国家“一带一路”倡议，开展跨境会展、贸易。

（二）股权结构

公司目前总股本9.97亿股，其中无限售条件的股份占比77.43%。控股股东、实际控制人为上海国资委，持股43.63%。目前公司共有股东58人，其中包括做市商7名，分别为国泰君安证券、开源证券、东方证券、海通证券、华安证券、中信建投证券、中信证券。公司前十大股东如下。

股东名称	持股比例（%）
上海国资委	43.63
上海市东方明珠新媒体股份有限公司	7.22
上海静泰投资管理有限公司	5.74

（续）

股东名称	持股比例（%）
上海晟伊信息网络有限公司	4.71
上海振铎信息科技有限公司	4.06
悦达资本股份有限公司	4.01
上海市信息投资股份有限公司	4.01
上海珂鸣实业发展有限公司	3.11
上海统略信息科技发展有限公司	3.11
上海信息化服务热线有限公司	3.06
其他	17.34

（三）挂牌后重大事件

2016 年 12 月，公司以 3.5 元 / 股的价格，向 4 名机构投资者定向发行 1.4 亿股，共募集资金 4.9 亿元。本次定向增发不涉及对赌协议，所募集资金用途如下所示。

序号	项目名称	项目总投资（亿元）	拟投入募集资金（亿元）
1	翱翔客户端创新开发	1	0.776
2	东方头条研发、管控和资本融合	1	0.776
3	政务微信公众号集成新媒体平台建设	0.5	0.338
4	中央技术平台改造与升级	1.5	1.169
5	完善智慧社区业务战略布局	1.3	1.015
6	增资东方慧谷文化信息产业园二期建设	1	0.776
合计		6.3	4.900

二、行业分析

（一）我国互联网行业发展概况

经过多年的发展，以新闻采编和发布业务为主体的地方重点新闻网站正在逐步转型成为综合性内容服务提供商，公司经营领域也从提供免费新闻信息吸引互联网用户进而发展广告客户，转向包括网络广告、信息服务、网站建设与技术服务、移动互联网服务、电子商务、智慧社区 O2O 等在内的全方位、多领域、多元化经营模式。具体细分如下。

1. 互联网新闻服务

由于互联网具有及时、海量、互动、开放、无国界、多媒体等传播特点，使新闻信息传播突破了传统媒体的局限，可以突破地域界限将信息进行全方位、立体式传播，互联网已经成为新闻信息传播的重要途径，人们对互联网新闻的依赖性越来越高。随着我国互联网行业的快速发展，互联网用户规模持续扩大，浏览互联网新闻的用户数量随之扩大，通过网络获取新闻信息成为大众的习惯。另外，随着网络视频、手机上网、博客等网络技术和应用的创新与发展，互联网新闻的来源更加多元化，表达和传递信息的渠道和形式更加丰富，传播方式更具互动性、自主性、多样性，网络媒体的发展更加活跃、更具活力。上述技术和应用的创新和发展，极大地改变了互联网新闻的传播方式，所带来的蝴蝶效应尤为明显。东方网等主流新闻网站以其专业精神、职业素养和良好的把关鉴别能力和高职业水准的内容生产、管理、推广流程，受到广大互联网用户的信赖，成为互联网用户获取新闻信息和验证新闻事实的主要渠道。

根据中国互联网络信息中心（CNNIC）发布的《第39次中国互联网络发展状况统计报告》，2016年网络用户对各类互联网应用的使用率排名前三分别是即时通信、网络新闻和搜索引擎。网络新闻一直是网民最重要的互联网应用之一，2016年网络新闻用户规模为6.14亿，网民使用率为84.0%，比2015年增长2%，同时在2016年正式超过搜索引擎成为第二大互联网应用。

2015～2016年中国网民各类互联网应用的使用率

应用	2016年		2015年		全年增长率（%）
	用户规模（万）	网民使用率（%）	用户规模（万）	网民使用率（%）	
即时通信	66 628	91.1	62 408	90.7	6.8
搜索引擎	60 238	82.4	56 623	82.3	6.4
网络新闻	61 390	84.0	56 440	82.0	8.8
网络视频	54 455	74.5	50 391	73.2	8.1
网络音乐	50 313	68.8	50 137	72.8	0.4
网上支付	47 450	64.9	41 618	60.5	14.0
网络购物	46 670	63.8	41 325	60.0	12.9
网络游戏	41 704	57.0	39 148	56.9	6.5
网上银行	36 552	50.0	33 639	48.9	8.7
网络文学	33 319	45.6	29 674	43.1	12.3
旅行预订	29 922	40.9	25 955	37.7	15.3
电子邮件	24 815	33.9	25 847	37.6	-4.0
论坛/bbs	12 079	16.5	11 901	17.3	1.5
互联网理财	9 890	13.5	9 026	13.1	9.6
网上炒股或炒基金	6 276	8.6	5 892	8.6	6.5
微博	27 143	37.1	23 045	33.5	17.8
地图查询	46 166	63.1	37 997	55.2	21.5
网上订外卖	20 856	28.5	11 356	16.5	83.7
在线教育	13 764	18.8	11 014	16.0	25.0
互联网医疗	19 476	26.6	15 211	22.1	28.0
互联网政务	23 897	32.7	—	—	—

资料来源：CNNIC。

2. 互联网广告行业

随着移动互联网的发展，网络用户规模不断扩大，品牌商对用户数据愈加重视，网络成为广告主营销的主要阵地。根据易观智库产业数据库发布的《中国互联网广告市场监测报告》，2017 年第 1 季度中国互联网广告运营商市场规模为 628.9 亿元，同比增长 15.9%，2016 全年达到 2 552.1 亿元，较 2012 年实现年复合增长率 36.7%。

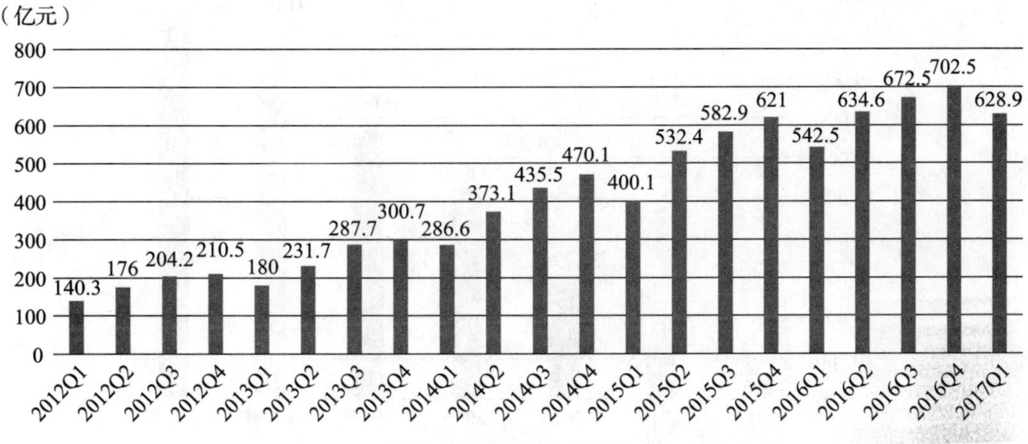

2012 ~ 2017 年第 1 季度中国互联网广告市场规模

资料来源：易观智库。

3. 网站建设及技术服务

网站建设及技术服务是指提供专业的网站建设、内容管理、运行维护、技术保障等服务。随着我国电子政务建设的快速发展，网站建设及技术服务市场已由初始阶段逐步向高速发展阶段跨越。

电子政务理事会发布的《中国电子政务年鉴（2015）》指出，我国电子政务应用全面深入展开，截至 2015 年 8 月底，全国开设的政务民生微信公众号已超过 8.3 万个，在区域上已覆盖全国 31 个省份，省市级部门开通的政务微信总量占比为 84.7%，平均每个政务微信公众账号关注用户数超过 3.6 万，其中广东、浙江、江苏、北京等地政务微信开通量领跑全国。

此外，微信城市服务成推进"互联网 + 公共服务"主力军。截至 2015 年 12 月，微信城市服务已上线了 14 个省 72 个城市，拥有超过 3 000 项服务，提供服务涉及公安、交管、医疗等 27 个类别，覆盖用户超过 2.5 亿，累计服务人次超过 4 000 万。

在微博方面，年鉴显示，中国政务微博形成了从中央到地方，覆盖不同级别、不同职能部门的矩阵。截至 2015 年 6 月，新浪认证的政务微博为 145 016 个，其中政务机构官方微博 108 115 个，公务人员微博 36 901 个，公安和新闻发布类微博的运营仍处于领先水平。

4. 移动互联网服务

根据易观智库统计数据，2016 年中国移动互联网市场规模达到 52 817 亿元人民币，同比增长 71.5%，同时未来依旧会保持高速增长，移动互联网正在深刻影响人们的日常生活，移动互联网市场进入高速发展通道，预计到 2019 年整体移动互联网市场规模将接近 10 万亿元。

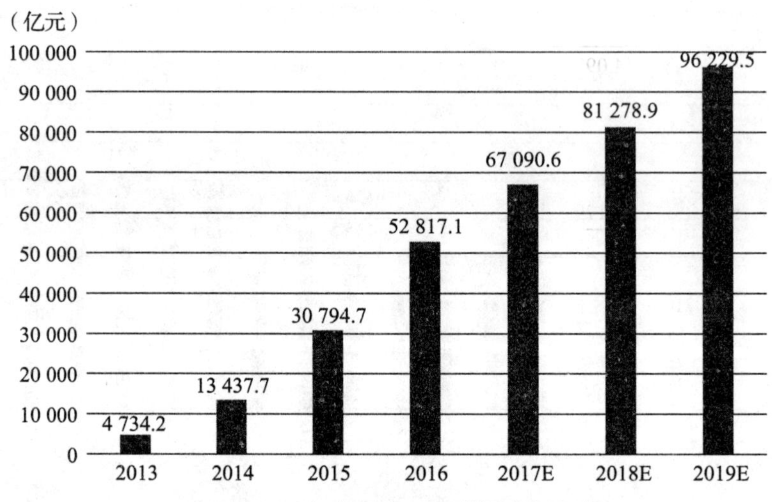

2013 ~ 2019 年中国移动互联网市场规模

资料来源：易观智库。

移动互联网用户规模的持续增长，一方面得益于 4G 的普及、无线网络的发展和智能手机的价格持续走低，为手机上网奠定了较好的使用基础，促进互联网用户对各类手机应用的使用，尤其为网络接入、终端获取受限的人群提供接入互联网的可能。另一方面得益于手机应用服务的多样性和深入性，尤其是新型即时通信工具和生活类应用的推动下，手机上网对日常生活的渗透进一步加大，在满足互联网用户多元化生活需求的同时提升了移动互联网用户的上网黏性。

在智能终端快速普及、电信运营商网络资费下调和 Wi-Fi 覆盖逐渐全面的情况下，手机上网成为互联网发展的主要动力，不仅推动了中国互联网的普及，更催生出更多新的应用模式，重构了传统行业的业务模式，带来互联网经济规模的迅猛增长。

根据 CNNIC 统计数据，2016 年手机网络新闻（手机报、WAP 新闻、新闻客户端等）依然是现阶段推动移动互联网发展的主流应用之一，从用户规模和网民使用率上来看，仅次于手机即时通信和手机搜索。

2015 ~ 2016 年中国网民各类手机互联网应用的使用率

应用	2016 年		2015 年		全年增长率（%）
	用户规模（万）	网民使用率（%）	用户规模（万）	网民使用率（%）	
手机即时通信	63 797	91.8	55 719	89.9	14.5
手机网络新闻	57 126	82.2	48 165	77.7	18.6
手机搜索	57 511	82.7	47 784	77.1	20.4
手机网络音乐	46 791	67.3	41 640	67.2	12.4
手机网络视频	49 987	71.9	40 508	65.4	23.4

（续）

应用	2016年		2015年		全年增长率（%）
	用户规模（万）	网民使用率（%）	用户规模（万）	网民使用率（%）	
手机网上支付	46 920	67.5	35 771	57.7	31.2
手机网络购物	44 093	63.4	33 967	54.8	29.8
手机网络游戏	35 166	50.6	27 928	45.1	25.9
手机网上银行	33 357	48.0	27 675	44.6	20.5
手机网络文学	30 377	43.7	25 908	41.8	17.2
手机旅行预订	26 179	37.7	20 990	33.9	24.7
手机邮件	19 713	28.4	16 671	26.9	18.2
手机论坛 /bbs	9 739	14.0	8 604	13.9	13.2
手机网上炒股或炒基金	4 871	7.0	4 293	6.9	13.5
手机在线教育课程	9 798	14.1	5 303	8.6	84.8
手机微博	24 086	34.6	18 690	30.2	28.9
手机地图、手机导航	43 123	62.0	33 804	54.5	27.6
手机网上订外卖	19 387	27.9	10 413	16.8	86.2

资料来源：CNNIC。

未来3～5年内，手机网络新闻将会呈现以下特点：第一，内容将会更加精细化和多元化，除了传统的时政、财经、体育等新闻资讯，将需要增加更多垂直化细分行业的内容要求；第二，手机网络新闻覆盖文字、图片、视频、音频、动漫、游戏等全媒体形式；第三，手机网络新闻将在服务方式上充分展示其人性化、个性化的特质，用户可以高速上网获取多媒体新闻信息，真正做到看新闻、听新闻，并拥有充分的自主权通过媒体和服务提供商提供的不同内容的服务代码来订制自己所需要的新闻信息，最大限度地满足个性化的信息需求；第四，随着行业信息化的加速、传统媒体向数字内容提供商转型、运营模式的逐渐多元，对手机网络新闻的需求将越来越大，合作渠道方与集团客户数量与规模逐渐增多，新闻网站可充分发挥新闻和原创内容优势。

5. 电子商务

根据第39次CNNIC中国互联网络发展状况统计调查，截至2016年12月，我国网络购物用户规模达到4.67亿，较2015年年底增长12.9%；占网民比例63.8%，比2015年年底增长3.8个百分点。

2016年，网络购物市场已进入成熟期，B2C交易规模占比持续提升，线上线下进一步加深融合，行业并购、整合更加频繁。同时，跨境电商在新政的影响下，行业逐步走向规范。

6. 智慧社区O2O

近年来，随着O2O的快速发展及对传统行业商业模式重构，在社区场景下，传统的物业与商业模式已经渐渐难以满足社区用户对用户体验和服务时效性的高标准要求。

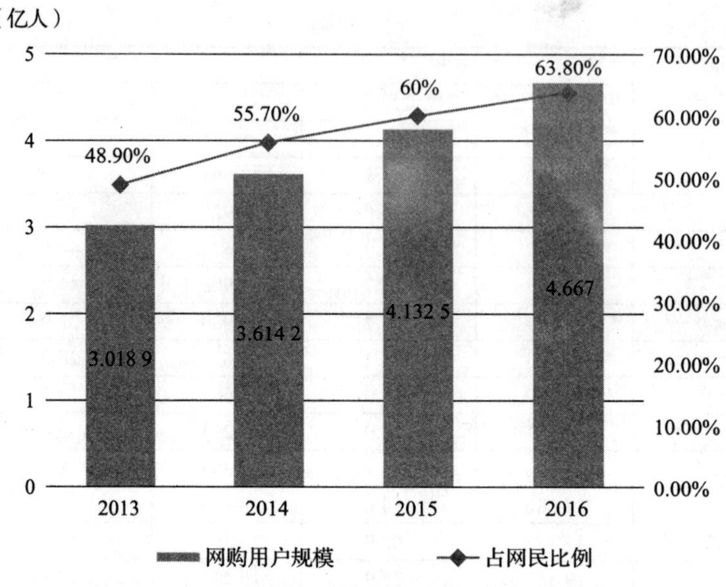

2013 ～ 2016 年中国网络用户规模及占网民比例

资料来源：CNNIC，新三体研究院整理。

社区 O2O 伴随互联网与传统行业的融合趋势逐渐兴起，并经历了以零售速配优先起步，再逐步渗透到各垂直细分领域，以及将各领域整合至综合平台的过程。2014 年，随着各大互联网企业、物业公司陆续切入社区市场，以及垂直 O2O 服务企业抢占社区生活服务到家业务，社区 O2O 市场进入快速成长期。2015 年中国社区 O2O 市场整体规模达 1 674.2 亿元人民币，较上年增长 103.8%。预计到 2018 年，中国社区 O2O 市场整体规模将接近 5 000 亿元人民币。

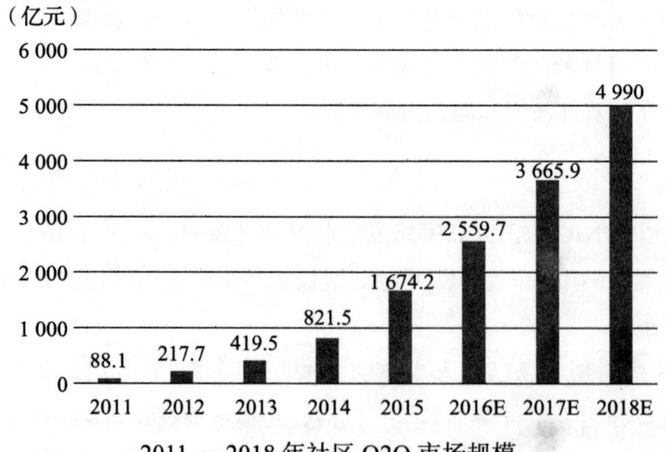

2011 ～ 2018 年社区 O2O 市场规模

资料来源：易观智库。

（二）行业竞争格局

根据《互联网新闻信息服务管理规定》，新闻网站具有采编权和转载权，而商业网站不得自行采编新闻信息，只能转载来自新闻网站及其他具有采编权单位的新闻信息。由此，国内互联网新闻信息服务单位大致可分为三类：第一类是中央新闻网站，即中央新闻单位建立的网站，以人民网、新华网为代表；第二类是地方新闻网站，即当地宣传主管部门牵头，整合区域内主要新闻单位力量建立的大型区域性网站，以东方网、千龙网、华声在线为代表；第三类是具有新闻登载资质的商业网站，即非新闻单位设立的网站，以腾讯、新浪、网易为代表。

1. 中央新闻网站

（1）人民网 www.people.com.cn：创办于 1997 年 1 月 1 日，是世界十大报纸之一《人民日报》建设的以新闻为主的大型网上信息交互平台，也是国际互联网上最大的综合性网络媒体之一。

（2）新华网 www.xinhuanet.com：新华社主办的中国最大且具有全球影响力的国家重点网站。由党中央直接部署，国家通讯社新华社主办的中央重点新闻网站主力军，是党和国家重要的网上舆论阵地，在海内外具有重大影响力。

2. 上海本地新闻类网站

（1）上海热线 www.online.sh.com：于 1996 年 9 月 22 日建立，凭借敏锐的战略发展眼光始终保持与网络时代同步，快速地获得关注上海、热爱上海的网民的认可，奠定了其门户网站的地位。并且连续多次位列中国互联网信息中心（CNNIC）组织的中国互联网络发展状况调查十佳网站之列。

（2）澎湃新闻 http://www.thepaper.cn：上海报业集团改革后公布的第一个成果。澎湃新闻是专注时政与思想的媒体开放平台。主打时政新闻与思想分析，生产并聚合中文互联网世界中优质的时政思想类内容。澎湃新闻有网页、WAP、APP 客户端等一系列新媒体平台。已经做出的比较有影响力的微信公共账号有中国政库、中南海、打虎记、人事风向、一号专案、舆论场、知识分子等。

（3）界面新闻 www.jiemian.com：澎湃新闻的兄弟媒体，同样来自上海报业集团，是其联合小米科技、360、海通证券、国泰君安、联想弘毅、卓尔传媒推出的新一代财经商业新闻网站，口号为“只服务于独立思考的人群”。

3. 各地门户新闻网站

（1）北方网 www.enorth.com.cn：2000 年 12 月 18 日开通，由天津市委宣传部牵头，天津人民广播电台、天津电视台、天津广播电视报、今晚报、天津日报共同投入资金、信源组建的第四媒体，是中宣部确定的全国十大主流新闻网站之一。2009 年被评为“全国文化体制改革先进企业”。北方网日均页面访问量 3 000 万。现今，北方网已成为天津市网上宣传的强势媒体群。

（2）华龙网 www.cqnews.net：成立于 2000 年 12 月 20 日，是经国务院新闻办批准的首批省级重点新闻网站。由中共重庆市委宣传部主管，重庆日报报业集团主办。华龙网以发布和传播新闻为主要职能，以地方新闻和互动社区为主要特色，是集信息、娱乐、服务等于一体的新闻门户网站。

（3）东南网 www.fjsen.com：前身为福建东南新闻网，成立于2001年10月，是经国务院新闻办公室批准的具有新闻登载资质的省级重点新闻网站。东南网作为福建省规模最大的新闻门户网站，设有新闻、互动、资讯等版块，共30多个频道、200多个栏目。每天提供新闻资讯数千条，致力于打造最快的本地新闻、最强的时政报道。

4. 商业网站

（1）腾讯网 www.qq.com：腾讯公司推出的集新闻信息、互动社区、娱乐产品和基础服务于一体的大型综合门户网站。通过强大的实时新闻和全面深入的信息资讯服务，为中国数以亿计的互联网用户提供富有创意的网上新生活。

（2）新浪网 www.sina.com.cn：国内主要商业网站之一。目前，新浪主要包括五大业务主线——网络新闻及内容服务、移动增值服务、Web 2.0服务及游戏、搜索及企业服务以及网上购物服务。

（3）网易网 www.163.com：国内主要商业网站之一。网易一直致力于电子商务及IT产业的持续发展，目前主要提供网络游戏、电子邮件、新闻、博客、搜索引擎、论坛、虚拟社区等服务。

（三）行业壁垒

1. 行业准入壁垒

国新办、工信部颁布的《互联网新闻信息服务管理规定》规定，“凡在中华人民共和国境内从事互联网新闻信息服务的网站，必须经过国新办或省、自治区、直辖市人民政府新闻办公室审批。”该规定对从事互联网新闻信息服务的网站，不仅在场所、设备、资金、制度等方面提出了较高的要求，而且要求从业人员中必须有一定数量的具备新闻从业资质的专职新闻编辑人员。另外，开展互联网视频、电子公告、游戏、移动增值业务、手机电视等业务均需满足相关规定，取得相关经营资质。互联网新闻信息服务业属于相对特殊的行业，监管政策和行业准入相对严格，业内企业从事相关业务需要取得相应的经营资质。

2. 品牌壁垒

随着互联网新闻信息业竞争的不断加剧，品牌价值显得非常重要。对互联网媒体而言，品牌是其公信力、影响力、忠诚度等多方面的综合体现。公信力是网络媒体赖以生存的核心价值，体现了用户对媒体的信任度；影响力反映网络媒体的传播渠道能力；忠诚度则反映用户访问量及用户的黏性，是提升媒体价值的重要因素。三者均为长期经营所积累的品牌价值，是通过对时事新闻、政策方向、群众民生的真实且有效的把握而形成的核心竞争力。网络媒体的品牌知名度越高，客户的忠诚度越高，从而为其带来的经济价值就越大。新进入者很难在短期内建立起网络用户认可的品牌口碑。如果不具备差异化的产品，则很难在现有品牌中脱颖而出。

3. 用户资源壁垒

基于互联网新闻的综合信息服务运营商需要积累较大规模的用户群，才能提升其所运营的网络媒体价值和渠道价值，获得收益和回报。对于市场新进入者，难以在短期内获得客户足够的认可并改变其使用习惯，这对市场进入者构成了用户资源壁垒。

三、公司分析

（一）公司主要业务和商业模式

1. 互联网媒体业务

公司依托“东方网”，以内容为核心支撑，通过向互联网用户提供免费新闻资讯服务以及互动平台，吸引用户、增加网站流量，加速内容和网络广告业务转型升级，实现内容和广告经营业务并行稳健发展。

公司为广告客户提供的互联网广告及互动营销服务采用以直销为主、代理商销售为辅的销售模式。直销模式由媒体业务中心商务组直接开发广告客户。公司依据行业同等级网站定价规则，通过分析网站首页及各频道的页面流量和效果、同一频道不同页面位置的页面流量和效果，参考主流网络广告市场价格，综合考虑点击量、访问量、影响力等因素，对不同页面位置、不同频道、不同展现形式的广告位进行定价。

2. 信息技术服务业务

信息技术业务采取直接销售和参与招投标的模式。根据服务成本和市场行情制定服务价格和服务条款，与客户商谈、竞价或参与招投标程序来获取订单或中标项目，根据所承接服务内容区别，公司与客户分别签订网站建设运维合同、软件销售合同或技术服务合同。由于公司客户多为政府机关、事业单位、大型企业，这些单位在信息化建设的投入强度和持续性方面比较突出，有助于公司获得长期的订单，此外这些客户具备较强的支付能力，账款回收较有保障。

公司的电子政务包含前期需求调研、拟订项目实施方案、投标或报价、签订服务合同、项目开发或提供服务、业务监测或运行维护、服务或产品验收、客户反馈等工作流程。以电子政务为例：首先，公司对潜在客户开展深入调研，确定重点拓展的网站建设及技术服务目标客户。根据客户需求，由项目部拟订具体的网站建设项目策划方案。与目标客户沟通策划方案、报价或投标内容，待协商确定或中标后正式签订网络开发运维合同，由公司提供网站建设、内容管理、运营维护等服务。

3. 智慧城市业务

公司的智慧城市业务按照网络文化、社区民生、O2O 的产业布局发展，同时也在积极探索“互联网 +”新媒体业务和智慧商业。公司旗下的 330 家东方网点、300 家东方社区信息苑和 1 200 余家东方农村信息点，已形成能够覆盖上海全市的最强有力的点位布局。公司正在积极投入的智慧社区 358 个“智慧屋”项目，是连接线上平台和线下民生服务的桥梁。

智慧屋作为整合线上资源实体点位，主要以社区为范围提供便利民生的连接终端服务。公司根据区域布局、受众人群等因素选址后，按照统一装修标准进行装修、配置各类软硬件设备，然后招募商家将其推广应用（APP）或免费体验终端部署至智慧屋，社区居民在智慧屋智能终端体验各类服务，公司与商家按照导入的流量或提供推广服务，根据合同约定收取费用。

信息苑作为面向社区居民的新型信息化公共文化设施服务平台，为社区居民提供智慧民生便民服务的同时，配合政府以社区培训的形式进行公共文化宣传，或配合企业进行品牌宣传和产品推广。借助东方社区信息苑遍布各个社区的立体宣传、培训网络，公司可以为企业提供品牌、产品推广服务。公司将企业产品或服务融入各类文化教育、卫生疾病、日常生活等各类公益培训或体验活动中，在为社区居民提供培训教育服务的同时，也完成了企业品牌推广及产品宣传，公司以此向企业收取推广费。

公司东方网点业务由控股子公司东方网点运营。该公司成立于 2007 年 2 月，是在上海市委办公厅领导牵头下成立的全国范围内首家网吧连锁管理企业。经过近十年的发展，东方网点业务发展成为全市网吧行业龙头，目前拥有加盟网点 331 家，以“海兴店”为代表直营网咖 1 家，分布区域覆盖上海全市 17 个区县，运营的终端数量达到上海市整体网吧运营规模的四分之一。

东方网点经营模式包括加盟连锁经营和直营两种模式。其中加盟连锁经营即加盟方负责选址建店、设备采购、验收审批、人员招聘、设备硬件维护等网吧建设成本，公司负责牌照办理、管理服务、信息技术支持、品牌运营等。公司每月收取固定或按照业务量计算的管理费用，每 5 年收取一次品牌加盟费。直营模式则是公司自建的网咖。

4. 商贸服务业务

公司的商贸服务主要包括电商贸易和线下 B2B 销售。电商贸易是指公司通过自有平台（东方购 http://js.sh.com.cn/）及第三方平台（天猫、京东、1 号店）销售具有上海特色、知名老字号品牌商品。公司通过市场调研确定购买老字号及特色产品品牌，向产品供应商采购食品类、日化类、文化类等不同类型的产品。产品上线后，消费者在公司电商平台浏览商品、下达订单后支付款项，公司在确认订单支付后安排商品出库，由第三方物流系统送达客户。客户确认收货后，公司负责商品售后服务。同时，在公司运营过程中不断挖掘和拓展有特色和质量保障的著名商品。

线下 B2B 销售是指公司依托品牌、资源、渠道等优势，在业务交流和提供信息技术服务过程中，根据大型企业或事业单位对服务器等硬件设备的购买或更新需求，联系优质的设备厂商，经过洽谈，达成合作意向，签订购买合同。

东方网将文化产业列为其未来产业发展的核心战略之一，公司筹建的上海民间藏品交流展示中心的线上平台于 2013 年 10 月 28 日正式上线运营。东方网借助其作为媒体的推广能力与公信力，把握承建市级民间藏品平台的重大历史机遇，开拓了艺术品购销业务。公司通过采购、请画家创作等形式取得书画艺术品；公司主要通过原有的合作机构进行艺术品的销售，同时，公司采用互联网、画展、沙龙等形式开拓新的潜在艺术品买家。报告期内，公司艺术品采购的主要供应商和销售客户分别为上海静华画廊有限公司和上海城翼文化发展有限公司。

(二) 公司财务分析

1. 总体财务状况

项目	2013 年	2014 年	2015 年	2016 年
每股指标				
每股收益——基本（元）	0.035 9	0.030 0	0.040 0	0.040 0
每股收益——稀释（元）	0.035 9	0.030 0	0.040 0	0.040 0
每股收益——期末股本摊薄（元）	0.031 4	0.032 1	0.036 0	0.043 5
每股净资产 BPS（元）	1.490 0	1.520 0	1.550 0	1.620 0
净资产收益率——摊薄（%）	2.12	2.11	2.32	2.69
净资产收益率——加权（%）	2.60	2.14	2.35	2.76
净资产收益率——平均（%）	4.23	2.14	2.35	2.75
销售毛利率（%）	28.46	20.51	21.42	5.87
销售净利率（%）	6.18	4.68	4.68	2.11
资产负债率（%）	12.57	11.47	14.70	43.94
营业利润同比增长率（%）		−85.45	476.16	85.15
营业收入同比增长率（%）		14.54	31.85	151.93
归属母公司股东的净利润同比增长率（%）		2.03	12.27	20.86
利润表摘要				
营业收入（百万元）	463.66	531.07	700.22	1 764.04
营业总成本（百万元）	444.19	532.20	684.51	1 786.24
营业利润（百万元）	22.75	3.31	19.07	35.31
利润总额（百万元）	32.39	33.80	33.50	42.77
净利润（百万元）	28.64	24.85	32.77	37.15
归属母公司股东的净利润（百万元）	26.94	27.49	30.86	37.30
非经常性损益（百万元）	10.00	32.42	20.70	43.99
归母净利润（扣除非经常性损益）(百万元)	16.94	−4.93	10.16	−6.69
资产负债表摘要				
资产总计（百万元）	1 497.41	1 504.43	1 599.43	2 553.71
负债总计（百万元）	188.22	172.63	235.11	1 122.21
股东权益（百万元）	1 309.20	1 331.80	1 364.32	1 431.51
归属母公司股东的权益（百万元）	1 273.05	1 300.17	1 330.45	1 387.29

（续）

项目	2013 年	2014 年	2015 年	2016 年
现金流量表摘要				
经营活动产生的现金净流量（百万元）	68.62	278.88	−42.00	−61.55
投资活动产生的现金净流量（百万元）	−127.62	−175.62	−171.57	−552.41
筹资活动产生的现金净流量（百万元）	490.03	−2.15	−0.65	883.23
现金及现金等价物净增加（百万元）	431.02	101.11	−214.22	269.27

公司 2016 年营业收入达到 17.64 亿元，同比增长 151.93%，净利润 3 715 万元，同比增长 13.4%，总资产 25.5 亿元，同比增长 59.7%。

2. 盈利能力分析

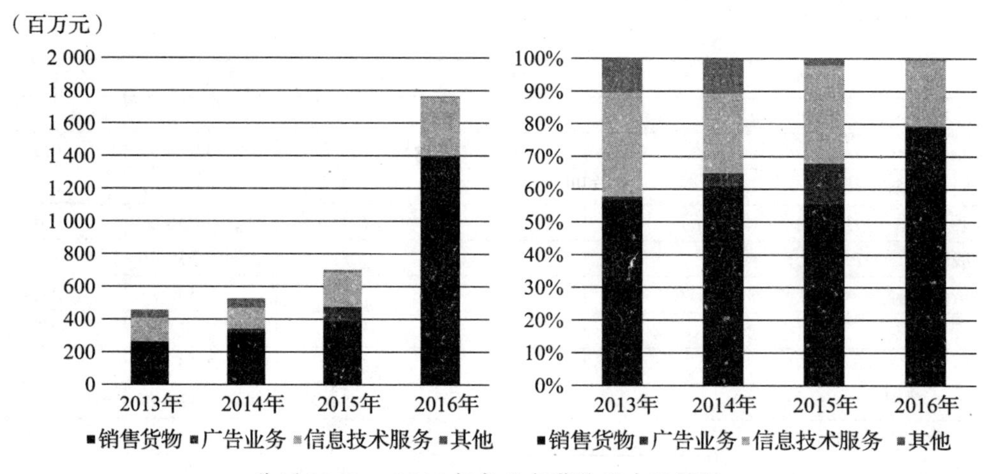

公司 2013 ~ 2016 年各业务营收及占比情况

资料来源：公司公告。

从公司各业务占比情况看，公司最主要的业务是销售货物，包括线上电商贸易和线下 B2B 销售。公司 2016 年销售货物收入达 13.9 亿元，较 2015 年的 3.9 亿元增长 10 亿元，增速达 256.4%。公司第二大业务是信息技术服务，主要为政府机关、事业单位、大型企业提供信息化建设服务，2016 年收入达 3.55 亿元，较 2015 年的 2.08 亿元增长 70.7%。广告收入 2016 年较 2015 年下滑较明显，是因为页面广告大量转变为流量广告，而流量广告业务的收入计入信息服务费。

（三）公司竞争优势

1. 国资背景和独特的资源优势

公司作为上海市国资委持股的地方重点新闻网站，也是上海市委宣传部直属的重要媒体平台，在时刻肩负着“引导社会舆论，体现党的主张，反映人民心声”的媒体使命的同时，可充分利用好作为国有媒体在文化监管、舆论导向、政策宣传、服务民生、渠道资源、品牌影响力等方面的天然优势，开展各类业务；另一方面，作为率先进入资本市场的国有互联网企业，东方网在体制改革方面抢占了先机，探索了更好的对接资本和市场的机制、体制，可以继续深化与各股东方合作，有效整合政府及市场资源，为推进各项业务转型发展提供强而有力的保障。

2. 资质优势

东方网拥有增值电信业务经营许可证（ICP）（含因特网数据中心业务）、互联网新闻信息服务许可证、广告经营许可证、信息网络传播视听节目许可证、互联网出版许可证、广播电视节目制作经营许可证等多项准入门槛较高的互联网相关业务经营资质。

3. 多方位的服务体系以及线上线下一体化的渠道优势

公司以东方网（www.eastday.com）及移动端产品为网络信息平台，同时依托东方网在华东地区尤其上海本地领先的市场地位、高端的品牌印象、优势的客户资源、广泛的服务网络由单一的互联网媒体业务扩展至政府服务、信息技术、智慧城市、商贸服务等众多领域，覆盖了包括信息获取、教育培训、生活服务、日常消费在内的综合化服务体系。

4. 媒体的权威性、公信力以及本地化的传播优势

东方网从设立之初至今一直秉承着“引领主流价值，服务社会民生”的宗旨，多年的坚持，使东方网在业内、在群众、在社会上都树立起了“权威性、大众化、公信力”的形象，是上海最具影响力、权威性和公信度的网络媒体之一。

东方网立足于上海，在及时网罗全球新闻的同时主打本地内容建设，涵盖了上海本地的新闻资讯、生活医疗、教育培训等信息。东方网以优质的信息内容和贴近民生的服务，成为名副其实的“上海门户”。同时，公司拥有较为完善的线上线下立体信息服务能力和贴近上海市民的系统服务能力，已成为以互联网新媒体为基础立足上海的综合服务提供商。

（四）公司风险分析

1. 用户竞争风险

网络媒体、新媒体行业竞争加剧。除了商业门户网站、政府新闻网站这些原有的竞争对手，传统媒体如报纸、电视、广播，也纷纷转型新媒体，它们在品牌、内容生产方面都具有相对优势。此外，以今日头条为代表的技术算法驱动的新型信息平台以及自媒体也快速成长。东方网所面临行业竞争压力越来越大，并且这种压力还将长期持续，倘若不能在媒体变局当中迅速成长，完成转型，就难免在竞争中出局。

2. 互联网技术革新风险

互联网是一个高速发展的行业，瞬息万变，企业创新刻不容缓，只有不断加大新技术

的研发投入、及时跟进互联网技术的革新，以满足互联网用户新的、更广泛的需求，才能在激烈的市场竞争中立于不败之地。互联网技术的迅速革新带动了整个互联网行业的高速发展。近年来，互联网技术发展日新月异，不断降低互联网企业的运营成本和满足互联网用户的需求变化，同时亦丰富了互联网信息内容和互联网企业盈利模式。互联网信息服务商需要及时采用最新的互联网技术，以顺应行业发展趋势和满足业务经营需要。

互联网信息服务在产品开发、信息挖掘及分析等方面对相关互联网技术有很高的要求，如果无法及时跟进互联网技术的革新，公司将可能面临技术水平落后、产品服务缺乏亮点、运营成本过高、客户流失等风险，从而在一定程度上削弱公司的市场竞争力，对公司的经营业绩产生不利影响。

3. 系统安全风险

互联网信息服务企业对计算机系统和数据安全保障工作要求较高，必须采取措施确保计算机系统的稳定和数据的安全。尽管互联网新闻信息服务商采取了相关保障措施，但由于自然灾害、电力供应等不可控因素或人为主观因素，仍存在系统安全风险。

一诺威（834261.OC）投资价值分析报告

聚氨酯弹性体领军企业，技术积累雄厚，期待厚积薄发

一、公司基本情况

（一）公司简介

公司名称	山东一诺威聚氨酯股份有限公司	所属行业	化学原料及化学制品制造业
成立时间	2003-12-03	挂牌时间	2015-11-12
转让方式	协议交易	公司地址	山东，淄博
主办券商	东吴证券	所属分层	基础层
主营业务	聚氨酯类产品的研发、生产和销售		

山东一诺威聚氨酯股份有限公司于2003年成立，已从事化工行业14年，是一家专注于聚氨酯产业的国家高新技术企业。其依托独有的配方技术，根据客户的不同需求生产和销售聚氨酯（PU）原材料及环氧乙烷（EO）、环氧丙烷（PO）其他下游衍生物产品，同时经营聚醚多元醇（PPG）、二苯基甲烷二异氰酸酯（MDI）、甲苯二异氰酸酯（TDI）等聚氨酯原料，并承接塑胶跑道工程施工。

（二）股权结构

公司现有普通股股东153名，公司控股股东、实际控制人徐军持股41.81%，董事、监事、高管（除实际控制人外）持股31.14%，核心员工持股3.23%。公司前十大股东合计持有74.91%的股份，且无关联关系。

一诺威公司股权结构

股东名称	持股比例（%）
徐军	41.81
李健	11.52
昊鑫创业	7.9
创新资本	3.36
徐叶峰	2.13
代金辉	2.06
董建国	1.75
红土创业	1.58
贾雪芹	1.5
刘强	1.3
其他	25.09

资料来源：公司公告。

（三）公司对外投资情况

截至 2017 年 5 月底，公司主要的对外投资情况如下表所示。考虑到 EO、PO 属于甲类危险化学品，需低温保存且不易长途运输，因此在国内主要 EO/PO 生产商上海石化厂址附近设立了子公司上海东大化学有限公司，便于原料采购和生产。在齐鲁化学工业园区设立一诺威新材料有限公司进行组合聚醚多元醇、聚醚多元醇及相关化学原料的生产和销售，以及聚氨酯弹性体的生产、销售等业务。一诺威体育产业有限公司进行体育场地设施工程施工等业务。

一诺威主要对外投资情况

参控股公司	持股比例（%）	注册资本（万元）
山东一诺威新材料有限公司	100	6 000
上海东大化学有限公司	100	8 000
上海东大聚氨酯有限公司	100	2 000
山东一诺威化学贸易有限公司	100	1 000
山东一诺威精细化工有限公司	100	2 000
山东一诺威体育产业有限公司	100	1 000

资料来源：公司公告。

（四）挂牌后重大事件

1. 定增情况

公司于 2016 年分两批向核心员工定向增发本公司股票。2016 年 1 月，公司以 9.50 元 / 股向 47 名原股东和 35 名核心员工定向增发 4 766 000 股，募得资金 45 277 000 元；2016 年 3 月，公司以 9.50 元 / 股向 35 名核心员工定向增发 534 000 股，共募得资金 5 073 000 元。所募得资金均用于补充流动资金，增加公司资本金，优化公司财务结构，增强公司抵御风险能力。股票发行完成后，公司的业务结构和实际控制人未发生变化。

2. 分红情况

2015 年公司向全体股东每 10 股派送现金股利 1.15 元（税前），2016 年公司向全体股东每 10 股派送现金股利 1.5 元（税前）。

二、行业分析

聚氨酯（PU）是主链上含有重复氨基甲酸酯基团（-NHCOO-）的大分子化合物的统称。它由有机二异氰酸酯或多异氰酸酯与二羟基或多羟基化合物加聚而成。聚氨酯大分子中除了氨基甲酸酯外，还可含有醚、酯、脲、缩二脲，以及脲基甲酸酯等基团。聚氨酯具有如下优良特性：性能可调范围宽、适应性强；耐磨性能好；机械强度大；黏结性能好；弹性好，低温柔性佳；耐候性好，使用寿命长达 15 ~ 20 年；耐油性好，耐生物老化；价格适中。作为一种新兴的高分子材料，聚氨酯因其优良性能而被广泛用于冷藏行业、建筑工程、家具制造、汽车制造、鞋类、织物、合成革、医疗、航空军工、农业等领域。

2008 ~ 2015 年，我国聚氨酯产量从 462.5 万吨增长至 960 万吨，增长超过一倍，年复合增长率达 11%。未来随着中国城市化进程的加快以及建筑节能、汽车、家电、纺织等产业的消费升级，聚氨酯应用规模和领域不断扩大，预计 2013 ~ 2018 年聚氨酯消费量平均年增长率将在 8% 以上，2018 年我国聚氨酯总需求量将达 1 300 万吨（含溶剂）。聚氨酯种类繁多、品种各异，在下图所示的 2014 年中国聚氨酯制品行业产品结构中，以硬泡聚氨酯、软泡聚氨酯、合成革浆料和涂料占比较大。

目前，我国聚氨酯产业布局呈地区性集中态势，已基本形成以上海为中心的长三角地区、以烟台 - 淄博 - 黄骅 - 天津为中心的环渤海地区、以广州为中心的珠三角地区、以兰州为中心的西北地区以及正在形成的以重庆为中心的西南地区、以福建泉州为中心的海西地区等聚氨酯产业聚集地区的产业布局。

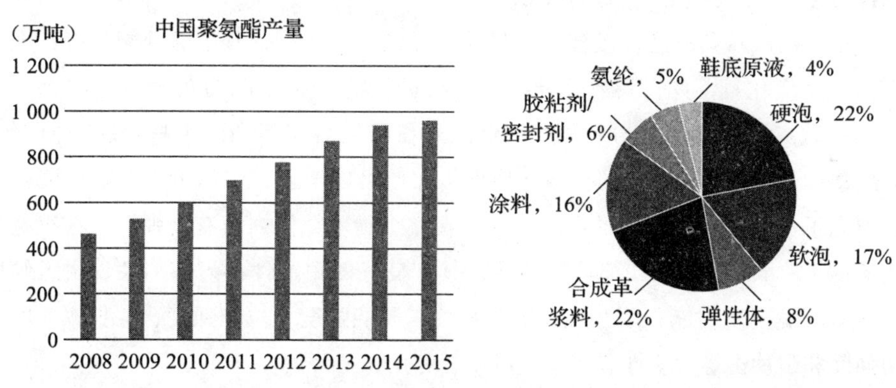

2008 ~ 2015 年我国聚氨酯产量及 2014 年我国聚氨酯制品种类分布情况

以一诺威的业务为例，涉及的聚氨酯产业链如下图所示，一诺威的主要产品包括聚氨酯弹性体［包括浇注型聚氨酯（CPU）、热塑型聚氨酯（TPU）、铺装材料及防水材料］、硬泡组合聚醚及 PPG、EO/PO 其他下游衍生精细化工材料（包括非离子表面活性剂、减水剂聚醚单体等）。

（一）聚氨酯弹性体

聚氨酯弹性体广泛应用于钢铁、造纸、印刷等胶辊中，另外还大量用于各种胶轮、传送带、耐水耐压胶管、密封条和密封圈、电缆护套及各种薄膜等。聚氨酯弹性体分为浇注型（CPU）、热塑型（TPU）、混炼型（MPU）3 种。2014 年中国聚氨酯弹性体消费量达 82 万吨，同比增长 17%，占全球聚氨酯弹性体总消费量的 40%，其中热塑型聚氨酯弹性体（TPU）28 万吨，浇注型聚氨酯弹性体（CPU）24 万吨，防水及铺装材料 30 万吨。

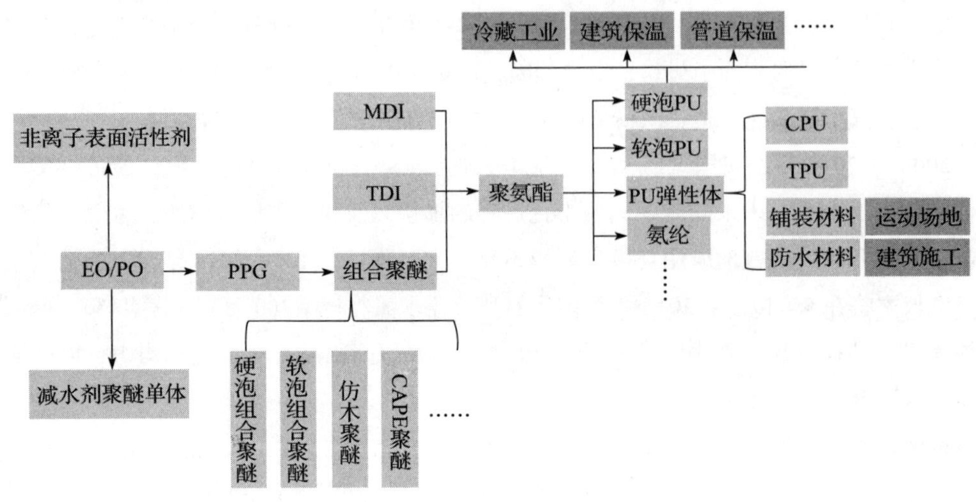

一诺威公司生产产品涉及的产业链

资料来源：新三体研究院。

从技术角度看，浇注型弹性体（CPU）具有如下特点：加工方式简单、方便，易于自动化、连续化生产；其耐磨性极佳，在目前所知的弹性体中，其耐磨性能最好；配方的可调性大，硬度变化范围广；具有优异的力学机械性能，而且CPU的耐油、耐氧、耐臭氧性能突出；缺点是难以回收再利用。因此，聚氨酯铺装材料和防水材料往往使用浇注型CPU。热塑型弹性体（TPU）具有如下特点：加热可以塑化，溶剂可以溶解；硬度范围相当宽，填充了橡胶和塑料之间的空白，并且在整个硬度范围内具有高弹性；在很宽的温度范围内（-40 ~ 120℃）TPU都具有柔性；具有良好的耐油性、耐溶剂性、耐天候性和耐高能射线等环境介质性能；耐磨性、抗撕裂性、屈挠强度、拉伸强度、伸长率、回弹性以及剪切强度和耐冲击等力学性能优良；可重复利用，可降解。

从行业格局看，我国浇注型（CPU）、混炼型（MPU）产品规模较小而分散，全国厂家大约100 ~ 200家，主要有南京金三立橡塑公司、山西化工研究院、山东一诺威聚氨酯股份有限公司、江苏泰来聚氨酯有限公司等。热塑型（TPU）万吨级厂家约8家，规模集中度较高，主要厂家包括烟台万华、巴斯夫（中国）、路博润、东莞宏德化工等公司。聚氨酯铺装材料主要用于塑胶田径跑道及各种球类运动场地等，我国约有300余个聚氨酯铺装材料生产、施工厂家，规模较大的有山东一诺威聚氨酯股份有限公司、山东东海塑胶有限公司、北京蓝星科技有限公司、上海汇宇精细化工有限公司等企业。聚氨酯防水材料主要用于建筑屋顶、外墙、厨房、卫生间、公路、铁路桥梁和涵洞等混凝土防水涂层。目前，我国聚氨酯防水材料企业较多，规模较小。

（二）硬泡组合聚醚

硬泡组合聚醚是生产硬泡聚氨酯的主要原料之一，俗称"白料"，在加发泡剂的情况下，与聚合MDI（多苯基多亚甲基多异氰酸酯，俗称"黑料"）进行发泡反应，可得到聚氨酯硬质泡沫塑料（即聚氨酯硬泡）。聚氨酯硬泡广泛用作冰箱、冷柜、冷藏集装箱的绝热材料，以及建筑的外墙保温材料、管道保温材料等。2007 年以来，国内聚醚多元醇产量保持快速增长，从 2007 年的 103 万吨增长到 2014 年的 240 万吨，年复合增长率 12.8%。其中，硬泡组合聚醚是聚醚多元醇最主要的品种，约占 1/3 份额，目前年需求约 90 万吨。

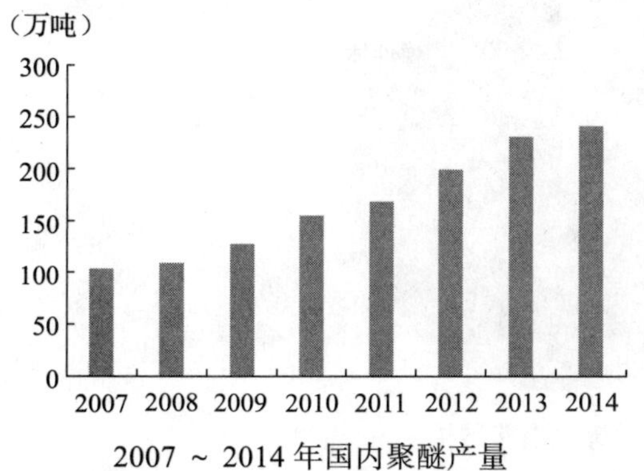

2007 ～ 2014 年国内聚醚产量

资料来源：Wind。

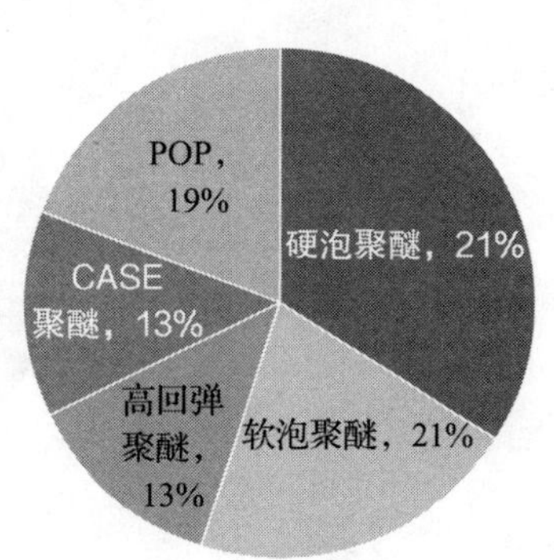

国内聚醚品种分类

资料来源：中国产业信息网。

2016 年以来，硬泡聚醚（华东区）价格总体呈上升趋势，从 2016 年年初的不足 8 000 元 / 吨上涨至目前的约 10 000 元 / 吨，其中 2016 年 9 ～ 10 月，由于原料环氧丙烷（PO）价格急涨，华东地区硬泡组合聚醚价格曾达到 12 250 元 / 吨的阶段高位。

2008 年以来硬泡聚醚价格变化

资料来源：百川资讯。

硬泡聚醚的用途广泛，但超过 60% 用于冷藏工业，19% 用于建筑保温，另可用于太阳能、家具、汽车、工程等领域。

新三体研究院认为，未来硬泡聚醚下游需求增长，将刺激硬泡聚醚产业快速成长，行业发展空间广阔。

具体而言，第一，小型冰箱的消费升级至大容量型冰箱将带来一定的需求增长。近年来冰箱内需增长缓慢，但从产品结构来看，消费升级将成为国内冰箱市场的主旋律。更多高端的对开门、多开门冰箱正在替代传统的冰箱，并在零售份额和增长率上超过传统的单 / 双门冰箱；在容量方面也悄然向大容量冰箱转变，目前 LG、海尔、美的、伊莱克斯、海信等国内外多个家电品牌均推出了主打大容量招牌的冰箱。

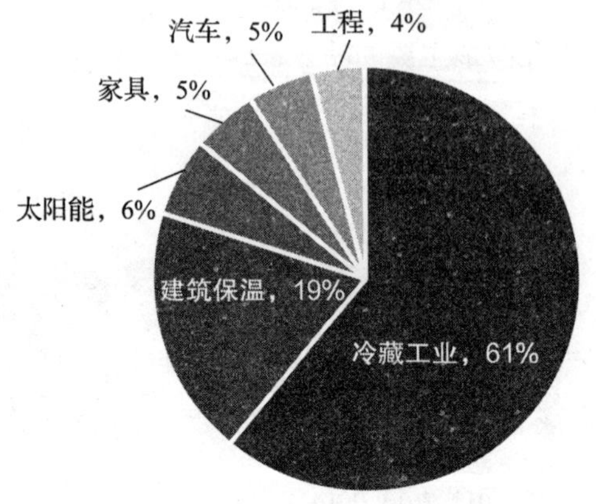

2014 年中国硬泡聚醚消费结构

小型冰箱平均每台需要 3 千克左右的白料，而大容量功能型冰箱平均每台需要 5 ～ 6 千克的白料，2014 年 300L 以上冰箱产品的占比已经提高至 41%。假设 2017 年家用电冰箱产量 7 500 万台，大容量功能型冰箱占比每提高 10 个百分点，增加的白料量约 2 万吨。

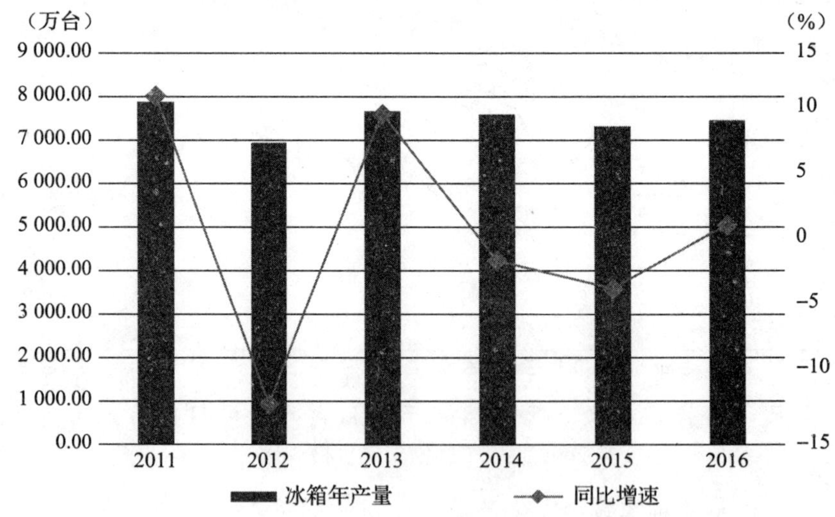

近五年来冰箱产量及其增速

资料来源：东方财富 Choice。

第二，冷链物流的加速发展也将刺激硬泡聚醚产业的发展。据中国物流与采购联合会冷链物流专业委员会统计，当前我国水产品、肉类、果蔬冷链流通率分别为 38%、26% 和 10%，大部分生鲜农产品仍在常温下流通。冷链物流基础设施不足（包括冷库和冷藏运输车辆）是冷链流通率较低的主要原因之一。我国人均冷库拥有量仅为 0.01 立方米，远低于发达国家，甚至低于印度水平；冷藏车的人均保有量和拥有比例也大大低于发达国家和地区水平。冷链物流领域目前在我国处于快速发展阶段，市场空间巨大。国家针对冷链物流行业连续多次发布行业发展规划以及指导意见，旨在推动行业健康向上发展。生鲜电商的快速推广以及政府与消费者对食品安全、卫生的更高要求也给各厂商完善冷链仓库和冷链运输等基础设施提供了动力。罗兰贝格咨询公司预计中国冷链行业未来将会保持 25% 的增长，到 2017 年预计行业规模将达到 4 700 亿元。

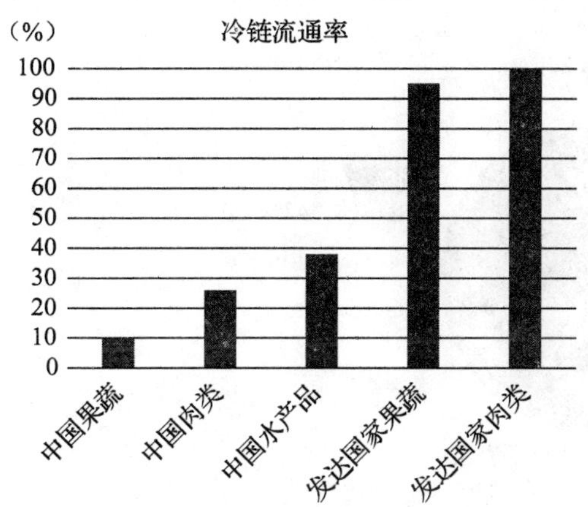

2015 年我国与发达国家冷链流通率比较

资料来源：中国物流与采购联合会。

（立方米） 人均冷库拥有量

0.3 0.25 0.2 0.15 0.1 0.05 0

中国 印度 英国 俄罗斯 法国 德国 加拿大 日本 美国 澳大利亚

2013 年各国人均冷库拥有量对比

资料来源：中国产业信息网。

各国 / 地区冷藏保温车占比和每万人拥有冷藏车数量

	冷藏保温车占比（%）		每万人拥有冷藏车数量（万台）
中国	0.30	中国大陆	0.33
美国	0.8 ~ 1	中国台湾	10
英国	2.5 ~ 2.8	美国	20
德国	2 ~ 3		

第三，在建筑外保温领域，硬泡聚氨酯前景广阔，2008 年以来我国陆续出台了相关政策文件，2015 年工信部、住建部在《促进绿色建材生产和应用行动方案》中指出，“要求到 2018 年，绿色建材生产比重明显提高，使新建的建筑中绿色建材应用比例达到 30%，绿色建筑应用比例达到 50%。”

建筑外墙保温材料种类较多，包括岩棉板、泡沫陶瓷、聚氨酯材料、挤塑聚苯板（XPS）以及模塑聚苯板（EPS）等。聚氨酯具有导热系数低、保温性能好、防潮、防水、耐老化、耐高温和不溶化等优势。同时，聚氨酯材料还具有自身重量低、切割精度和制成品表面平整度高，以及高温下不会产生有害气体等优点。在添加阻燃剂后，阻燃聚氨酯保温板将成为综合性能最佳的建筑墙面保温材料。

目前，在发达国家（如美国），聚氨酯材料占外墙保温材料市场 57% 左右的市场份额，在日本这一数字为 32% 左右；而中国聚氨酯保温材料的使用率与其有较大差距，目前使用的有机保温材料仍以挤塑聚苯板（XPS）以及模塑聚苯板（EPS）为主，XPS、EPS 占比分别高达 23%、66%，聚氨酯保温板占比仅为 8% 左右。因此，随着我国建筑节能要求的不断提高，硬泡聚氨酯保温板未来发展可期，也将带动其主要原料硬泡组合聚醚产业的成长。

(三) EO/PO 其他下游衍生品

我国商品环氧乙烷（EO）消费结构如下，主要用于生产减水剂聚醚单体和非离子表面活性剂。

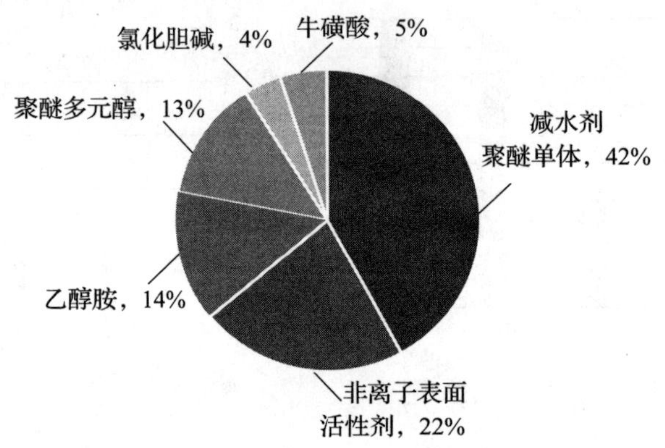

我国商品 EO 下游消费结构

资料来源：中国知网。

减水剂聚醚单体主要作为生产减水剂的原料，建筑工业用的聚羧酸减水剂是国内聚醚单体最重要的市场。减水剂是在混凝土和易性及水泥用量不变条件下，能减少拌合用水量、提高混凝土强度，或在和易性及强度不变条件下，节约水泥用量的外加剂。目前，以聚羧酸系减水剂为主要代表的第三代高性能减水剂的掺量一般为 0.6% ~ 1.2%，产品绿色环保，无毒无害，其性能特点主要为：掺量低，减水率可高达 45%；坍落度经时损失小，对于商品混凝土的长距离运输及泵送施工极为有利；可明显降低混凝土收缩，显著提高混凝土体积稳定性及耐久性。因此，减水剂广泛应用于高铁、桥梁及民用建筑等领域。

随着中国水利工程、高铁、公路、桥梁、轨道交通、机场等涉及大量混凝土工程的项目稳步推进，加之国家对环聚羧酸减水剂的政策支持，可以预见我国聚羧酸减水剂及聚醚单体需求量将保持稳定增长。目前，奥克股份、科隆精化、浙江皇马、上海台界是中国聚醚单体市场主要供应商，其中奥克股份近年来一直稳居行业龙头，市场占有率为 25% ~ 28%（聚羧酸减水剂领域）。

表面活性剂一般指当其溶于水中时，即使浓度很小，也能显著降低水同空气的表面张力，或水同其他物质界面张力的物质。表面活性剂素有"工业味精"之称，具有润湿或抗粘、乳化或破乳、起泡或消泡，以及增溶、分散、洗涤、防腐、抗静电等一系列物理化学作用及相应的实际应用。随着科学技术的发展和高新技术领域的不断开拓，表面活性剂的发展十分迅速，其应用领域从肥皂、洗涤剂和化妆品等日用化学工业逐步拓展到国民经济的各个部门，如纺织、食品、石油、制药、金属加工、建筑等行业。表面活性剂按离子类型可以分为阴离子表面活性剂、阳离子表面活性剂、两性离子表面活性剂、非离子表面活性剂。非离子表面活性剂在水中不是呈离子状态，稳定性高，不受酸碱影响，与其他类型的表面活性剂相容性好。由于它的很多性能优于离子型表面活性剂，所以其应用非常广泛，而且应用领域不断扩大，现已成为仅次于阴离子表面活性剂的另一大类表面活性剂。非离子表面活性剂主要用作洗涤剂、匀染剂、乳化剂、消泡剂、柔软剂等。

我国非离子表面活性剂行业生产企业众多，但绝大多数企业产量停留在几千吨甚至更低的水平，规模较小、布局分散、技术落后。只有一些大型企业凭借产品研发、生产工艺控制、技术服务、销售管理等方面的优势占据较大市场份额。

三、公司分析

（一）公司商业模式

公司的主营业务包括聚氨酯弹性体、PPG 及硬泡组合聚醚、EO/PO 其他下游衍生物产品和工程施工业务。公司的其他业务主要是原材料销售业务，公司以市场需求、价格波动趋势分析结果为依据，结合行业长期经验，根据公司自身生产及市场需求情况，在原材料市场价格较低时购进，在原材料市场价格较高时卖出，以赚取差价获得收益。

1. 采购模式

除公司子公司向公司供应部分原材料之外，采购部门根据需求计划和原材料的市场变化进行原材料采购。公司建立了畅通的采购渠道，主要原料一般从国内外知名企业订购，如上海巴斯夫、科思创、万华化学等企业，从源头上保证产品质量的稳定性。公司制定了严格、科学的原材料采购制度，形成了从原材料供应商的选择、采购价格确定到采购原料质量检验的完善采购体系。

2. 生产模式

公司一般根据销售订单安排生产计划，拥有先进的 DCS 控制系统，通过不断地工艺优化提高生产效率。根据客户地点和产品性质分别由山东和上海两个生产基地完成生产任务。公司的产品以自产为主，部分塑胶跑道施工工程由外部协助完成。

3. 销售模式

公司工业产品的销售由事业部负责，事业部根据产品不同划分为弹性体事业部、铺装事业部、经营事业部，各事业部的人员由销售人员和研发人员组成，形成“研销一体”的部门结构。公司主要采用直接销售模式，根据订单组织生产，生产完成后，产品直接交付客户。公司事业部除自行开展销售工作外，还在上海和广东设立办事处并在广东成立研发中心，办事处除了负责当地市场的销售外，还负责向相应区域内的客户提供售后管理服务。由于公司产品受众广泛，公司选择在轻工业发达的沿海地区设立办事处并采用直接销售的模式，符合公司产品的销售特点。此外，公司生产的部分产品远销国外，公司主要采取参加国外展会与网络营销相结合的模式进行市场开拓和销售工作，2016 年公司正式成立迪拜办事处，国贸业务技术人员常驻迪拜，为中东地区市场的大力开发奠定了坚实的基础。公司产品已经销往亚洲、美洲、欧洲等 30 多个国家和地区。公司外贸出口业务有严格的制度流程，从客户询价、合同签订、生产备货、租船订舱、商检、出口报关、清关文件的准备及缮制、交单到最后的文件存档，环环相扣，层层审批，保证了产品的质量，维护了客户的利益，同时也控制了贸易风险。

4. 研发模式

在研发模式方面，公司的产品大多数为定制化产品，一般会根据现有客户的标准和需求，组织研发团队进行配方的开发，通过对比原有基础产品性能及成本进行测试，在产品性能稳定、测试成功后推向市场。客户、销售人员以及科研人员对试用情况进行有效的沟通和反馈，据此完善配方并进行量产。在客户后续大规模使用过程中，公司会提供持续的技术咨询服务，不断进行产品改进，最终向客户提供高品质、高附加值的定制化产品服务。在研发组织方面，公司形成了稳定的研发技术团队，公司目前拥有研发人员 135 人，在上海和山东设有博士工作室，并与北京化工大学、青岛科技大学等高等院校建立深层次合作关系，以保障公司的持续研发能力和技术创新优势。

（二）公司财务分析

1. 盈利能力分析

公司 2013 ~ 2016 年的营业收入分别为 19.96 亿元、24.80 亿元、24.20 亿元、30.03 亿元，年复合增长率为 14.6%，归母净利润分别为 6 723 万元、6 884 万元、8 718 万元、8 687 万元，年复合增长率 8.9%。公司 2013 ~ 2016 年毛利率分别为 9.69%、9.50%、12.30% 和 11.01%，保持平稳，净利率分别为 3.37%、2.78%、3.60%、2.89%，变化幅度维持在 1% 的范围以内，波动较小。

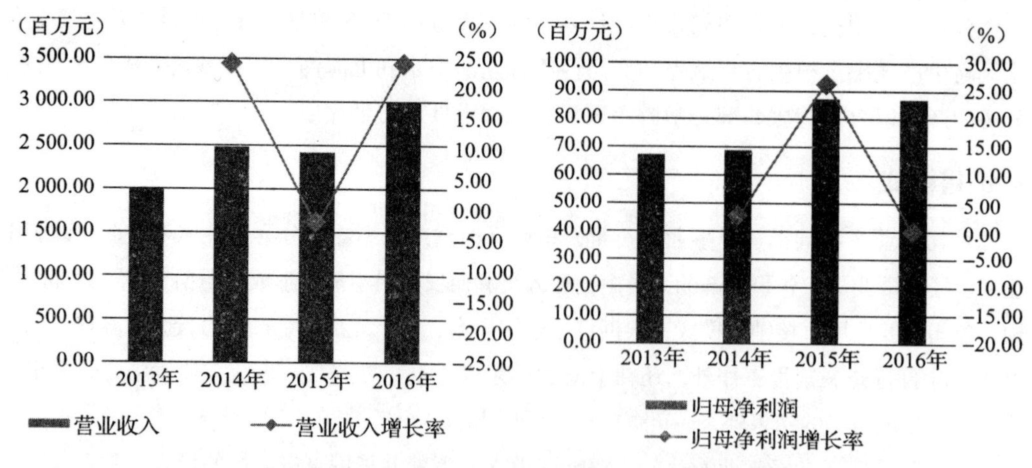

一诺威近四年来营业收入和归母净利润及其同比增速

资料来源：公司公告。

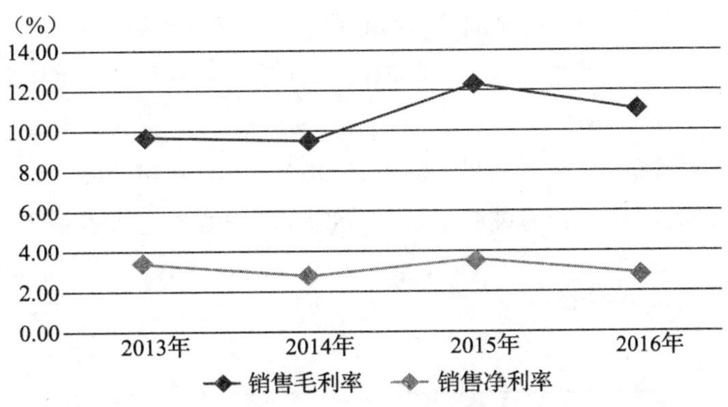

2013 ~ 2016 年一诺威销售毛利率和销售净利率

分业务来看，公司的聚氨酯弹性体增长较快，销售收入从 2013 年的 6.76 亿元增长到 2016 年的 13.01 亿元，增长近一倍。此外，公司 PPG 及硬泡组合聚醚的营业收入从 2013 年的 4.26 亿元增长至 7.43 亿元，增长 74.4%。公司的工程施工收入规模较小，在 5 000 万元至 6 700 万元内波动，2015 年其他公司出现的“毒塑胶跑道”事件对一诺威的工程施工业务收入略有影响。EO/PO 下游衍生品方面，收入波动较大，主要是受上游原材料价格波动的影响。其他业务收入主要是原材料的销售收入，公司根据市场上原材料的价格和供需情况决定原材料的销售业务，因此受市场环境影响较大，波动性较明显。

从各业务占比来看，公司聚氨酯弹性体收入占比逐年递增，2016 年占总收入的比例已经超过 40%，其他业务收入（销售原材料收入）占比总体呈下降趋势，2016 年占比 17% 左右。公司的 PPG/ 硬泡组合聚醚和 EO/PO 下游衍生品两部分收入之和占历年收入的 40% 左右，比较稳定，但两部分收入有一定程度的波动，受市场大环境影响较大。

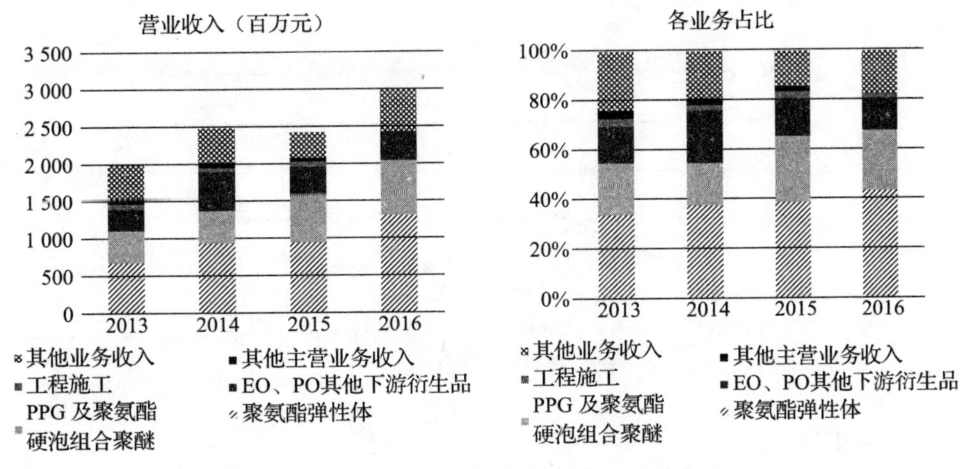

2013 ~ 2016 年一诺威各业务收入及其占比

2. 营运能力分析

公司日常工业产品销售大多采用订单式生产，以销定产，同时实行款到发货模式，严格控制应收账款的增长，因此存货周转次数和应收账款周转次数均较高。新三体研究院选取了若干企业进行对比，其中红宝丽（002165.SZ）主营业务包括硬泡组合聚醚和 TPU 薄膜等，2016 年营业收入 18.34 亿元；奥克化学（300082.SZ）主营业务是 EO 下游衍生品，2016 年营业收入 43.5 亿元；隆华新材（839122.OC）主营业务包括各种聚醚多元醇（PPG），2016 年营业收入 12.41 亿元；博锐斯（833434.OC）主营业务包括各种 TPU，2016 年营业收入 1.32 亿元；美瑞新材（834779.OC）主营业务为 TPU 的研发生产和销售，2016 年营业收入 3.35 亿元。

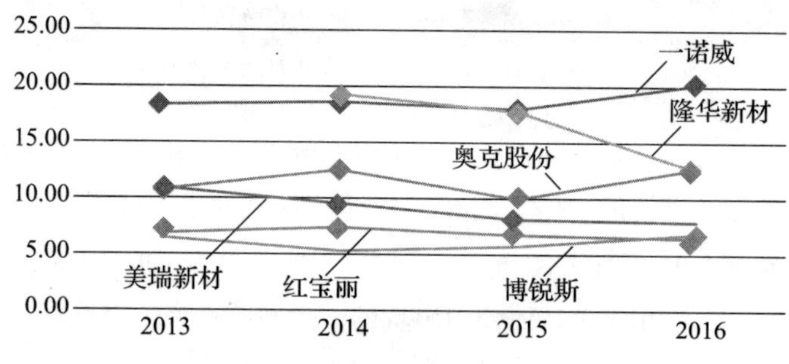

各企业存货周转次数对比

资料来源：公司公告。

从存货周转次数来看，一诺威常年稳定在 18 次左右，明显高于其他五家可比企业，也从侧面反映出一诺威以销定产的生产方式，高存货周转次数能降低库存管理成本和资金占用成本，提高企业经营效率。从应收账款周转次数来看，一诺威显著高于同行业的红宝丽、奥克股份和博锐斯，表明其资产运营效率较高，也符合其款到发货的特点。

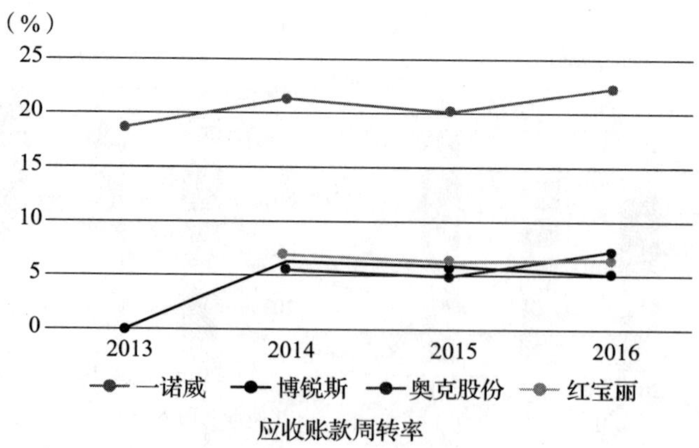

应收账款周转率

3. 现金流分析

公司近 4 年来的经营现金流分别为 6 753 万元、8 890 万元、1.28 亿元、1.42 亿元，年复合增长率高达 28%。2013 ~ 2016 年公司经营性现金流与净利润的比例分别为 1.0、1.3、1.47、1.64，呈逐年上升趋势，表明公司净利润质量高，获取现金流的能力强。

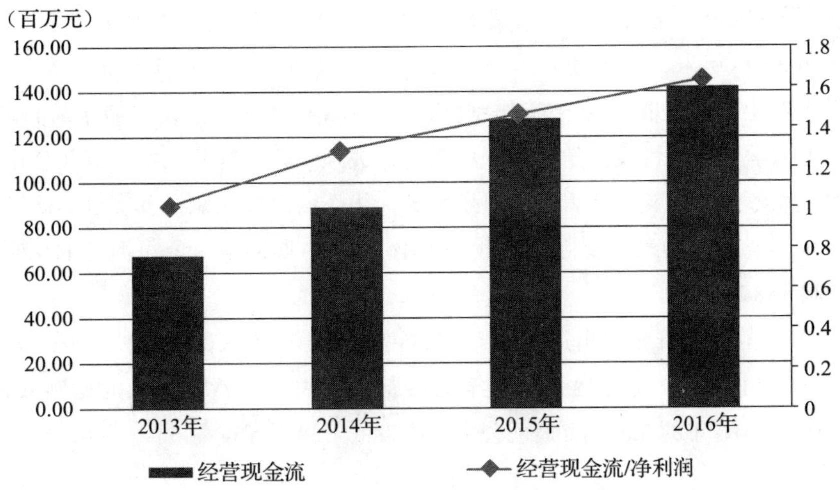

公司经营性现金流情况

资料来源：公司公告。

4. 偿债能力分析

2013 ~ 2016 年公司的资产负债率逐年下降，目前为 57.36%，维持在一个较为合理的水平。公司的流动比率略有下降，2016 年期末为 0.96，较 2015 年期末有一定下降，主要是因为公司固定资产投资较多导致流动资产减少，同时增加了短期借款，短期债务到期后公司有一定的偿债压力。2016 年期末公司的利息保障倍数为 6.43，较 2015 年增长明显，付息压力较小。

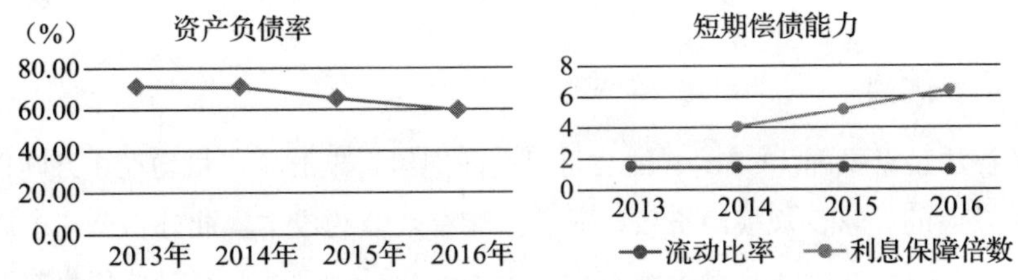

公司资产负债率、流动比率及利息保障倍数

资料来源：公司公告。

（三）公司竞争力优势

1. 技术及研发优势

聚氨酯原材料及 EO、PO 其他下游衍生物的行业技术主要指其配方设计及研发技术，即主要通过对各种原材料及催化剂的选择及其质量配比并结合下游生产工艺条件，实现聚氨酯原材料及 EO、PO 其他下游衍生物的改性、成本降低等既定目标。由于聚氨酯原材料及 EO、PO 其他下游衍生物原料种类较多，每种原料的具体型号又具有多样性，因此，公司在长期生产实践中积累的专有配方成为公司提升产品市场竞争力的核心要素。

截至 2016 年年末，公司拥有博士 14 人、硕士 129 人、高级工程师 8 人、工程师 46 人，在山东和上海基地拥有博士工作室，并于 2015 年 9 月获批设立博士后科研工作站，与北京化工大学、青岛科技大学建立深层次合作关系。公司的几位博士以及合作院校的专家顾问均曾在各自研发领域获得重大研发突破。优秀的研发团队及其卓越的研发能力，是公司保持较强竞争力的最主要因素。截至 2016 年报告期期末，公司拥有 179 项专利，其中发明专利 158 项。

2016 年公司全年研发支出达 1.16 亿元，占当年营业收入的 3.85%。2013 ~ 2016 年，公司的研发支出从 0.42 亿元逐年增长至 1.16 亿元，占当年营业收入的比例从 2013 年的 2.09% 上升至 2016 年的 3.85%，表明公司对研发的重视程度较高。

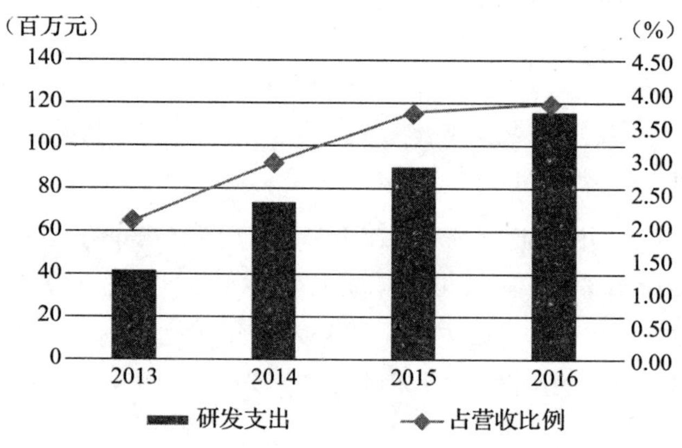

2013 ~ 2016 年公司研发支出及其占比

2. 规模及成本优势

公司的浇注型聚氨酯（CPU）、铺装材料、硬泡组合聚醚年产量均在 3 万吨以上，在国内均属规模较大的厂家，规模经济效益显著，能有效节约成本。此外，公司下属子公司厂址毗邻国内 EO、PO 主要生产商上海石化，上海石化计划通过管线运输原材料，公司在原料采购方面具有成本优势。

3. 质量、品牌优势

公司是国内少数配备自动投料系统的聚氨酯原材料生产企业，产品质量优良，是山东省名牌产品，"一诺威"产品在行业内得到普遍认可。

4. 渠道优势

聚氨酯部分子行业企业数量众多、规模分散。一诺威进入行业较早，通过较长时间的生产经营，已经积累了较为稳定的客户，建立了成熟的营销渠道并树立了较强的品牌优势。聚氨酯制品下游行业众多，对原材料性能要求各异。一方面，为保证产品质量，下游厂商的供应商选择需要经过检测、试生产等过程，一旦选定供应商不轻易更换；另一方面，现有供应商会参与其技术攻关，双方共同开发新产品，形成战略合作关系。这对新进入企业的市场开拓增加了挑战。

5. 管理优势

公司的创业和管理团队多年来一直从事聚氨酯化工领域，对本行业有着深刻的理解，具有丰富的实践经验和企业管理经验。公司引入了精益管理的理念，以最大限度减少企业生产所占资源和降低企业管理运营成本为主要目标，通过系统结构、人员组织、运营方式等多方面的变革，消除生产过程中不必要的浪费，使生产管理系统能够不断满足用户需求的变化。在精益管理理念的指导下，制造过程的信息流、物资流、人工流不断得到优化，实现了从设计研发、生产到营销服务的全过程的控制，有效地提升了公司的综合竞争能力。

（四）公司风险

1. 上游原材料价格波动风险

公司的主要原材料为环氧乙烷（EO）和环氧丙烷（PO），而 EO、PO 价格受国际原油以及大宗化工原材料乙烯、丙烯价格和国内外市场供应情况的影响而波动频繁。尽管公司可通过及时调整产品售价转移原材料价格波动风险，但如果未来 EO、PO 价格出现大幅度的持续增长，势必给公司带来一定的资金压力，从而给公司的正常生产经营带来不利影响。针对以上风险，公司采取的应对措施包括：与上海巴斯夫、万华化学、科思创等大供应商签订年度采购合同；母公司与下属子公司联合采购，降低采购成本；采用招标的方式优化供应商体系，比质比价，建立竞争机制，降低供应商依赖；利用公司进出口渠道优势，根据国际市场行情的变动，适时调整大宗原料的采购渠道，降低国内采购成本，提高公司盈利能力。

2. 汇率波动风险

2016 年公司海外销售收入占营业收入的比例为 13.44%，汇率波动对公司的经营成果存在一定的影响。公司大力支持国外贸易，促进业务的增长，若未来人民币汇率不稳定，将可能因汇率波动而使公司产生较大的汇兑损失。针对以上风险，公司采取的应对措施包括：公司国际贸易部紧跟市场行情，根据汇率波动的情况选择美元或人民币进行结算，财务部运用银行汇率政策提高汇兑收益，保障公司出口业务的盈利空间。

四、公司估值

选取上市公司红宝丽（002165.SZ）、奥克股份（300082.SZ）及新三板挂牌公司博锐斯（833434.OC）作为可比公司进行估值分析，具体见下表。从中可以看出，一诺威的滚动市盈率为 11.29 倍，远低于红宝丽、奥克股份和博锐斯。从加权平均净资产收益率来看，一诺威远高于红宝丽和奥克股份，低于博锐斯，但仍高于三者的平均值。综合来看，一诺威的价值被严重低估。

各公司估值对比

公司名称	证券代码	总市值（亿元）	PE（TTM）	ROE（加权平均）
红宝丽	002165.SZ	36.48	31.69	9.65%
奥克股份	300082.SZ	48.99	42.58	2.89%
博锐斯	833434.OC	5.34	39.12	34.79%
平均		30.27	37.8	15.78%
一诺威	834261.OC	9.81	11.29	17.9%

资料来源：东方财富 Choice。

鲁华泓锦（833831.OC）投资价值分析报告

规模优势突出，技术工艺领先，争做国内碳五精细化工细分领域龙头

一、公司基本情况

（一）公司简介

公司名称	淄博鲁华泓锦新材料股份有限公司	所属行业	化学原料和化学制品制造业
成立时间	1989-04-03	挂牌时间	2015-12-15
转让方式	协议转让	公司地址	山东，淄博
主办券商	招商证券	所属分层	基础层
主营业务	碳五、碳九相关精细化工产品的生产、销售，叔丁胺的生产、销售		

资料来源：2016 年年报数据，新三体研究院整理。

公司是一家以精细化工产品加工、销售为主业的化工企业。鲁华泓锦前身最早创建于 1989 年，其前身隶属中石化公司，2003 年企业改制，现由山东富丰泓锦投资股份有限公司、北京中信投资中心（有限合伙）、深圳市创新投资集团有限公司及自然人等持股。鲁华泓锦总部位于山东淄博，毗邻中石化齐鲁石化公司。

（二）股本结构

总股本	212 100 000	流通股本	190 473 864
第一大股东	山东富丰泓锦投资股份有限公司	实际控制人	郭鑫龙、郭强

1. 股权结构

股东名称	股东性质	持股数量（股）	持股比例（%）	股本性质
山东富丰泓锦投资股份有限公司	投资公司	53 923 942	25.42	流通股，限售流通股
GICC HOLDING PTY LTD	其他	48 672 371	22.95	流通股
北京中信投资中心（有限合伙）	投资公司	25 439 004	11.99	流通股
中信产业投资基金（香港）投资有限公司	投资公司	15 659 750	7.38	流通股
深圳市创新资本投资有限公司	投资公司	6 004 508	2.83	流通股
张加奥	个人	5 969 513	2.81	流通股
北京长城时代信息技术有限公司	其他	5 759 469	2.72	流通股，限售流通股
深圳市创新投资集团有限公司	投资公司	4 669 770	2.20	流通股
上海秉原吉股权投资发展中心（有限合伙）	投资公司	3 332 501	1.57	流通股
深圳市新同方投资管理有限公司	投资公司	3 198 754	1.51	流通股
合计		172 629 582	81.39	

资料来源：2016 年年报。

2. 控股参股子公司

鲁华泓锦主要子公司情况如下。

参控公司	参控关系	注册地	持股比例（%）	主营业务
天津鲁华化工有限公司	全资子公司	天津	100.00	化工
淄博鲁华同方化工有限公司	全资子公司	淄博	100.00	化工
茂名鲁华化工有限公司	全资子公司	茂名	100.00	化工
上海鲁华化工科技有限公司	全资子公司	上海	100.00	贸易
武汉鲁华粤达化工有限公司	控股子公司	武汉	88.00	化工
辽宁北化鲁华化工有限公司	合营企业	盘锦	50.00	化工

截至 2016 年，公司全资子公司为淄博鲁华同方化工有限公司、天津鲁华化工有限公司、茂名鲁华化工有限公司、上海鲁华化工科技有限公司；公司控股子公司为武汉鲁华粤达化工有限公司；参股公司为辽宁北化鲁华化工有限公司、天津有山化工有限公司。

（三）盈利能力情况

1. 总体经营状况分析

项目	2014 年	2015 年	2016 年
利润表摘要			
营业总收入（万元）	232 845.74	189 493.52	172 926.43
同比（%）	37.43	−18.62	−8.74
营业总成本（万元）	230 539.20	188 146.63	168 252.38
营业利润（万元）	1 776.01	1 889.59	4 071.40
同比（%）	−28.42	6.40	115.46
利润总额（万元）	2 298.30	8 409.71	5 408.00
同比（%）	−52.73	265.91	−35.69
净利润（万元）	2 706.50	7 353.86	2 413.71
归属母公司股东的净利润（万元）	3 219.43	6 586.89	5 900.94
同比（%）	−27.44	104.60	−10.41
非经常性损益（万元）	416.58	3 111.23	964.20
扣非后归属母公司股东的净利润（万元）	2 289.92	3 475.66	4 936.74
同比（%）	−13.43	24.00	42.04
资产负债表摘要			
资产总计（万元）	198 679.49	200 378.94	187 167.69
同比（%）	10.87	0.86	−6.59
负债合计（万元）	91 152.36	93 020.25	77 499.64
同比（%）	22.00	2.05	−16.69

（续）

项目	2014 年	2015 年	2016 年
股东权益（万元）	107 527.12	107 358.69	109 668.05
归属母公司股东的权益（万元）	93 097.77	95 005.24	100 855.84
同比（%）	3.91	2.05	6.16
现金流量表摘要			
经营活动现金净流量（万元）	6 279.10	21 918.49	22 020.04
投资活动现金净流量（万元）	−14 510.57	−17 111.82	−4 145.29
筹资活动现金净流量（万元）	5 909.04	−675.14	−16 407.86
现金净增加额（万元）	−1 972.31	4 452.45	1 530.03
关键比率			
ROE（摊薄）(%)	3.46	6.93	5.85
ROA（%）	1.43	3.69	1.25
ROIC（%）	2.14	4.11	3.68
销售毛利率（%）	12.29	14.90	19.80
销售净利率（%）	1.16	3.88	1.40
资产负债率（%）	45.88	46.42	41.41
资产周转率（倍）	1.23	0.95	0.89

资料来源：Choice，新三体研究院整理。

2016 年度，公司实现营业收入 17.29 亿元，较 2015 年度降低了 8.74%；实现利润总额 5 400 万元，较 2015 年度下降了 35.69%；实现归属于挂牌公司股东的扣除非经常性损益后的净利润 4 936 万元，较 2015 年度增长了 42.04%。

公司推行精细化管理，从源头把关，优化原料供应、物品采购、货物运输等方面管理体系，加大监督力度，培育优质合作客户，降低各项生产成本，并通过加强各分（子）公司之间的横向合作、各产品之间的纵向联动，提升客户的依赖性。

公司营业成本同比下降 14.00%，主要原因是原材料碳五、碳九及甲基叔丁基醚（MTBE）均为石油化工产物，其采购价格随原油价格产生波动，公司主要原材料价格下降，使得公司营业成本下降。

公司销售费用较上期增加 479.99 万元，同比增加 12.28%，其中运输装卸及仓储费等增加 420.53 万元，主要原因为：

（1）随着公司产业链的进一步延伸，碳九分离和加氢树脂单元产品中加氢树脂产品销售比重提高，相比上年同期碳九分离液体产品采取客户自提方式，加氢树脂产品主要是公司送货上门，导致运输装卸费增加。

（2）公司为了进一步提升服务品质，缩短产品到客户的时间，在客户周边区域或者码头设置中转仓库，导致仓储费用增加。

公司财务费用较上期减少 619.24 万元，同比下降 16.41%，主要原因为：公司合理安排资金，降低资金使用成本，偿还银行借款支付的现金较上期增加 1.04 亿元，取得借款收到的现金较上期减少 9 189.74 万元，致使公司本年度财务费用下降。

公司 2016 年营业利润较 2015 年增加 2 181.81 万元，同比增加 115.46%，主要原因为公司主要原材料采购成本下降使公司毛利率上升 4.90%，公司毛利提升，使得营业利润较上期增加 2 181.81 万元。

2. 分业务经营情况

2015 ~ 2016 年分业务经营情况

产品	营业收入（元）		
	2015 年年报	2016 年年报	增减幅度（%）
碳五分离及树脂单元产品	790 405 577.61	757 644 326.58	−4.14
碳九分离及加氢单元产品	115 301 739.02	156 331 282.59	35.58
碳五碳九综合利用单元产品	643 629 516.44	522 919 482.16	−18.75
叔丁胺单元产品	215 770 007.68	225 962 884.06	4.72
异戊橡胶单元产品	129 828 318.32	66 406 346.04	−48.85
合计	1 894 935 159.07	1 729 264 321.43	

资料来源：公司 2016 年年报，新三体研究院整理。

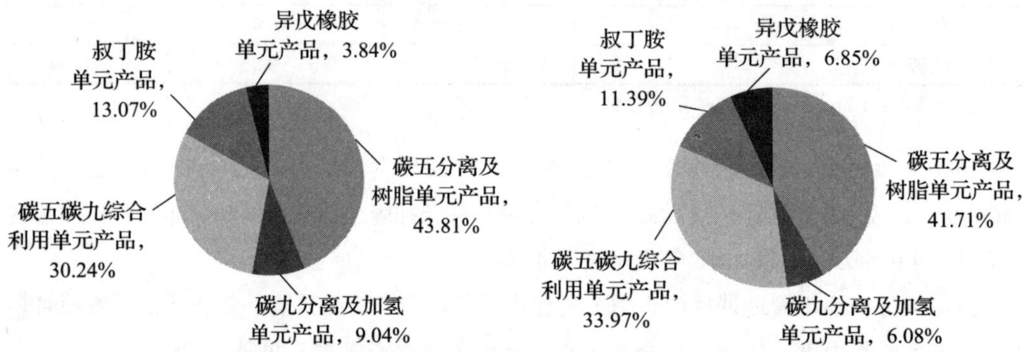

公司 2016 年产品收入结构　　公司 2015 年产品收入结构

资料来源：公司 2016 年年报，新三体研究院整理。　资料来源：公司 2016 年年报，新三体研究院整理。

武汉鲁华按计划大检修，碳五碳九综合利用单元产品产销量下降，使得该单元产品收入减少 1.21 亿元。公司通过对碳九分离及加氢单元装置进一步优化，提高了产品质量，拓展了市场领域，该单元销售收入同比增加 4 102.95 万元；异戊橡胶单元产品较上年减少 6 342.20 万元，降幅为 48.85%，主要原因为公司管理层根据市场变动情况，适时调整异戊橡胶生产量，造成 2016 年度异戊橡胶收入下降。公司其他业务收入较上年增加 5 951.26 万元，主要原因为公司 2016 年度销售原材料及辅料等大幅增加，增加金额为 5 100.31 万元。

二、公司基本面分析

（一）公司所处行业

公司所从事的行业为化学原料和化学制品制造业［根据《国民经济行业分类与代码》

（GB/T4754—2011）分类］，主营业务为碳五、碳九相关精细化工产品的生产、销售，以及叔丁胺的生产、销售。

碳五深加工行业属于精细化工行业的一种，主要是将石油烃类裂解制取乙烯生产过程中产生的副产品（即碳五碳九）进行深入加工分离。20 世纪 90 年代以来，随着石油化工向深加工方向发展和高新技术蓬勃兴起，世界精细化工得到前所未有的快速发展，增长速度明显高于整个化学工业的平均水平。美国、欧洲和日本等化学工业发达国家的精细化工最为先进，代表了当今世界精细化工的发展水平。根据《2010—2015 年中国精细化工行业投资分析及前景预测报告》，20 世纪 80 年代，发达国家的精细化工率为 45% ~ 55%，到 90 年代为 55% ~ 63%，到 21 世纪，其精细化工率已达 60% ~ 70%。目前，世界精细化学品品种已超过 10 万种。

在 20 世纪 90 年代之前，国内精细化工行业发展缓慢，其主要原因为作为主要原料的碳五的稀缺。作为精细化工产品重要原料之一的碳五，最初主要被用作燃料，综合利用率低下，造成了资源浪费及环境污染。进入 21 世纪后，我国十分重视精细化工行业的发展，把精细化工作为化学工业发展的战略重点之一，列入多项国家发展计划中，在国家政策和资金的支持及市场需求的引导下，我国精细化工也呈现出快速发展的趋势，精细化工率不断提高，作为精细化工制造业的主要原材料的碳五也经历了“作为燃料—全组分（未分离）混合树脂—粗分离（分离出间戊二烯和双环戊二烯，未分离出其他组分）—全分离（分离出单组分产品）并对单组分开展综合深加工”的过程。

我国精细化工的快速发展，不仅基本满足了国民经济发展的需要，而且部分产品实现出口，具有一定的国际竞争力。但是我国精细化工行业在传统产品竞争力提升的同时，高端化工类产品严重短缺，部分高科技产品还处于空白状态，对进口依赖比较大。因此，提升行业整体自主研发能力和产业竞争力将成为国家实施可持续发展战略的重要组成部分，《国家中长期科学和技术发展规划纲要（2006—2020 年）》把化工新材料作为化学工业发展的战略重点之一。

1. 碳五深加工行业发展现状

碳五是石油烃类裂解制取乙烯生产过程中的副产品。我国的乙烯裂解原料大多是石脑油等重质液体烃，乙烯生产过程形成的副产品碳五产量通常占乙烯产量的 10% ~ 14%。碳五分离装置的建设选址通常紧邻大型乙烯装置。

以碳五组分产品为原料，可生产异戊橡胶、SIS、特种橡胶、石油树脂、农药、香料、固化剂、阻燃剂、节能消烟剂、速效灭菌剂、医药等多种石油化工和精细化工产品。抽余碳五是碳五分离后的主要副产品，主要用于生产碳五树脂、燃料或者进一步深加工。

我国乙烯装置主要以石脑油和加氢裂化尾油为裂解原料，副产的碳五馏分为乙烯产量的 10% ~ 14%。随着我国乙烯工业的快速发展，裂解碳五资源成为提高乙烯装置综合竞争力不可忽视的资源，越来越受关注和重视。目前，石油化工行业在碳五资源利用的重要意义、国内外发展趋势以及我国碳五资源总量、分布特点、馏分构成、分离技术、利用途径、利用模式和方案实施等方面形成了普遍共识，有利于我国碳五资源的深加工利用。

目前我国碳五资源利用方式的同质化现象严重、组分间协同利用能力差，在碳五资源利用和下游产业发展上与国外先进水平存在较大差距，也是碳五资源利用亟待解决的问题。

但目前看来，碳五深加工行业正处于增长期，市场竞争激烈，市场形势一片大好。具体表现为：

（1）全国异戊二烯 2016 年产量达到 17.2 万吨，2011 ~ 2016 年中国大陆（不包含我国台湾市场）异戊二烯产能年均增长率达 16.80%，产量年均增长率在 9.35% 左右。

（2）双环戊二烯 2016 年产量为 25 万吨，近几年增长平稳；2011 ~ 2016 年产能年均增长率达 8.03%，产量年均增长率在 5.64% 左右。

（3）间戊二烯 2016 年产能达到 19.3 万吨，近几年增长平稳；2011 ~ 2016 年产能年均增长率达 16.74%，产量年均增长率在 9.08% 左右。国内间戊二烯下游消费相对简单，基本全部被环氧树脂固化剂和 C5 石油树脂消耗，且随着近几年 C5 石油树脂产能产量的增加，间戊二烯在 C5 石油树脂的消耗比例逐年增加。

2. 国内外碳五深加工行业概况

（1）国外碳五深加工行业。

由于石油化工企业在生产过程中均会产生石油树脂，因此石油树脂在世界各个石化产业发达国家中均能够大量生产，其中包括美国、英国、荷兰、俄国以及德国等。美国主要生产厂家有 Exxon、Amoco 等十几家化工公司，其中最大的生产厂家是 Exxon 公司，C5 石油树脂能力达到 150kt/a。日本的生产厂家有瑞翁、三井石油化学、日本石油化学、富士兴产公司等。西欧主要生产 C5 石油树脂的公司有 4 家，生产能力约为 80kt/a。

（2）国内碳五深加工行业。

我国在 C5 石油树脂开发研制方面起步较晚，但进展较快，中科院有机所、中科院化学所、上海石化股份公司化工所、淄博化工研究所等分别开发了 C5 系列石油树脂。目前我国石油树脂生产企业已超过 50 家，总生产能力在 200kt/a 以上，以生产 C5 树脂、C9 树脂、C5/C9 共聚树脂、加氢树脂，生产装置以 C9 石油树脂为主，占总生产能力的 70%，C5 石油树脂占 30%。但由于受到生产规模和技术等方面因素的限制，我国虽在石油树脂生产方面有所起色，但由于与其他发达国家相比仍比较落后，且在应用方面也因材料指标不明确、不稳定等受到一定限制。

3. 碳五深加工行业在产业链中的位置

碳五深加工行业上游产业主要为炼油和乙烯行业。乙烯是世界上产量最大的化学产品之一，乙烯工业是石油化工产业的核心，乙烯产品占石化产品的 75% 以上，在国民经济中占有重要的地位。国内乙烯装置的产量、新建乙烯装置建设规划，对本行业的碳五原料的供应、发展速度、本行业企业的项目投资规划等，将产生较大影响。2014 年，我国的乙烯总产能已达到 1 704 万吨；2015 年，我国的乙烯总产能将预计达到 1 800 万吨，为本行业的健康发展提供充足的原料。

本行业下游产业主要为异戊橡胶、特种橡胶、石油树脂、SIS、农药、香料、固化剂、阻燃剂、节能消烟剂、速效灭菌剂、医药等多种石油化工和精细化工产品，应用于国民经济的众多行业。随着经济的发展和技术的成熟，这些产品的产量和需求量也不断增长，为本行业的发展提供良好条件。

国际原油价格走势和国内成品油价格波动，会影响石化产品的市场价格。在一定时期内，当原油价格上涨时，石化产品价格会有不同程度上涨；当原油价格下跌时，石化产品价格会不同程度下跌。国内碳五和碳九价格随市场需求的变化而发生变动，价格变动幅度小于国际原油的价格变化，与国内成品油的价格有一定联动关系。

4. 碳五深加工行业的应用

（1）在胶黏剂中的应用。

在国外发达国家中，通常都使用 C5 树脂作为优质胶黏剂，由于具有较高的粘黏性及熔点低等特点，被当作胶黏剂中的重要增黏性辅助成分，同时也是我国新型胶黏剂中的重要组成部分。现如今在我国建筑、汽车、轮船、林木加工、书刊装订以及鞋子制造业等均得到广泛应用。例如，加入 C5 石油树脂制成的热熔胶能够通过加热后增加胶剂流动性，能够直接涂于黏结物上，而通过冷却后形成固体黏合物，达到胶黏效果。

（2）在涂料中的应用。

在我国涂料行业发展过程中，部分涂料企业在生产过程中将 C5 石油树脂作为添加剂加入到涂料中与其他原料相混合，不仅能够在一定程度上增加涂料产品的光泽度、抗水性、抗氧化性及涂料硬度，同时也具有提高涂料质量、降低涂料生产成本的作用。而浅色的树脂则能够加入到油溶性涂料中，能进一步提高涂料的附着性，提高涂料整体质量。此外，C5 石油树脂也可被作为道路标志油漆涂料的添加剂之一。为了达到使路标长期使用的目的，通常情况下我国将熔接型道路标志漆作为首选材料，而在此中加入石油树脂，可使路标油漆的耐久性及保色性得到提高，同时也使路标增加耐候性。

（3）在油墨中的应用。

由于 C5 树脂具有性能稳定、软化点高的特点，并且能够融入烃类树脂中，因此近年来我国许多印刷油墨生产商都采用加入石油树脂的方式进行油墨生产。与松香树脂不同，当油墨中加入松香整体总量的 500% 左右便能够使油墨的增塑性达到最佳状态，且进一步达到增加油墨光泽度及耐用性的效果，我国及国外发达国家的油墨生产企业已经将该产品投入使用，并获得了较好效果。

（4）在合成橡胶中的应用。

通过在橡胶中加入 15% 左右的 C5 石油树脂，能够使橡胶产品进一步得到软化、增黏，同时能够进一步提高橡胶的强度、韧度以及加工性能，节省成本，提高橡胶产品的使用效率。例如，在我国的丁基内胎生产过程中，因其对硫化物干扰小，因此最适合在此橡胶产品中加入树脂材料。

（5）在纸张中的应用。

我国在造纸业中，多以松香作为纸张上浆剂来使用。而 C5 石油树脂是经过马来酸及碱性物质反应后得到的产物，既可溶于水中，同时也具有一定疏水性。而在纸张制作过程当中，利用石油树脂代替松香，在一定程度上降低树脂成本的同时也能够达到增加纸张光滑度、耐起泡性等特点，提高纸张的使用寿命，同时也能够作为施胶剂增加纸张的整体质量。

（6）在医疗方面的应用。

为了解决单独使用聚丙烯或聚丁烯作为医用容器及包装材料（如储血包、液体药物包装袋、输液管等）时存在的耐热性差、透明性差和柔软性等问题，可用加氢石油树脂作为添加剂。此外，我国其他高新技术在发展中也能够通过不断增加对石油树脂的使用而达到不断发展的目的，为我国石油树脂在未来中的使用开辟更开阔的道路。

（二）公司业务分析

公司的主营业务是对石油化工基础原材料进行深加工从而得到国内急需的化工新材料和精细化工产品，其是化工细分行业中碳五加工和石油树脂产业的国内领先企业。即：通过碳五分离制取异戊二烯、间戊二烯、双环戊二烯等组分产品及抽余碳五等副产品，并利用异戊二烯生产异戊橡胶，利用间戊二烯和抽余碳五生产碳五树脂。同时，公司也从事碳九分离组分产品，叔丁胺的研发、生产和销售。公司主要经营以下业务：碳五、碳九和叔丁胺相关精细化工产品的生产、销售。

1. 公司主营业务分析

公司主营业务为对石油加工中副产品碳五进行分离，围绕碳五组分产品延伸产业链，将其转化成高附加值精细化工产品；同时，公司也从事碳九加工以及叔丁胺的研发、生产和销售。

（1）原材料制造。

公司对石化副产品碳五、碳九等进行深加工，将其转化成高附加值的精细化工产品。主要有异戊二烯、间戊二烯、双环戊二烯和甲基环戊二烯以及抽余油等副产品；装置规模为 52 万吨 / 年，在国内处于领先地位。

（2）细化工原料深加工。

产品主要为化工新材料碳五树脂、异戊二烯橡胶和加氢树脂等。公司目前共有 3 套碳五树脂和 1 套加氢树脂装置，生产规模分别为 7.5 万吨 / 年和 2 万吨 / 年，特别是加氢树脂产品打破了国外公司对中国市场的垄断地位，有力地支持了黏合剂行业的原料国产化；作为战略物资之一的异戊橡胶，又称合成天然橡胶，公司有 2 套装置，规模为 6.5 万吨 / 年，其所生产的医用级产品在国内处于领先地位；叔丁胺生产规模为 1 万吨 / 年，在国内为第二位，其产品深受橡胶助剂企业的欢迎。

1）碳五碳九深加工行业。

公司通过自主研发，与国内知名高校、科研院所开展合作，掌握了碳五分离的关键技术、叔丁胺生产技术、稀土催化剂法生产异戊橡胶的关键核心技术、加氢树脂以及碳五树脂生产技术。公司建立了较完整的碳五综合深加工产业链，建设有碳五分离、碳五树脂、异戊橡胶和加氢树脂等生产装置，具有较好的上下游产业协同优势。公司是国内最早从事碳五分离的企业之一，碳五分离技术成熟稳定，与中石化等大型企业之间合作关系稳定；公司各主要生产装置毗邻国内大型乙烯装置，原料供应主要利用管道输送，便利快捷，成本优势明显。公司拥有一支经验丰富、技术实力强、熟悉经营管理的管理团队，熟悉所处产业，在技术研发、生产运营、产品销售等各方面具有丰富的经验。公司通过了 ISO9001:2008 质量管理体系认证、ISO14001:2004 环境管理体系认证和 GB/T28001—2011 职业健康安全管理体系认证。

2）叔丁胺行业。

公司的叔丁胺产品产量为 0.8 万吨 / 年，产能为 1 万吨 / 年，目前位居亚洲第一，2014 年国内市场占有率超过 50%，打破了国外厂商的垄断。

2. 公司所处的行业地位

公司 2016 年叔丁胺、异戊橡胶和碳五树脂产能均位居国内第一。公司的生产装置分别位于山东淄博、广东茂名、天津滨海新区、辽宁盘锦和湖北武汉。随着公司经营规模的扩大，主营产品的产能和产量将进一步提升。较大的经营规模使公司在资金实力、市场影响力、获取原料和运营管理等方面具有明显的优势，可以根据经营需要进行原料、产品和人员等资源的统筹调配，提高了综合运营效率，降低了异地建厂和大规模扩张的风险。

鲁华泓锦在分离产能上与国内同行相较，处于相对优势地位。根据中国石油化工有关统计数据，鲁华泓锦（鲁华茂名分公司、鲁华同方）的装置设备的产能规模为 15 万吨 / 年，具有显著优势。

3. 公司竞争优势分析

（1）工艺技术先进，研发技术领先。

公司通过自主研发，与国内知名高校、科研院所开展合作，掌握了碳五分离的关键技术、叔丁胺生产技术、稀土催化剂法生产异戊橡胶的关键核心技术以及碳五树脂生产技术。公司和控股子公司鲁华同方均被认定为国家“高新技术企业”。公司在上述领域共获得 37 项专利（其中，11 项发明专利、26 项实用新型专利）。

公司 2013 ~ 2016 年研发投入情况一览

项目	2013 年	2014 年	2015 年	2016 年
研发投入金额（万元）	7 842.73	7 767.74	6 332.69	6 144.30
研发投入占营业收入的比例（%）	4.63	3.34	3.34	3.55

资料来源：公司历年研报，新三体研究院整理。

1）在碳五分离领域，公司是国内最早从事碳五分离的企业之一，经过多年的研发和工业化生产，积累了丰富的经验，培养了一批具有较高素质和研发能力的技术人员和生产操作人员，掌握了先进的碳五综合利用技术，具有国内先进水平。

2）在异戊橡胶领域，公司研发并掌握了低成本高效率的稀土催化剂体系、高效低耗的预混工艺和分段加注溶剂工艺等生产异戊橡胶的关键核心技术，并于 2010 年 5 月建成投产了国内首个产能为 1.5 万吨 / 年的异戊橡胶生产装置。2010 年 10 月，经广东省科技厅鉴定，该技术达到了国际先进水平，总体达到国内领先水平，填补了国内空白。

3）在叔丁胺领域，公司采用 MTBE-HCN 法（甲基叔丁基醚 – 氢氰酸法）合成叔丁胺，拥有该工艺的关键技术并获得两项发明专利，具有国际先进水平。该工艺生产的叔丁胺收率高、质量好、成本较低，在品质和价格方面有很强的竞争力，打破了国外厂商在国内市场的垄断。由于公司在叔丁胺产品生产技术方面的行业地位突出，公司还是叔丁胺国家标准的主要参与制定者。

4）在碳五树脂领域，公司主要采用先进的连续聚合工艺，生产的碳五树脂稳定性高，与聚合物相溶性好，软化点控制好，可根据客户要求进行不同牌号的切换，转换成本较低，具有较强的市场竞争力，可广泛应用于高端胶黏剂领域。2010 年 4 月，根据通标标准技术服务有限公司（SGS）出具的检测报告（编号：GZ1003025829/CHEM），公司的碳五树脂符合美国 FDA 21CFR175.300 的有关要求。

（2）产业链较长，协同优势明显。

公司建立了较完整的碳五综合深加工产业链，形成了较好的内部产业协同优势。主要表现在：

1）公司将碳五分离装置与异戊橡胶和碳五树脂生产装置相互配套、紧邻而建，不仅降低了建造成本，而且有利于发挥上下游协同效应，提高生产效率，保证投料的稳定性，降低管理成本和运输成本，具有较强的竞争优势。

2）公司是目前国内唯一同时拥有异戊二烯、间戊二烯组分大规模综合深加工产业的企业。公司在从事碳五分离业务的同时，大力发展碳五组分产品的综合深加工业务，产业链较长，产品种类较多且应用范围广、市场需求量大，由于不同产品价格和市场供需的变化存在一定差异，较长的产业链在上下游产品价格发生波动时容易产生互补效应，能较好地降低化工行业波动带来的风险，有利于经营业绩的稳定性。

3）公司的碳五分离装置分别与不同的乙烯装置配套，降低了因个别乙烯装置检修停产而对公司生产经营造成的负面影响，并可根据下游异戊橡胶和碳五树脂的生产需求进行装置之间的原料调配，从而保证生产经营的稳定性。

4）利用碳九分离组分生产碳五碳九共聚树脂，可以增加公司碳五树脂的产量和种类。公司2010年年初在天津建成了一个年产能7万吨的碳九分离装置并投入运行，扩大了公司石油树脂业务的发展空间。

（3）与乙烯装置配套的优势。

石化行业具有连续生产、上下游配套和园区化的特点。公司的主要生产装置分别位于中石化齐鲁分公司乙烯装置、中石化茂名分公司乙烯装置和中沙天津石化有限公司乙烯装置附近的化工园区内，在建和拟建项目均位于化工园区内，园区内生产装置之间的原料供应主要利用管道输送，便利快捷，供应稳定，确保了分离装置的生产能力与乙烯装置基本匹配、上下游装置连续生产，装置运行效率高，并节约了运输成本、投资成本和运营成本。上述园区在产业配套、原料供应、化工专业人才、环境治理、公用设施配套等方面能够满足公司的需要，使公司在获得稳定的原料供应、向下游产业延伸等方面具有先发优势。

（4）原料供应稳定。

公司是国内最早从事碳五分离的企业之一，碳五分离技术成熟稳定，与中石化之间的原料供应合作已超过10年，双方合作关系稳定，其间未发生合作中断或重大违约的情况，原料供应稳定且数量快速上升。其中，中石化向公司供应的碳五原料数量从2005年的5.62万吨增加到2014年的13.42万吨。国内在建和筹建的乙烯装置陆续建成投产之后，碳五的产量和供应量将有大幅度增长，碳五组分产品的供应量也会相应大幅增加。近年来，公司的分离规模、组分产品综合深加工规模、生产技术、资金实力、品牌等方面综合实力快速上升。

另外，公司下属的合资公司武汉鲁华粤达公司拥有较好的原料资源和地理位置。公司近期将加大技术改造力度实现产品升级，未来有望实现较好的效益，成为鲁华泓锦公司新的利润增长点。

（5）规模优势。

鲁华泓锦及下属公司异戊二烯总产能为4.4万吨/年，为异戊二烯在中国地区的主要生产者，产能排名全国第一；双环戊二烯属于生产石油树脂和提取异戊二烯的副产物，全国2014年含量在80%以上的双环戊二烯产量预计在22.5万吨左右，其中，鲁华泓锦及其分公司总计产能为3.6万吨，在全国排名第二；叔丁胺产能和产量位居亚洲第一；2010年5月，公司在国内首先建设的异戊橡胶项目年产能达到1.5万吨并填补了国内空白，2014年公司异戊橡胶年产能达到6.5万吨，为全国第一；碳五树脂产量为6万吨/年，产能7.5万吨/年，均位居国内第一。公司的生产装置分别位于山东淄博、广东茂名和天津滨海新区，已经积累了异地建厂的丰富经验。随着公司经营规模的扩大，主营产品的产能和产量将进一步提升。较大的经营规模使公司在资金实力、市场影响力、获取原料和运营管理等方面具有明显的优势，可以根据经营需要进行原料、产品和人员等资源的统筹调配，提高了综合运营效率，降低了异地建厂和大规模扩张的风险。

（6）管理优势。

公司十分重视将新产品研发、新项目投资与市场需求相结合，充分论证技术可行性，降低了经营战略偏差和投资项目失败的风险。公司建立了符合自身特点的管理层绩效考核体制，能够有效激励各部门管理人员及广大员工开展工作，实现公司制定的各项经营目标。

公司建立和实施严格的设备工程招投标制度，降低了项目建设成本和装置的维护成本。公司制定了价格会议制度，根据市场供需状况和生产经营安排，价格领导小组定期召开会议讨论确定产品售价和销售策略，实现了经营效益最大化。

公司拥有一支经验丰富、技术实力强、熟悉经营管理的管理团队，熟悉所处产业，在技术研发、生产运营、产品销售等各方面具有丰富的经验。公司通过了 ISO9001：2008 质量管理体系认证、ISO14001:2004 环境管理体系认证和 GB/T28001—2001 职业健康安全管理体系认证。

（7）区位优势。

公司的生产装置分别位于山东、天津、武汉和广东，地处我国东部和南部经济发达地区，靠近下游市场，交通便利，配套设施比较完善，化工专业人才和企业管理人才资源丰富。与同行业企业相比较，公司在项目投资、吸引优秀人才、降低运输成本、提高运营效率、市场拓展等方面，有明显的区位优势。

（8）产品研发优势。

公司近年成功开发了新产品加氢树脂，现已成立全资子公司天津鲁华公司，预计产能为 2 万吨 / 年，目前该装置两条线中的一条线已建成并满负荷生产，产量约 1 万吨 / 年，第二条线正在建设中，预计 2017 年年底前将建成投产。该产品投放市场后受到下游用户欢迎，可替代进口。公司将抓住这一时机，迅速扩大产能，期望为公司带来增量效益。

三、公司挂牌后融资行为

截至本报告的截稿期，公司自挂牌以来合计募集资金 5 077.4 万元。

公司挂牌以来融资情况

预案公告日	2017-03-20
增发公告日	2017-04-12
发行价格（元）	—
发行数量（股）	10 600 000
募集资金合计（元）	50 774 000
主承销商	招商证券
发行方式	非公开发行股票

资料来源：新三体研究院整理。

2017年3月公司公告股票发行方案并成功增发1 060万股，募集资金总额为人民币5 077.4万元，本次股票发行主要用于补充公司流动资金，从而提高运营效率，支撑公司主营业务的发展；另一方面改善公司财务状况，实现公司稳定、健康、快速的发展。

资金用途如下。

资金用途	金额（万元）
购买原材料	3 889.40
购买动力、辅料	628.00
支付日常费用	560.00
合计	5 077.40

四、公司风险分析

（一）在建项目的生产风险

截至2016年12月31日，在建工程余额为8 389 752.89元，主要为公司在建天津鲁华2万吨/年加氢项目和公司技改技措项目，在建项目与公司主营业务密切相关，为公司发展战略的组成部分。尽管公司对投资项目进行了充分的可行性论证，但仍可能由于市场原因，导致在建项目不能按计划建成投产，以致不能或延期达到预期收益。公司应对措施：加强项目建设管理，关注市场变化，争取尽快完成项目建设，达产达效。

（二）原料价格波动的风险

公司主要原材料碳五、碳九及甲基叔丁基醚（MTBE）均为石油化工产物，其采购价格随原油价格产生波动，将对公司的产品毛利率及经营业绩稳定性产生不确定影响。应对措施：公司加强供应采购管理，及时关注市场信息，保持合理库存规模，加强对存货的管理。其次，公司加大研发创新设计，提升产品技术含量，提高产品市场竞争力。

五、估值对比

由于鲁华泓锦在新三板市场上交易不活跃，我们以其最新一次定向增发价格为参考，该次增发1 060万股，募得资金5 077.4万元，确定其每股股价为4.79（5 077.4/1 060）元，总市值为10.15（2.12亿股 ×4.79元/股）亿元。结合其基本每股收益0.28元，可得出其市盈率为17.1（4.79/0.28）倍。新三体研究院选取了上海石化、大庆华科和齐翔腾达作为可比公司。其中，上海石化拥有国内规模最大的碳五分离装置，大庆华科主营业务包括碳五、碳九下游产业，如碳九石油树脂的生产，齐翔腾达则专注于碳四进行深度加工转化成的高附加值精细化工产品的研发、生产和销售。通过比较三家公司的市盈率，新三体研究院发现，鲁华泓锦的 17.1 倍市盈率远低于齐翔腾达的 35.43 倍和大庆华科的 94.4 倍，仅略高于上海石化的 12.02 倍，因此有理由认为鲁华泓锦的价值相对被低估。

公司名称	证券代码	总市值（亿元）	静态市盈率
上海石化	600688.SH	715.00	12.02
大庆华科	000985.SZ	31.48	94.40
齐翔腾达	002408.SZ	178.00	35.43
平均		308.16	47.28
鲁华泓锦	833831.OC	10.15	17.10

西部超导（831628.OC）投资价值分析报告

超导和钛合金持续发力，高温合金未来可期

一、公司基本情况

（一）公司简介

公司名称	西部超导材料科技股份有限公司	所属板块	其他常用有色金属冶炼
成立时间	2003-02-28	挂牌时间	2014-12-31
转让方式	做市转让	公司地址	西安经济技术开发区明光路12号
主办券商	中信建投证券	所属分层	创新层
主营业务	高端钛合金材料和低温超导材料的研发、生产和销售		

注：2016年年报数据，新三体研究院整理。

西部超导材料科技股份有限公司主要从事高端钛合金材料和低温超导材料的研发、生产和销售，是我国航空用钛合金棒丝材的主要研发生产基地，是目前国内唯一实现低温超导线材商业化生产的企业，也是目前国际上唯一的铌钛（NbTi）锭棒及线材全流程生产企业。公司的主要产品分为两类：一类是高端钛合金棒材、丝材、异型材；另一类是低温超导材料，包括铌钛（NbTi）超导线材、铌三锡（Nb3Sn）超导线材等。公司自2005年以来一直被评为高新技术企业，被国务院授予“国家科学技术进步奖二等奖”，被国家工信部授予“国防科学技术进步奖一等奖”，被国家发改委授予“国家高技术产业化十年成就奖”，被中航工业集团授予“航空科学技术奖励一等奖”。

（二）股本结构

总股本	397 072 000	流通股本	396 888 250
控股股东	陕西省财政厅	实际控制人	陕西省财政厅

公司的股权结构较为多样化，西北有色金属研究院作为国有法人股占公司总股本的25.19%，是公司的控股股东。中信金属有限公司和深圳市创新投资集团有限公司分别占股17.29%和12.99%，为公司的战略机构投资者。另外，西安天汇科技投资股份有限公司占股7.21%，主要为员工持股。

（三）盈利能力情况

1. 总体经营状况分析

	2015年年报	2016年年报	增长率（%）	2015年中报	2016年中报	增长率（%）
利润表摘要						

（续）

	2015 年年报	2016 年年报	增长率（%）	2015 年中报	2016 年中报	增长率（%）
营业总收入（万元）	88 693.68	96 690.10	9.02	40 722.60	47 479.27	16.59
营业总成本（万元）	76 427.87	81 629.69	6.81	33 698.49	37 444.43	11.12
营业收入（万元）	88 693.68	96 690.10	9.02	40 722.60	47 479.27	16.59
营业利润（万元）	12 265.82	15 119.13	23.26	7 024.12	10 076.09	43.45
利润总额（万元）	15 717.66	18 602.19	18.35	8 087.79	11 111.36	37.38
净利润（万元）	13 746.64	16 277.91	18.41	6 825.09	9 614.65	40.87
资产负债表摘要						
资产总计（万元）	240 743.84	329 028.73	36.67	212 537.45	243 041.12	14.35
负债总计（万元）	138 356.98	136 874.84	−1.07	140 694.51	139 609.32	−0.77
股东权益（万元）	102 386.86	192 153.89	87.67	71 842.93	103 431.80	43.97
归属母公司股东的权益（万元）	99 530.03	189 257.82	90.15	70 726.38	98 795.56	39.69
现金流量表摘要						
经营活动产生的现金净流量（万元）	−7 120.53	2 254.89	131.67	−7 627.50	1 692.21	122.19
投资活动产生的现金净流量（万元）	−10 291.67	−13 977.85	−35.82	−1 627.55	−4 861.65	−198.71
筹资活动产生的现金净流量（万元）	27 980.17	72 293.12	158.37	5 650.70	−1 315.03	−123.27
现金及现金等价物净增加（万元）	10 555.17	60 564.21	473.79	−3 596.05	−4 476.42	−24.48

公司 2016 年营业利润同比增长 23.26%，主要是本期毛利增加 2 899.63 万元，而其他费用合计略有下降所致。营业外支出较上期增长 758.53%，主要原因是公司本期处理电子扫描显微镜、拉伸试验机、中型绕线机等陈旧设备，发生营业外支出 311.67 万元。

公司 2016 年钛合金及超导线材占营业收入 92.09%，较上期增加 6 321.09 万元，主要是由于钛合金及超导线材销售稳步增长；本期其他收入占营业收入 7.91%，较上期增加 1 675.32 万元，主要是由于本期公司对外提供物料加工较多，销售额较上期增加 1 785.67 万元。

公司在 2016 年经营活动现金流量净额同比增长 131.67%，主要是上期应收票据在本期到期收回款项及本期采购使用票据结算量增大所致。

投资活动产生现金流量净额同比增长 35.82%，主要是高端装备项目及高合项目持续投入所致。

筹资活动产生的现金流量净额同比增长 158.37%，主要是公司二次增发募集资金 8.5 亿元所致。

2. 分业务经营情况

2012 ~ 2016 年分业务经营情况　　（单位：万元）

报告期	2016 年年报	2015 年年报	2014 年年报	2013 年年报	2012 年年报
钛合金及超导					
收入	89 044.63	82 723.54	65 747.92	62 657.21	65 772.40
成本	51 607.45	45 093.58	41 596.54	44 024.90	42 818.69
毛利	37 437.18	37 629.97	24 151.38	18 632.31	22 953.72
毛利率（%）	42.04	45.49	36.73	29.74	34.90
钛合金					
收入		73 189.88	49 591.48	39 986.33	62 244.50
成本		39 961.99	32 648.46	29 895.74	39 726.28
毛利		33 227.90	16 943.02	10 090.59	22 518.21
毛利率（%）		45.40	34.17	25.24	36.18
超导线材					
收入		9 533.66	16 156.44	22 670.88	3 527.91
成本		5 131.59	8 948.08	14 129.16	3 092.40
毛利		4 402.07	7 208.36	8 541.73	435.50
毛利率（%）		46.17	44.62	37.68	12.34
其他收入					
收入	4 903.53	2 036.39	1 536.05	2 091.76	2 788.42
成本	2 376.91	2 241.39	950.87	1 489.89	1 348.63
毛利	2 526.63	−205.00	585.17	601.87	1 439.79
毛利率（%）	51.53		38.10	28.77	51.63

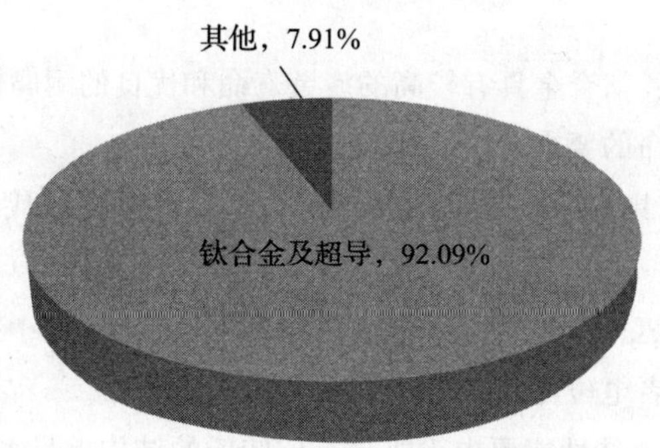

公司 2016 年产品收入结构

公司 2016 年钛合金及超导线材营业收入为 89 044.63 万元，较上期增加 6 321.09 万元，主要是由于钛合金及超导线材销售稳步增长；本期其他营业收入 4 903.53 万元，较上期增加 1 675.32 万元，主要是由于本期公司对外提供物料加工较多，销售额较上期增加 1 785.67 万元。公司 2016 年钛合金及超导线材营收占比为 92.09%，上年同期占比 97.60%，同比下降 5.51%，公司在主营业务不断发展的同时，开始积极拓展其他方面的业务，控股子公司、参股公司开始为西部超导贡献利润。

二、公司分析

(一) 公司所处行业

1. 钛工业行业基本情况

钛合金是以钛为基底，再加入铝、钼、钒、锆等其他元素组成的合金，根据所掺杂元素的不同，可将钛合金进一步分为耐热合金、高强合金、耐蚀合金、低温合金以及特殊功能合金等。钛合金具有高强低密、机械性能好、抗蚀性能好、耐热性好等特点，在航空航天、军工、生物医用品、体育用品等领域有广阔的应用前景。

从 2011 年起，国内钛材消费量基本稳定在 4.5 万吨左右，到目前为止，化工仍然是钛材下游消费量最大的领域，2015 年消费钛材 1.95 万吨，占比达到 44.57%。值得注意的是，国内航空航天领域对钛材的应用占比在 2015 年仅为 15.70%，而全球航空航天用钛材则始终占据钛材总需求的 50% 左右，公司产品主要针对航空用高端钛合金，与国际市场对比，国内下游市场还具有广阔的成长空间。

国家统计局数据显示，近年来全国公共财政国防支出及预算始终呈上升态势。2007 年，公共财政国防支出为 3 554.91 亿元，到 2015 年该数据已达到 9 087.84 亿元，增速稳定，近几年基本维持在 10% 左右。

目前，我国钛合金产业链遭遇结构性过剩的尴尬处境：民用中低端钛合金产能过剩状况严重，而高端钛合金则相对紧缺。公司主营高端钛合金材料，是当代飞机和发动机的主要结构材料之一，主要用于生产航空锻件（包括飞机结构件、紧固件和发动机部件等），最终用于飞机制造。

高抗蚀性和寿命长：钛合金具有较高的疲劳寿命和优良的耐腐蚀性能，满足先进飞机、发动机高可靠性和长寿命的要求。

热强度高：钛合金具有耐热性好的特点，在高温部位可取代铝合金、高温合金和不锈钢。

与复合材料结构相匹配：钛合金与复合材料的强度、刚度匹配较好，能获得很好的减重效果。同时，由于二者电位比较接近，不易产生电偶腐蚀。

高强度且低密度：战技性能要求飞机具有比较低的结构重量系数，钛合金具有强度接近中强钢但密度小的特点，能部分代替结构钢和高温合金，并大幅度减轻结构重量。

2. 超导材料行业基本情况

超导材料是指具有在特定条件下呈现出电阻为零以及排斥磁力线性质的材料。超导材料在超导状态下呈现的零电阻特性可以实现在极小面积的电磁铁中通过巨大的电流，从而产生场强极高的磁场，依据该原理制备的超导磁体具有常导材料无法比拟的优势。根据超导材料的临界温度，可将其分为低温超导材料和高温超导材料，目前主要得到应用的仍然为低温超导材料。

据欧洲超导应用公司协会 Conectus 统计及预测，2011 年全球低温超导市场规模达到 50.50 亿欧元，而高温超导市场规模仅为 0.30 亿欧元；2016 年低温超导市场有望达到 56.65 亿欧元，高温超导市场规模预计达到 1.30 亿欧元。可以说，低温超导市场仍然占据绝对优势，此外，由于低温超导材料的可塑性明显优于高温超导，而这是制备超导线材所必需的性质，故我们预计低温超导的绝对优势能够维持很长一段时间。

3. 高温合金行业基本情况

高温合金具有优异的高温强度，良好的抗氧化和抗热腐蚀性能，良好的疲劳性能、断裂韧性等综合性能，已成为军民用燃气涡轮发动机热端部件不可替代的关键材料，占航空发动机总重量的 40% ~ 60%，55% 的高温合金用于航空航天。除了应用于航空发动机外，高温合金还广泛应用于核电、燃气轮机、汽车等领域。2009 年，我国航空航天及发电领域的高端和新型高温合金需求量为 3 000 余吨，在其后的 5 至 10 年内每年呈现 15% 左右的增长速度，若按此计算，2020 年我国高端和新型合金的市场需求将达到 1.4 万吨。

4. 波特五力模型分析

供应商议价能力——弱

钛合金的上游海绵钛目前依然是产能严重过剩的行业，2015 年海绵钛产能为 14 万吨，产量为 8 万吨，而消费量却不足 7 万吨。由于持续的产能过剩，海绵钛价格近年来持续低迷，若产能过剩状况未能得到改善，钛材上游原材料价格将持续保持在低位，上游成本较低。

买方议价能力——中

据公司 2016 年半年报披露的信息，公司前五大客户交易总额占上半年总营收的 77.06%，下游客户较为集中。但考虑到客户主要以军工企业为主，而这些企业往往更看重产品的品质，而价格弹性较小，因此总体来说卖方议价能力并不会太强。

行业内竞争——弱

国内钛合金生产企业众多，竞争也较为激烈，但目前大多数应用于低端领域，高端应用领域的钛合金生产企业数量并不多。而西部超导的钛合金更是主要应用于军工产品，因此就细分行业来说，竞争并不激烈。就超导材料来说，西部超导更是国内独家供应商，处于垄断地位，行业内没有竞争者。

替代品威胁——弱

钛合金具有高强低密、机械性能好、抗蚀性能好、耐热性好等特点，在军工和航空领域，目前还没有很好的替代品。目前，也没有其他材料可以对超导材料产生威胁。

外部进入威胁——弱

无论是高端钛合金还是超导材料都有非常高的技术壁垒，再加上西部超导拥有的军工资质，外部竞争者很难对西部超导在行业内的地位产生威胁。

(二) 公司主要产品及经营模式

1. 高端钛合金材料

公司生产的钛合金材料定位高端，主要针对军用航空领域应用，如飞机结构件、紧固件及发动机部件等。到目前为止，公司依托超强的自主研发实力，已实现高端钛合金相关的多类技术突破，填补国内空白。

近年来有色金属整体产能过剩严重，其中也包括钛行业。钛行业产能过剩状况下的核心问题是中低端产能过剩，而高端产能则相对缺乏，同时也映射出行业整体研发能力偏弱的问题。

钛合金产品的上游主要是海绵钛，近年来海绵钛的产能始终处于过剩状态，2015 年产能为 14 万吨，产量为 8 万吨，而消费量不足 7 万吨，还不到总产能的一半，2016 年产能为 9 万吨，而市场需求也只有 6.5 万吨。价格方面，由于持续的产能过剩，海绵钛价格近年来持续低迷，若产能过剩状况未能得到改善，钛材上游原材料价格将持续保持在低位，上游成本较低。

从 2011 年起，我国钛加工材产量基本稳定在 5 万吨左右，板材为其中产量最大的种类。2015 年，产量前三的分别为板材、棒材和管材，总占比达到全部钛加工材产量的 82.21%。下游钛加工企业共同享受低价原材料，但由于中低端钛加工材产能过剩，附加值低，难以享受上游价格福利，而公司产品定位航空用高端钛合金，在享受上游原料低廉价格的同时具有高附加值，有效避险逐利。此外，特殊的定位使得公司在行业低迷的大环境下仍然具有一定的议价能力，即使上游海绵钛价格出现上涨，仍有一定化解空间，业绩稳定可期。

根据国家相关法律规定，承担涉密武器装备科研生产任务的企事业单位，必须取得相应资质、许可和质量管理体系认证，此外，成为军用航空材料合格供应商需要通过各项资质认证，军用航空材料的开发都是通过参与军工配套项目的形式进行的。但是，获得相应的资质认证通常需要长时间、多批次的考评，此外，在涉军项目进行过程中，还需要投入大量的人力、物力和财力，并且需要通过专家委员会的答辩，以及工艺评审、材料评审、地面功能试验、地面静力试验、装机考核、装机评审等一系列程序，资质壁垒高。公司目前“军工四证”齐全，技术储备充足，并且与下游客户保持稳定的业务关系，具有明显的先发优势，龙头地位稳固。

2017 年 5 月 5 日，国产大飞机 C919 在浦东机场第四跑道成功起飞，这对西部超导钛合金产业又是一大利好。目前，C919 的钛合金所占比例已经达到了 9%，美国波音 777 客机为 7% ~ 8%。公司股价当天上涨 5%，年初至 C919 首飞更是上涨 14.43%，与此相比，新三板成分指数下降 1.15%。C919 是中国首款按照最新国际适航标准，与美国、法国等国企业合作研制组装的干线民用飞机，于 2008 年开始研制。C919 客机是建设创新型国家的标志性工程，机体具有完全自主知识产权。

西部超导是我国航空用特种钛合金材料的主要研发生产基地，也是国际上唯一的低温超导合金棒材及线材全流程生产企业，这意味着国产大飞机的重要结构件、紧固件和发动机部件等很大比例都是使用西部超导生产的高端钛合金材料。目前C919的订单数量已经超过500架，未来公司的利润成长空间非常巨大。

2. 低温超导材料

公司低温超导业务涉及铌钛（NbTi）锭棒及线材全流程生产，并且公司旗下西安聚能超导磁体科技有限公司从事超导磁体生产，将超导线材业务向产业链下游进行了延伸，贯穿低温超导全产业链。

到目前为止，公司在超导线材领域的竞争对手均为国外生产厂商，其中包括美国Oxford、德国Bruker、英国Luvata及日本JASTEC，而国内则暂无竞争情况，是我国唯一实现超导线材商业化生产的企业。值得注意的是，国外超导线材生产厂商并不涉及NbTi锭棒的生产，全流程研发生产能力给予了公司在国际上更高的行业地位。

目前公司的超导线材下游主要集中在大型科学工程（包括ITER）及MRI。

ITER（国际热核聚变实验堆）是目前全球规模最大、影响最深远的国际科研合作项目之一。ITER装置是一个能产生大规模核聚变反应的超导托克马克，俗称“人造太阳”。西部超导为ITER提供69%的NbTi超导线以及7%的Nb3Sn超导线。胡锦涛同志曾于2010年到访西部超导参观超导材料生产流程并指导工作。

MRI（核磁共振成像仪）是继CT后医学影像学的又一重大进步。MRI是一种生物磁自旋成像技术，它是利用原子核自旋运动的特点，在外加磁场内，经射频脉冲激后产生信号，用探测器检测并输入计算机，经过处理转换在屏幕上显示图像。目前，通用电气、飞利浦、西门子是MRI的三大生产商。西部超导已顺利通过通用电气和西门子对公司的长期综合评审工作，依据签订的MRI用超导线材供货框架协议，2016年上半年已开始向通用电气、西门子交付此类产品。根据OECD的数据，截至2010年，日本和美国每百万人口MRI拥有量分别为43.1台和31.6台，其他主要发达国家每百万人口MRI拥有量也多在10台以上，而我国每百万人口MRI拥有量仅为2台。面对中国潜在的市场增长力，公司的超导业务随之会有迅猛增长。

除此之外，公司还积极地往其他应用领域拓展，研发ADS嬗变系统，通过强磁场利用质子轰击核反应堆废料，使其发生物理反应形成新物质，从而完成核废料的处理；质子重离子癌症治疗技术的研发，通过轰击癌细胞达到治疗癌症的作用，这是精准医疗领域的应用；同时，公司还积极参加我国粒子加速器的建设。

3. 高温合金材料

2015年，公司募资2.25亿元建设年产2 000吨高温合金生产线。高温合金属于高壁垒行业，众多潜在竞争者因此望而却步，但公司在产品定位、技术积累、资金实力和客户资源方面具备一定优势，因此，相关行业壁垒并不会成为公司进入高温合金领域的绊脚石。

鉴于高温合金项目下游客户的特殊性，材料从最初的设计、制备再到测试和使用，周期较长。因此，公司产能释放将循序渐进，预计 2018 年释放 10% ~ 20% 产能，2019 年释放 20% ~ 30% 产能。

（三）SWOT 分析

SWOT 分析	
优势（Strength）	1. 公司治理完善，具有人才优势、技术优势，以及资金优势，公司财务状况稳定，西部超导是新三板市场上少有的价值型企业 2. 高端钛合金和低温超导材料超高的技术含量，使公司在行业内处于相对垄断地位，使得公司能获得较高的毛利率
劣势（Weakness）	1. 地处西安，相对东部城市来说吸引人才的能力较弱 2. 公司地处西北城市，而我国人口主要聚居在东部城市，这会增加钛合金和低温超导材料向民营领域拓展时市场开发的难度
机会（Opportunity）	1. 随着"一带一路"和"中国制造 2025"概念的提出，以及国产大型商用飞机、四代战机的研发生产，高端钛合金行业将会有快速的成长，而西部超导作为高端钛合金领域的领军者，前景值得期待 2. 随着中国老龄化的到来，医疗养老行业市场将不断扩大。低温超导材料在医疗领域的应用将助推西部超导前行
威胁（Threat）	公司的钛合金主要应用在军工领域，而军工行业受到政治因素的影响较大

1. 机制优势

公司股东结构非常优越，有国有成分、个人成分，还有战略投资者等。

西北有色金属研究院是公司的第一大股东，现有资产总值 72 亿元，仪器设备 3 000 多台，占地 3 500 亩[㊀]，正式职工 3 137 人，其中科技人员千余人，有中国工程院院士 1 人，教授、高工 320 多人，博士、硕士 600 余人，是我国重要的稀有金属材料研究基地和行业技术开发中心，是国际钛协会、国际低温材料委员会、国际普兰西难熔金属协会、国际材联、中国材料研究学会等 10 多个国内外学术组织的团体会员、理事或委员单位。

中信金属有限公司是公司的第二大股东，其控制的 CBMM 拥有大量的 Nb 资源，作为公司的战略投资者，中信金属为公司提供了稳定的原材料供应来源。

另外，公司的第五大股东天汇科技投资股份有限公司是西部超导员工持股的一家公司，让西部超导员工间接持有公司的股份能在很大程度上激发员工参与公司发展的热情。

2. 人才优势

西部超导地处西安市经济开发区，聚集人才的能力较强，能够吸引到大量的科研型人才，2016 年年报数据显示，西部超导博士及硕士学历员工占比还在不断上升。目前，公司员工博士学历占 4.23%，硕士学历占 21.00%，与其他公司相比占据较大优势。

㊀ 1 亩 = 666.667 平方米。

西部超导各学历层次员工人数

教育程度	2015 年	2016 年
博士	21	28
硕士	98	139
本科	137	104
专科	237	242
专科以下	149	149
员工总数	642	662

资料来源：2016 年年报。

公司汇聚了国内多名超导材料和稀有金属材料专家，形成了以 5 名院士为顾问，以国家核聚变技术委员会委员、国家或陕西省有突出贡献中青年专家、国务院政府特殊津贴专家等为带头人，包括多名博士、硕士组成的，老、中、青结合的超导材料和钛合金材料专业研发队伍。

3. 市场先发优势

在钛合金领域，生产军用航空材料的企业，要在取得保密资格和军品科研生产相关许可，并预先进行大量研发，依次通过工艺评审、材料评审、地面功能试验、地面静力试验、装机考核、装机评审后方能成为相关型号用材料的合格供应商。公司的钛合金产品已通过最终认证并已批量应用于多种型号飞机，市场先发优势短期内难以撼动。在超导领域，公司在国内尚无竞争对手。公司已与 ITER 组织、中国科学院近代物理所、等离子所等建立了稳定合作关系。此外，公司已与数家国际医疗器械制造商签订了 MRI 用超导线材供货合同，与美国密歇根州立大学签订了新一代放射性同位素束流装置（FRIB）螺线管超导磁体供货合同。

4. 产品定位优势

西部超导董事长张平详对公司的定位：国内空白，国际领先，抢占金字塔最高端。从公司创立开始就一直非常注重产品研发，经过十多年的积淀，公司的主营产品钛合金和超导线材已经获得了市场的广泛认可。在钛合金领域，公司是我国航空用钛合金材料的主要研发生产基地，是我国新型战机和大飞机用钛合金的主要供应商。在超导领域，公司是我国唯一实现超导线材商业化生产的企业，也是国际上唯一的铌钛（NbTi）锭棒及线材全流程生产企业。

（四）公司未来发展规划

1. 军工领域

在延续钛合金研发生产的同时，加入高温合金的研发，定位航空发动机应用，该业务将与传统钛合金业务形成生产管理和客户的协同效应。2015 年公司完成了在新三板挂牌后的首次定向增发，募集资金 2.25 亿元，用于高性能高温合金项目的建设。该项目预计 2017 年 6 月建成，2018 年开始贡献业绩。

2. 新能源领域

西部超导目前正积极参与 CEFTR（中国聚变反应堆）项目。CFETR 项目目的在于填补 ITER 和聚变示范堆（DEMO）之间的科学技术差距，同时演示连续大规模聚变能安全、稳定发电的工程可行性。整个项目可以分为两个阶段：一期采取类 ITER 科学技术，目标为 20 万千瓦，实现稳定、可靠、安全、氚自持和稳态运行；二期以自主创新为主，目标为大于 100 万千瓦，探索示范堆先进安全的重大科学和技术问题，研究聚变堆材料、发电效率，开展聚变电站的安全和经济性研究，为在 21 世纪中叶中国独立自主大规模建设聚变电站奠定坚实科技基础。

在积极参与聚变反应研发的同时，西部超导还积极参与到核裂变反应的市场中去。目前公司正在积极研发 ADS 技术去进行核废料的处理。考虑到聚变反应在商业的应用还需要很长一段时间，在未来的几十年内，核能依然将占据能源市场的主导地位。据统计，未来核废料处理将有千亿元的市场。

公司也在积极储备高温超导材料的制备和产业化应用研究，积极应对市场变化。2016 年 6 月，西部超导子公司聚能磁体与广州电网签订总价 432 万元人民币的《超导磁体系统制作及试验》技术服务合同，将承担 500kV 饱和铁芯型限流器用大型高温超导磁体系统的制作和试验。

3. 医疗领域

目前，公司的钛合金产品主要应用在军工领域，但军工行业受到地区政治因素的影响较大，未来的市场存在着不确定性。在这样的背景之下，公司的钛合金产品正逐步向医疗领域拓展。公司未来希望通过资本市场并购来实现跨越式的发展，把盈利点延伸到医疗健康领域。

4. 新兴板块

公司未来将持续跟踪国内高端特殊钛合金市场需求，并重点开拓商用发动机、无人机、直升机以及深海空间站、海底光缆等高端特殊钛合金市场，确保未来钛合金市场的占有率。

三、公司挂牌后融资行为

2015 年 9 月西部超导完成挂牌后的第一次定向发行，公司以非公开定向发行的方式发行人民币普通股 1 500 万股，募集资金 22 500 万元，本次发行股票的价格为 15 元 / 股，发行对象均为新增股东，共 22 名，全部为机构投资者，募集资金主要用于高温合金项目、补充流动资金及偿还银行贷款。

2016 年 11 月西部超导完成挂牌后的第二次定向发行，公司以非公开定向发行的方式发行人民币普通股 5 000 万股，募集资金人民币 85 000 万元，发行价格为人民币 17 元 / 股，原有三名股东优先认购新股，新增股东 12 名，其中 3 名为自然人投资者，9 名为法人机构投资者。本次募集资金用于《高端装备用特种钛合金材料产业化项目》(原《航空用特种钛合金材料扩能技改项目》)、《企业技术中心》项目，补充流动资金及偿还银行贷款。

四、公司风险分析

(一) 市场需求波动的风险

公司所处的高端钛合金及低温超导材料行业属于新兴高科技领域，对国家相关产业发展具有战略性作用。国家产业政策对该行业的发展起到了积极的引导作用。政府出台的财政税收优惠政策及科技扶持政策，对企业的快速发展产生了有利的影响。与此同时，由于发行人钛合金产品主要用于航空领域，该领域特定的法规和政策，以及发展面临的技术、人才、资金等方面压力，需要国家产业配套政策的持续支持，因此航空等相关产业政策调整会对公司经营业绩产生影响。

(二) 原材料采购的风险

公司的主要原材料为海绵钛、铌锭（棒)、锡及相关合金、无氧铜、铝钼合金、铝钒合金、铝豆等。2012 年度和 2013 年度海绵钛在公司主营业务成本中的占比为 50.34% 和 29.76%，海绵钛的价格波动直接影响生产成本。近年来，受宏观经济环境和供求状况的影响，海绵钛价格波动较大。2012 年度和 2013 年度海绵钛平均采购单价分别为 7.15 万元 / 吨和 5.66 元 / 吨。如果海绵钛价格发生大幅波动，将对公司的经营业绩产生影响。

此外，铌锭（棒)、无氧铜等原材料需要从国外进口，而且供应商比较单一，如果相关原材料出口国对该等材料的进出口贸易政策发生变化或者由于供应商的原因导致本公司无法采购生产所需的原材料，将对本公司的经营产生不利影响。

(三) 业绩波动风险

公司高端钛合金产品市场需求主要来自军用航空领域，军用航空材料的开发都是通过参与军工配套项目的形式进行的，只有预先进行大量的研发工作，才有可能通过军工配套项目的招标进入项目正式研制阶段，且依次通过工艺评审、材料评审、地面功能试验、地面静力试验、装机考核、装机评审后方能成为相关型号用材料的合格供应商。最终用户的需求启动时间及每年采购计划和国际形势等因素的影响，导致订单项目及数量存在不稳定性，造成报告期内业绩波动较大，这是公司在该阶段受军品业务特点影响所致。由于产品生产周期较长，订单的不确定性可能对公司经营业绩产生较大影响。

（四）税收优惠变化带来的政策风险

公司2008年11月21日取得陕西省科学技术厅、陕西省财政厅、陕西省国家税务局、陕西省地方税务局联合颁发的高新技术企业证书，2008年至2010年享受15%的企业所得税优惠税率；2011年通过高新技术企业复审，2011年至2013年享受15%的企业所得税优惠税率。根据《财政部、国家税务总局关于国际热核聚变实验堆计划采购包增值税政策的通知》，以及本公司与ITER中心签署的ITER计划采购包合同，销售给ITER中心的货物免征增值税，同时允许将免税货物的进项税额在其他内销货物的销项税额中抵扣。如果国家上述税收优惠政策发生不利变化，或公司以后年度不再被认定为“高新技术企业”，将对公司的盈利能力产生一定的不利影响。

五、估值对比

钛合金行业新三板类比公司

代码	证券简称	总市值（万元）	总收入（万元）	净利润（万元）	销售毛利率（%）		ROE（%）	ROA（%）
					2016年年报	2015年年报		
831628.OC	西部超导	762 775	95 520	16 239	41.01	41.89	11.25	7.91
838653.OC	申吉钛业	—	10 213	701	24.55	22.37	12.45	7.85
834549.OC	天工股份	134 865	25 785	2 860	18.72	18.38	6.34	6.39
831004.OC	宝泰股份	17 496	23 812	1 057	23.44	27.96	3.44	3.26
834595.OC	九州沃顿	4 175	2 954	85	7.38	5.45	6.90	6.78

资料来源：新三体研究院，东方财富Choice。

申吉钛业	公司是一家集生产、加工、销售和研发于一体的生产型企业，公司的生产线是目前同类型和规模中排名较前的冷、热轧钛板材专业生产线，具备年产3 500吨板材的能力。公司的产品定位是应用于航空航天领域。公司依靠股东广泛的人脉关系，依托上海申钛子公司的贸易平台，在上海设立国际贸易和销售中心、售后服务中心和技术支持平台，力图为国内外客户提供质量好的产品和优良的服务
天工股份	江苏天工科技股份有限公司主要进行钛合金的粗加工，将原材料海绵钛加工成钛加工材，如钛板坯、钛管坯、钛锭和钛棒，然后销售给业内较大的钛合金生产公司，如西部钛业有限公司、浙江五环钛业股份有限公司等，进行进一步的深加工。目前，公司管理层正致力于加紧开发钛合金的开发技术，进行前向一体化战略，努力向钛合金终端市场发展
宝泰股份	公司专业从事有色金属加工材、金属复合材料和有色金属装备的研发、设计、生产、销售。公司通过了ISO9001质量管理体系认证，具备有色金属生产许可证，金属爆炸复合材料安全注册证，A2级压力容器设计、生产许可证，ASME“U”钢印，有色金属压力管道制造许可证等。现已形成“有色金属板、管、棒、锻、铸件等材料加工—金属复合材料—装备制造”较为完整的产业链
九州沃顿	公司专业从事钛及钛合金管坯的生产和销售，同时对外承接熔炼、锻打、穿孔等来料加工业务。目前公司自有3 000吨液压机、熔炼炉、穿孔机组、车床等生产设备，拥有液压、熔炼、穿孔完整的一套生产线。公司将海绵钛初步加工成钛合金管坯后，销售给下游客户，下游客户再对钛合金管坯做深加工使之成为可供海水淡化、制盐、石油化工、医药等民用领域的钛合金材料。同时，公司运用自有设备接受来料加工

申吉钛业、天工股份、宝泰股份、九州沃顿都是钛产业链上的新三板企业，从以上财务数据中可以看出在钛合金领域，无论从公司规模还是经营效率上来看，西部超导都处于领先地位。

钛合金行业主板类比公司

代码	证券简称	总市值（万元）	总收入（万元）	净利润（万元）	市盈率 PE（TTM）	ROE（%）	ROA（%）	销售毛利率（%）		销售净利率（%）	
								2016 年年报	2015 年年报	2016 年年报	2015 年年报
831628.OC	西部超导	765 158	95 520	16 239	47.12	11.25	7.91	41.01	41.89	17.04	15.59
600456.SH	宝钛股份	786 956	248 027	3 686	156.32	1.08	2.29	19.36	17.74	1.57	−8.43
002149.SZ	西部材料	536 660	120 318	2 122	199.47	1.72	3.23	18.37	5.51	3.40	−17.88

资料来源：新三体研究院，东方财富 Choice。

宝钛股份	公司是中国最大的钛及钛合金生产、科研基地，是国家高新技术企业。公司专业从事钛加工业务，目前已经发展成为国内规模最大的钛材加工企业。公司产品结构较为完整，产品涵盖板材、管材、棒材、丝材等，是目前国内唯一具有铸—锻—钛材加工完整产业链的企业。公司是国内钛材加工领域中最重要的厂家，行业地位相当突出，公司生产的钛材产品广泛应用在化工、建筑、航空航天、舰船、医疗等领域
西部材料	公司形成了以钛产业（含钛及钛合金加工、层状金属复合材料、稀有金属装备及管道管件制造等）为主业，覆盖金属纤维及制品、稀贵金属材料、钨钼材料及制品等产业的多元化格局，产品广泛应用于航空、航天、航海、信息、电子、能源、环保等国民经济重要领域。公司将竭诚以“科技领先、品质卓越、稳健发展、合作共赢”的经营理念，以打造“全球领先的稀有金属材料加工基地”为目标，与各界同仁把握商机，共创未来

西部超导的营业收入远小于宝钛股份和西部材料，但净利润却远大于这两家上市公司。西部超导的钛合金更多应用于军用及民航更高端领域，这也使得西部超导的毛利率远高于同行业其他公司。从估值上看，宝钛股份和西部材料作为新材料企业的代表受到了市场的广泛关注，达到了将近 200 倍的市盈率，而相比之下扎根在新三板的西部超导目前只有 47.12 倍的市盈率，未来市值成长空间巨大。同时，技术领先及行业壁垒保障公司市场份额和定价权，国产民航飞机放量和军机布局将扩大高端钛合金市场蛋糕，公司的业绩将进一步改善。

高温合金行业主板类比公司

代码	证券简称	总市值（万元）	总收入（万元）	净利润（万元）	市盈率 PE（TTM）	ROE（%）	ROA（%）	销售毛利率（%）		销售净利率（%）	
								2016 年年报	2015 年年报	2016 年年报	2015 年年报
831628.OC	西部超导	765 158	95 520	16 239	47.12	11.25	7.91	41.01	41.89	17.04	15.59
600399.SH	抚顺特钢	754 000	461 713	11 124	80.47	5.70	3.57	20.11	21.90	2.41	4.34
300034.SZ	钢研高纳	693 964	67 511	9 597	73.58	7.68	6.27	28.73	31.45	13.84	17.87

资料来源：新三体研究院，东方财富 Choice。

高温合金凭借优异的高温强度，良好的抗氧化、抗腐蚀等性能，已成为航空发动机的核心材料，用量占先进发动机总重量的 40% 以上。西部超导近些年正在逐步布局高温合金领域，通过定向增发的方式募集资金，成立子公司西安聚能高温合金材料科技有限公司，并预计 2017 年下半年投产，届时公司的产品将更加多样化，在高温合金的布局将助力西部超导业绩腾飞。

贝特瑞（835185.OC）投资价值分析报告

全球锂电池负极材料龙头，积极布局正极材料，打造闭环生态圈

一、公司基本情况

（一）公司简介

公司名称	深圳市贝特瑞新能源材料股份有限公司	所属行业	电气机械和器材制造业
成立时间	2000-08-07	挂牌时间	2015-12-28
转让方式	做市交易	公司地址	中国，深圳
主办券商	国信证券	所属分层	创新层
主营业务	研发、生产和销售锂离子电池用材料		

资料来源：新三体研究院整理。

深圳市贝特瑞新能源材料股份有限公司是一家专注于新能源材料开发的国家级高新技术企业，是全球最大的锂离子电池负极材料供应商，是国内第一家将天然石墨深加工产品用于锂离子电池的企业，同时拥有锂离子电池负极材料完整产业链，是锂离子电池石墨类负极材料国家标准的主要起草单位。在巩固发展锂离子电池负极材料等主营业务的基础上，兼顾发展锂离子动力电池用正极材料业务，目前已具备磷酸铁锂（LFP）和三元材料镍钴铝（NCA）生产能力。

（二）股权结构

公司控股股东为中国宝安集团控股有限公司，持股 54.46%，股东中国宝安集团股份有限公司（000009.SZ）持股 30.3%，是贝特瑞第二大股东。中国宝安（000009.SZ）通过直接和间接方式合计持有股东宝安控股 100% 股份，为股东宝安控股的母公司；股东贺雪琴持股 1.38%，担任股东中国宝安（000009.SZ）总裁助理；股东曾广胜持股 0.58%，担任股东中国宝安（000009.SZ）执行董事。除上述情况之外，其他股东不存在关联关系。

贝特瑞股权结构

股东名称	持股比例（%）
宝安控股	54.46
中国宝安（000009.SZ）	30.30
岳敏	6.13
贺雪琴	1.38
晋沪碳素	1.15
招商证券	0.90
曾广胜	0.58
华鑫证券	0.50

（续）

股东名称	持股比例（%）
华泰证券	0.48
国信证券	0.41
其他	3.71

资料来源：新三体研究院，公司年报。

（三）挂牌后重大事件

1. 定增情况

2015 年 12 月，贝特瑞向特定对象非公开发行 500 万股，每股作价 35 元 / 股，共募集资金 1.75 亿元，其中晋沪碳素以其持有的山西贝特瑞的部分股权认购 100 万股，其余发行对象以现金认购，发行后，总股本变为 8 700 万股。该次股票发行主要是为做市商取得储备库存股以及收购晋沪碳素持有的山西贝特瑞 25% 的股权，募集的资金用于补充公司的营运资金。股票发行完成后，公司的业务结构不变。

2015 年 12 月公司定向增发认购情况

序号	认购人名称	认购数量（股）	认购价格（元 / 股）	认购方式
1	国信证券	700 000	35	现金
2	华泰证券	700 000	35	现金
3	招商证券	700 000	35	现金
4	东北证券	700 000	35	现金
5	华鑫证券	500 000	35	现金
6	光大证券	500 000	35	现金
7	长江证券	200 000	35	现金
8	晋沪碳素	1 000 000	35	股权

资料来源：公司公告。

2017 年 4 月，贝特瑞召开股东大会形成决议，拟向合格投资者发行股票，拟发行的股数总额不超过 2 500 万股，发行价格为不低于人民币 40 元 / 股，不高于人民币 60 元 / 股，预计募集资金总额不超过 100 000 万元。发行募集资金用途为 3 万吨锂离子动力电池正极材料产业化项目（第一期）及补充流动资金，两项用途各占拟募集资金的 50%。

2. 分红情况

2016 年 5 月，公司实施 10 送 10 的资本公积转增股本方案，公司股本增至 174 000 000 股。2017 年 4 月，公司实施 10 送 5 的资本公积转增股本方案。至此，公司股本达到 261 000 000 股。

3. 股权激励情况

公司在 2016 年 2 月通过了《关于〈深圳市贝特瑞新能源材料股份有限公司第一期股票

期权激励计划〉的议案》，决定向 70 名激励对象授予 510 万份股票期权，行权价格为 30 元 / 股。公司于 2016 年 5 月 18 日实施权益分派后，期权数量调整为 1 020 万份，行权价格调整为 15 元 / 股。本次股权激励计划的股票来源为公司向激励对象定向发行的公司股票。本次股权激励计划的授予日为 2016 年 2 月 23 日。本次股权激励计划的激励对象：公司董事、监事、高级管理人员和核心技术（业务）人员，共计 70 人。本次股权激励计划的各年度业绩考核目标如下表所示。

股权激励计划考核目标

行权期	业绩考核目标
第一个行权期	以公司 2015 年的净利润为基数，公司 2016 年的净利润较 2015 年增长 25%
第二个行权期	以公司 2015 年的净利润为基数，公司 2017 年的净利润较 2015 年增长 50%
第三个行权期	以公司 2015 年的净利润为基数，公司 2018 年的净利润较 2015 年增长 75%
第四个行权期	以公司 2015 年的净利润为基数，公司 2019 年的净利润较 2015 年增长 100%

资料来源：公司公告。

二、行业分析

公司从事的锂电正、负极材料业务，属于锂离子电池的上游行业，锂离子电池主要由正极材料、负极材料、电解液和隔膜等组成，其中负极材料约占锂离子电池成本的 10% ~ 15%，正极材料约占锂离子电池成本的 30% ~ 40%，是锂离子电池成本最大的部分。其具有能力密度高、循环寿命长、自放电率小、无记忆效应和绿色环保等优势，目前已经占据小型二次电池市场的最大份额，也成为化学电源应用领域最具竞争力的电池。

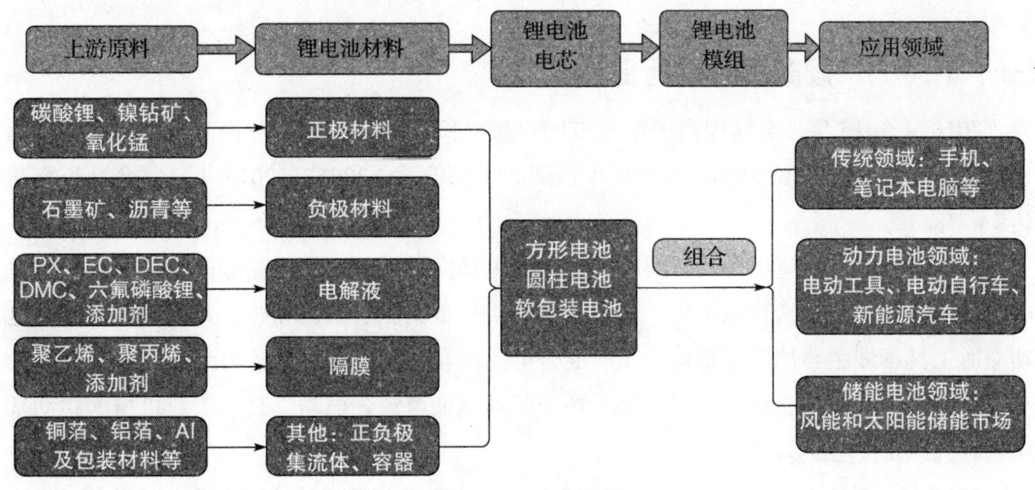

锂电池产业链全景

资料来源：互联网。

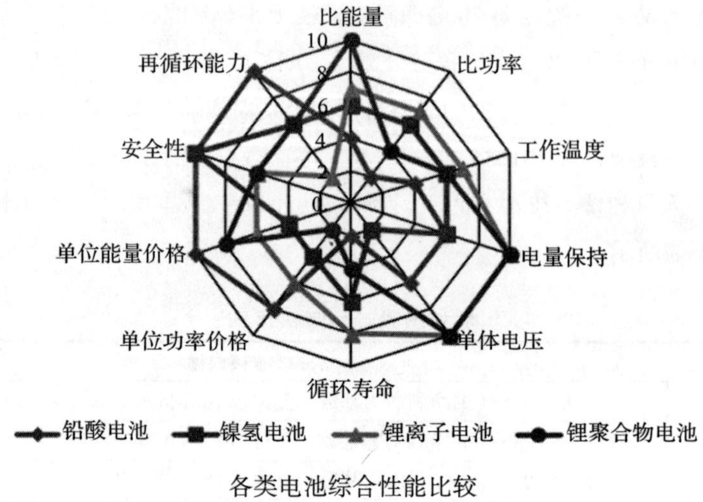

各类电池综合性能比较

资料来源：IIT。

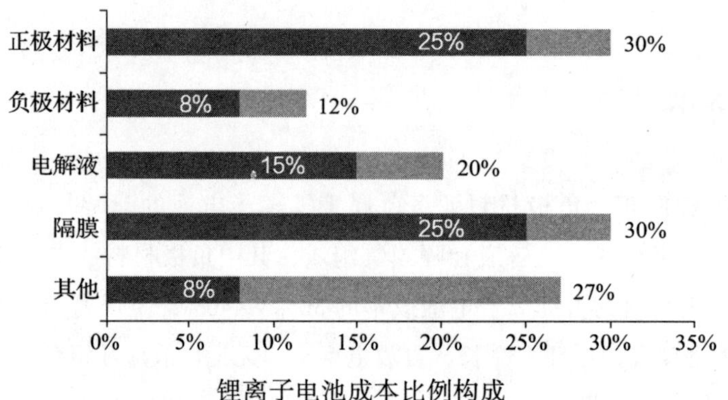

锂离子电池成本比例构成

资料来源：GGII。

(一) 下游——锂离子电池行业

2010 ~ 2015 年，全球锂离子电池市场快速增长，2015 年，全球锂离子电池产量达到 100.75 GWh，同比增长 39%，市场规模达到 221 亿美元，2005 ~ 2015 年年复合增长率高达 14.7%。

锂离子电池广泛应用于消费类电子产品、电动交通工具以及工业储能等领域，消费类电子产品领域主要包括智能手机、笔记本电脑、平板电脑、数码相机、数码摄像机等，电动交通工具领域主要包括电动自行车、混合电动汽车、插电式混合动力汽车以及纯电动汽车的新能源汽车，工业储能领域主要包括不间断储能电源、电动工具、工业机械、移动基站电源、风光发电配套等。

2016 年，动力领域锂离子电池需求首次超过消费类电子产品的锂离子电子产品，占比首次超过 50%，同时储能领域锂离子电池需求也快速增长。消费类电子产品中，手机产量保持较快增长，但电脑和数码相机产量基本保持平稳甚至略有下降，因此整个消费类电子产品对锂离子电池的需求增长较平缓。

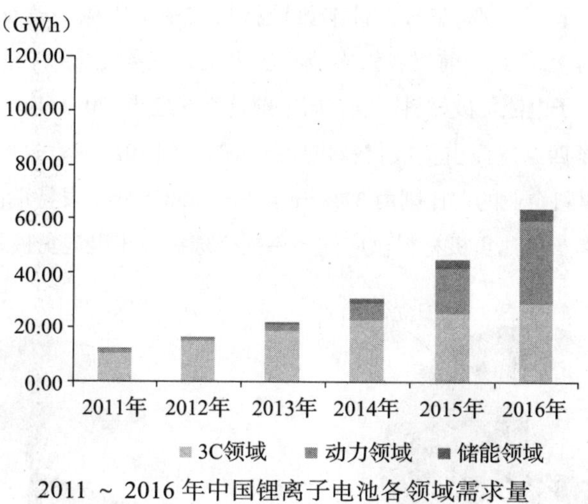

2011 ~ 2016 年中国锂离子电池各领域需求量

资料来源：GGII。

未来，随着新能源汽车行业的飞速发展和消费类电子产品的平稳增长，可以预见锂离子电池的需求量，尤其是动力电池的需求量将快速增长。

（二）负极材料行业

从技术角度来看，锂离子电池负极材料呈现出多样性的特点。随着技术的进步，目前的锂离子电池负极材料已经从单一的人造石墨发展到了以天然石墨、中间相碳微球、人造石墨为主，软碳 / 硬碳、无定形碳、钛酸锂、硅碳合金等多种负极材料共存的局面。天然石墨负极材料技术有了较大的进步，其可逆容量已达 360mAh/g 以上，并在消费型锂离子电池中获得了广泛的应用。预计在未来的小型电池中，高容量电池仍将以天然石墨为主。人造石墨负极材料当前的应用非常广泛，其优点是长寿命，较低的极片反弹，而缺点是容量相对较低。目前在人造石墨方面的技术改进使得人造石墨也可以发挥 350mAh/g 的可逆容量。将人造石墨与天然石墨复合作为锂离子电池负极材料也已被许多电池厂家所认可。锂离子电池几种负极材料的性能如下表所示。

锂离子电池负极材料性能对比

负极材料	负极材料细分	比容量（mAh/g）	首次效率	循环寿命 / 次	安全性	快充特征
碳系负极	天然石墨	340 ~ 370	90%	1 000	一般	一般
	人造石墨	310 ~ 360	93%	1 000	一般	一般
	中间相炭微球	300 ~ 340	94%	1 000	一般	一般
	石墨烯	400 ~ 600	30%	10	一般	差
钛酸锂	钛酸锂	165 ~ 170	99%	30 000	最高	最好
合金系负极	硅	800	60%	200	差	差
	锡	600	60%	200	差	差

从全球行业格局来看，锂离子电池负极材料的行业集中度颇高，集中在日本与我国的六大负极材料企业。从企业看，产能和产销量向少数几家大型核心企业集中，日本与我国6家企业市场占有率高达70%左右。日本负极材料的主要供应商是日立化成、日本碳素、日本JFE与三菱化学等，其中前三者以人造石墨为主，三菱化学以天然石墨为主。

此外，全球锂离子电池负极材料产能有向中国转移的趋势。2012年，日立化成、日本碳素、日本JFE与三菱化学四家厂商占负极材料供应的56%，到2015年，这一数字降为32.6%。相反，我国主要负极材料企业的占比则由32%升至46%。2015年，贝特瑞已成功超越日本化成，成为全球第一大锂离子电池负极材料供应商，占据全球锂离子电池负极材料供应1/4的份额。

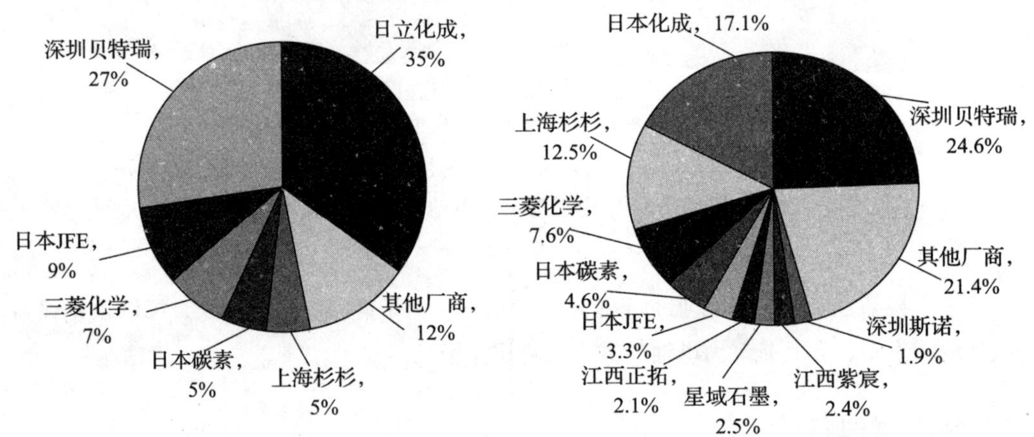

2012年（左）、2015年（右）全球锂离子电池负极材料行业格局

资料来源：中国电池网。

如前所述，伴随着新能源汽车行业的飞速发展、消费类电子产品的平稳增长和储能市场的逐渐打开，整个锂离子电池市场前景广阔，发展空间巨大。根据高工锂电数据，2016年国内负极材料产量12.25万吨，同比增长68.27%；产值达到66.39亿元，同比增长64%。2012 ~ 2016年，负极材料产量年均复合增速高达45%。

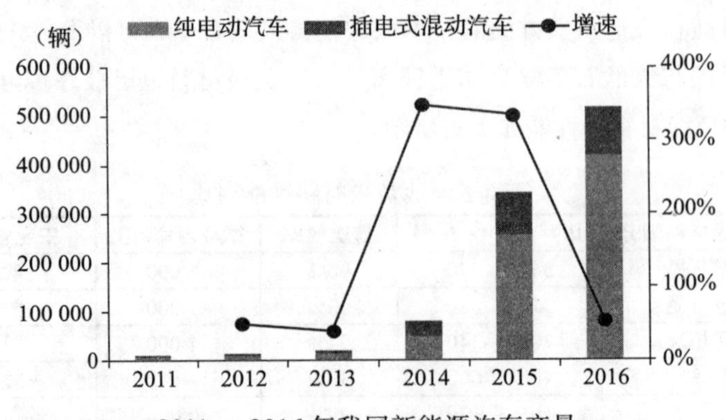

2011 ~ 2016年我国新能源汽车产量

资料来源：中汽协。

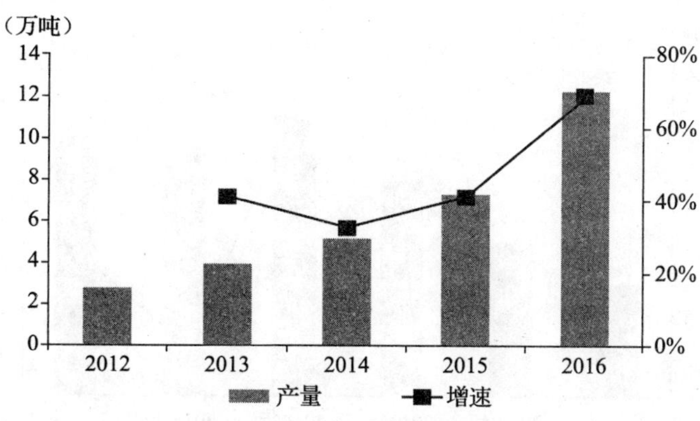

2012 ~ 2016 年我国负极材料产量

资料来源：GGII。

（三）正极材料行业

从技术角度看，目前市场上常见的正极材料包括钴酸锂（LCO）、锰酸锂（LMO）、磷酸铁锂（LFP）和三元材料等。三元材料又包括镍钴锰系（NCM）和镍钴铝系（NCA）等。各种正极材料优缺点如下表所示。

正极材料各种技术路线优缺点

<table>
<tr><th></th><th>优点</th><th>缺点</th><th>主要应用领域</th></tr>
<tr><td rowspan="4">钴酸锂</td><td>工作电压高</td><td>价格昂贵</td><td rowspan="4">消费电子领域（手机、笔记本电脑、照相机、移动电源等）</td></tr>
<tr><td>充放电电压平稳</td><td>抗过充电性能差</td></tr>
<tr><td>比能量高</td><td>循环性能较差</td></tr>
<tr><td>生产工艺简单</td><td>有污染性</td></tr>
<tr><td rowspan="3">锰酸锂</td><td>锰资源丰富，价格较低</td><td rowspan="2">充电过程中结构逐渐改变，导致容量衰减，寿命降低</td><td rowspan="3">以动力电池为主及储能领域</td></tr>
<tr><td>安全性高</td></tr>
<tr><td>较容易制备</td><td>较高工作温度下会溶解</td></tr>
<tr><td rowspan="3">磷酸铁锂</td><td>最环保，铁资源丰富</td><td>电导率低，低温性能差</td><td rowspan="3">以动力电池为主及储能领域</td></tr>
<tr><td>循环寿命最长，电池放电深度好，利用范围宽</td><td>掺杂、包覆的合成工艺、生产技术门槛高、批次稳定性较差</td></tr>
<tr><td>高温稳定性好，最安全</td><td>电池能量密度低</td></tr>
<tr><td rowspan="4">三元材料</td><td>电化学性能稳定</td><td rowspan="2">价格随钴的价格上下浮动大</td><td rowspan="4">以动力电池为主及消费电子领域</td></tr>
<tr><td>放电电压范围宽</td></tr>
<tr><td>比能量高</td><td rowspan="2">有污染性</td></tr>
<tr><td>循环性能好</td></tr>
</table>

资料来源：CNKI。

钴酸锂由于生产工艺简单、工作电压高、充放电电压平稳、比能量高等优点，率先实现商业化，在消费电子领域得到普遍应用，目前在消费电子领域市场占据最大份额。但是钴酸锂具有成本高、循环性能差、对环境不友好以及安全性一般等缺点，因此三元材料在消费类锂离子电池的正极材料中占比不断增加，有逐渐取代钴酸锂的趋势。

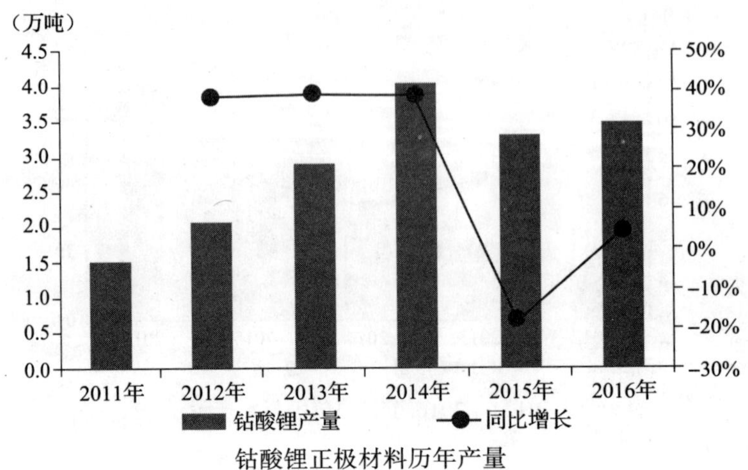

钴酸锂正极材料历年产量

资料来源：GGII。

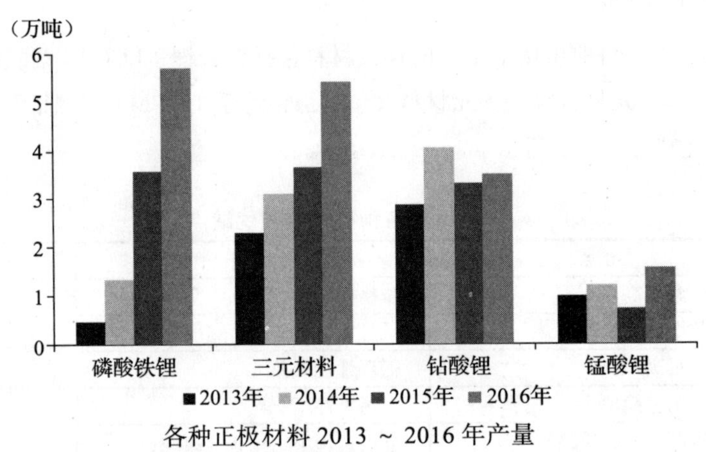

各种正极材料 2013 ~ 2016 年产量

资料来源：GGII。

目前，磷酸铁锂和三元材料广泛应用于新能源汽车中，其中磷酸铁锂（LFP）在新能源客车（如公交车）中应用较多，三元材料则在新能源乘用车中应用较多。磷酸铁锂成本低，生产过程对环境友好，安全性高，但能量密度低，因此更适合吨位较大且对安全性要求最高的客车。三元材料最突出的优点是比能量高，具体表现就是使用三元材料的新能源汽车续航里程更长，随着国家对新能源汽车的补贴逐渐退坡以及补贴标准与电池能量比度挂钩，以及关于三元材料电池的安全性的争议逐渐解决，未来三元材料将成为新能源乘用车动力电池的首选正极材料。事实上，目前国外主流新能源汽车（如特斯拉系列）的动力电池选用的都是三元材料。

如前所述，正极材料是锂离子电池中占比最大的部分，锂离子电池市场空间巨大也意味着正极材料市场前景巨大。从 2010 年到 2016 年，我国锂离子正极材料产量从 2.5 万吨增长到 16.16 万吨，年复合增长率 36.48%，而产值从 57 亿元增长到 208 亿元，年复合增长率达 24.08%。

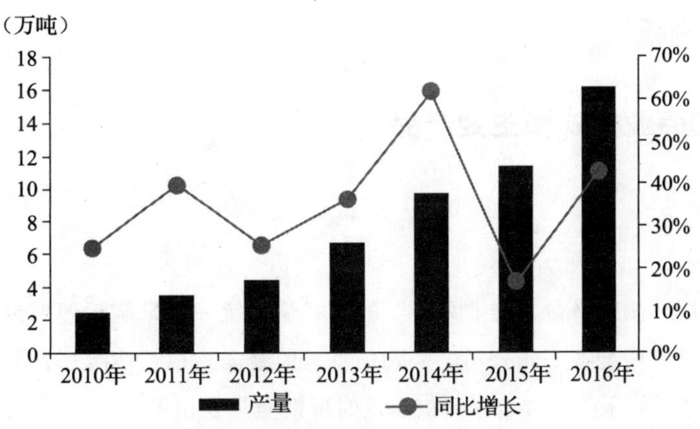

正极材料 2010 ~ 2016 年产量

资料来源：GGII。

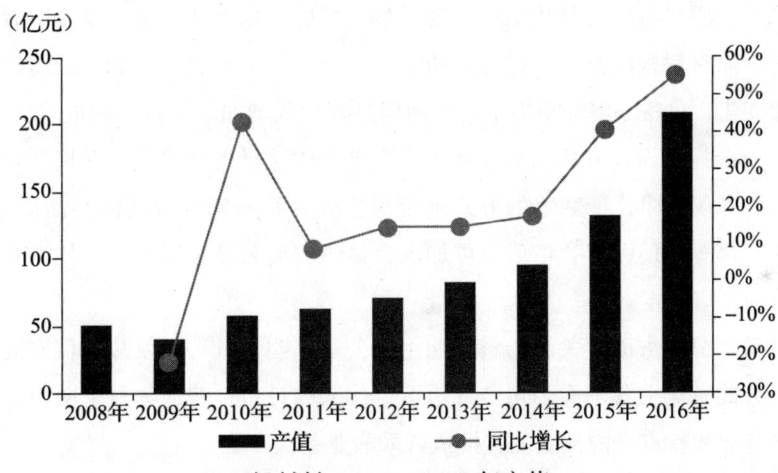

正极材料 2008 ~ 2016 年产值

资料来源：GGII。

从行业格局来看，2015 年，我国正极材料产量占全球比例为 46%，国外生产正极材料的主要厂商多位于日韩。就国内来看，最主要的六家企业杉杉能源、厦门钨业、当升科技、长远锂科、宁波金和及中国振华占据国内正极材料 76% 的产量，行业集中度较高。

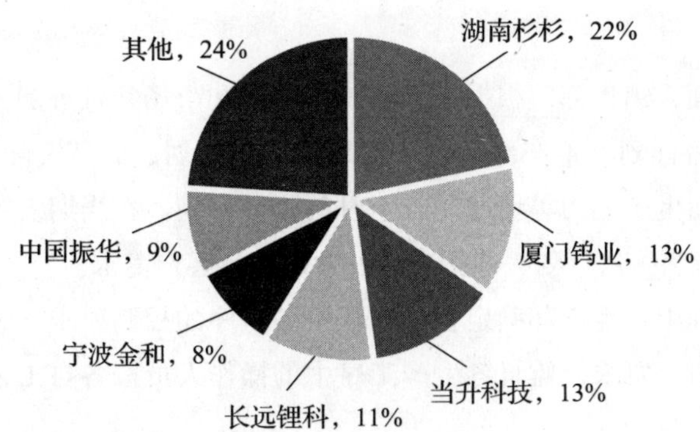

三、公司分析

（一）公司的商业模式和主要产品

1. 商业模式

（1）采购模式。

贝特瑞采用“集中平台，分散采购”的方式建立统一的采购管理平台。母公司贝特瑞采购部负责统筹、调配各下属公司的采购信息，监督采购执行情况；各下属公司则严格按照内控制度实施对外采购，并将采购信息及时反馈至母公司采购部。

在采购计划方面，贝特瑞每年年初会对当年的大额原料采购业务制订初步的年度采购计划，计划物料部再根据每月具体的采购需求制订月度采购计划，并交由采购部实施。从单个年度来看，原材料采购量从第一季度至第三季度平稳上升，第四季度中后期贝特瑞开始控制并减少原材料采购量，以保证采购业务符合当期生产、销售业务的需求。若市场情况发生较大变化，贝特瑞将会根据市场反馈信息减少或增加原材料采购量。

在供应商选择方面，贝特瑞从合格供应商名录中选择备选单位，并以“货比三家”择优选取或以招（议）标公平竞争的方式确定供应商。每一家供应商需经品质部、技术部、采购部、生产部等部门评审合格后方可加入合格供应商名录，同时每年均需对合格供应商进行一次重新评审认定。

在物料采购分工方面，关键物料采购由母公司采购部统一开发战略供应商并签订战略合作协议，在此基础上各下属公司负责后续具体采购订单；普通物料采购由各下属公司采购部根据自身业务特点、内控制度直接执行采购业务。

（2）研发模式。

在研发方面，贝特瑞主要有自主研发、与客户共同研发、与高校合作研发三种模式。对于技术较成熟的产品，贝特瑞以自主研发为主；同时，为了更好地满足客户的需求，贝特瑞会与客户共同研发新产品，对现有的产品进行改良，为客户提供定制化的产品；对于具有前瞻性的产品，贝特瑞主要与国内高校合作，共同研发。贝特瑞的研发流程主要分为立项阶段、小试阶段、中试阶段以及量产阶段。

（3）生产模式。

在生产制造方面，销售部门根据当月的销售情况和市场开发进展，预估下月的产品销售量并形成月度销售计划，生产部门则根据月度销售计划、成品实际库存、安全库存量、上月出货量以及车间生产能力等情况制订下月的生产计划。在当期实际操作时，生产部门根据具体订单合理调整生产计划，确保准时发货以满足客户需求。

在生产作业过程中，生产部确定生产过程中各工序的控制要求，编制生产过程作业指导书，规定操作方法、要求，监督各生产工序中的操作人员按各自工艺要求和作业指导严格执行；各工序应严格控制，生产加工过程中禁止使用非环保物料和未经化学物质成分检验的物料、溶剂、气体，以免影响产品质量。同时要确保未生产完毕的产品、不合格的产品不混入合格品中或流入下道工序。在对产品品质的控制方面，生产部根据产品性能要求和相关工艺设立关键控制点，并制定控制项目及目标值。

（4）销售模式。

贝特瑞产品销售分为外销和内销，销售方式为直销。贝特瑞设立营销总部，统一管理、分配各个公司的销售业务。目前销售体系主要由贝特瑞母公司、天津贝特瑞科技、惠州贝特瑞、鸡西贝特瑞、长源矿业等组成，各个公司在营销总部的统一管理下分别与客户签订合同，并开展业务活动。贝特瑞的主要客户包括三星、LG、松下、比亚迪、天津力神、合肥国轩、光宇电源等，客户遍布国内外。

贝特瑞产品定价政策主要是根据客户或双方确定的产品具体规格及要求，进行成本核算，再结合产品成本基价、产品利润、产品市场需求、市场价格等条件设定产品价格。贝特瑞针对销售管理体系制定了“客户开发流程”“技术交流”“发货管理流程”“收款流程”“产品使用跟踪流程”等制度，从开发、维护客户到产品发货控制、销售回款、售后服务等环节去管理销售业务。贝特瑞根据市场情况变化、客户自身原因采取了不同的信用等级评定，针对信用等级较差的客户，贝特瑞会在发货量、发货时间予以适当控制，并严格催收货款。

2. 主要产品

公司的主要产品为锂离子电池正极材料和负极材料，同时经营天然鳞片石墨、石墨制品加工服务、其他品种等。其他品种主要包括改性煅后焦、坩埚碎、导电液、导电石墨以及非石墨类新型负极材料（软碳系列、新型Si基复合材料、纳米钛酸锂系列）。

贝特瑞生产的负极材料

产品类别	产品名称	适用范围
天然石墨负极材料	高端天然石墨918系列	适用于高端方形、聚合物及圆柱等锂离子电池
	中端天然石墨818系列	适用于高能量密度方形、圆柱、聚合物、动力型等锂离子电池
	天然改性石墨MSG、518系列	适用于钢壳、铝壳、聚合物、圆柱等锂离子电池
	天然石墨AGP-8系列	适用于倍率型、容量型动力电池
人造石墨负极材料	高端人造石墨S360系列	适用于高端方形、圆柱、聚合物锂离子电池以及XEV、ESS用各类锂离子电池
	人造石墨SAG系列	适用于钢壳、铝壳、聚合物等锂离子电池
	人造石墨S350-A、158系列	适用于各种锂离子电池，如XEV、电动工具、储能、消费电子类电池等领域
	人造石墨AGP-2、AGP-3、AGP-6系列	适用于倍率型、容量型动力电池
中间相碳微球	CMB系列	适用于各种锂离子电池，如XEV、电动工具、储能、消费电子类电池等领域

（续）

产品类别	产品名称	适用范围
复合石墨负极材料	AGP-2H	适用于锂离子方形、圆柱、聚合物电池等
	DKT 系列	适用于锂离子方形、圆柱、聚合物电池等

资料来源：公司公告。

贝特瑞生产正极材料

产品类别	适用范围
磷酸铁锂正极材料 P198 系列	适用于各种类型的容量型、倍率型锂离子动力电池
锰系多元复合正极材料系列	适用于各种锂离子电池，尤其是锂离子动力电池
三元系正极材料 NCA 系列	适用于动力型、数码型锂离子电池

资料来源：公司公告。

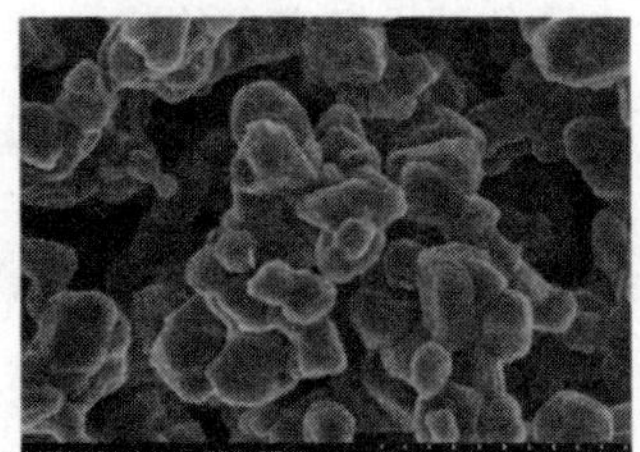

新型高电压层状三元正极材料

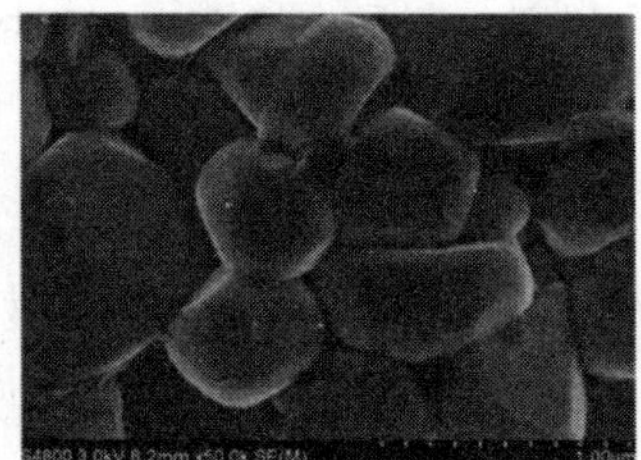

三元系正极材料 NCA

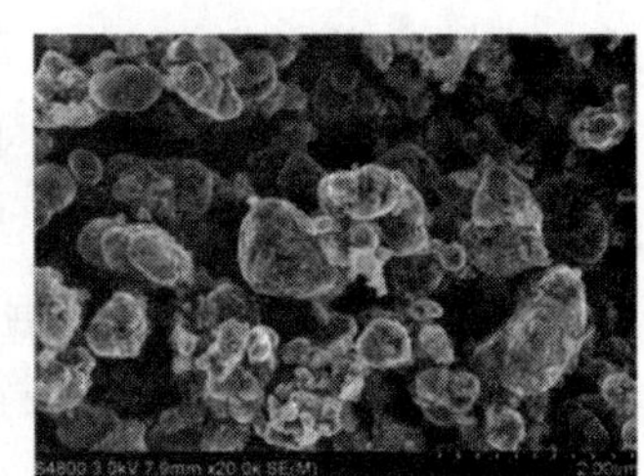

磷酸铁锂正极材料 198 系列产品

贝特瑞生产的三种正极材料的电子扫描显微镜图

资料来源：公司官网。

贝特瑞生产的其他品种

产品名称	适用范围
改性煅后焦	公司生产过程中产生的材料副产品之一，可作为钢铁企业炼钢的材料
坩埚碎	公司生产过程中产生的材料副产品之一，可作为钢铁企业炼钢的材料
导电液	适用于锂离子电池正负极材料添加剂、锂离子电池集流体功能涂层
导电石墨	锂电池正负极材料的导电添加剂
软碳系列	适用于 EV、HEV、电动工具电池、启停电源电池及其他特殊领域用电池
新型 Si 基复合材料	适用于超高容量的锂离子电池、适用于超高容量型的各类型电池
纳米钛酸锂系列	适用于动力型锂离子电池、储能型锂离子电池、超级电容器等

资料来源：公司公告。

（二）公司财务分析

1. 公司盈利能力分析

公司 2016 年营业收入达 21.36 亿元，同比增长 42.28%，净利润达 2.61 亿元，同比增长 47.12%，营收和净利润均创历史新高。公司近三年利润增速均超过 40%，表明了其强劲的成长性。毛利率方面，公司近四年来分别为 30.27%、31.29%、28.38% 和 29.44%，均维持在 30% 左右，波动较小。净利率方面，公司近四年来分别为 9.49%、10.21%、11.82%、12.22%，呈现平稳增长。分业务来看，公司 2016 年正极材料、负极材料的营收分别占公司总营收的 29%、61%，其他业务收入占公司总收入的 10%。此外，2016 年，公司收入的 29% 来自境外，71% 来自境内。

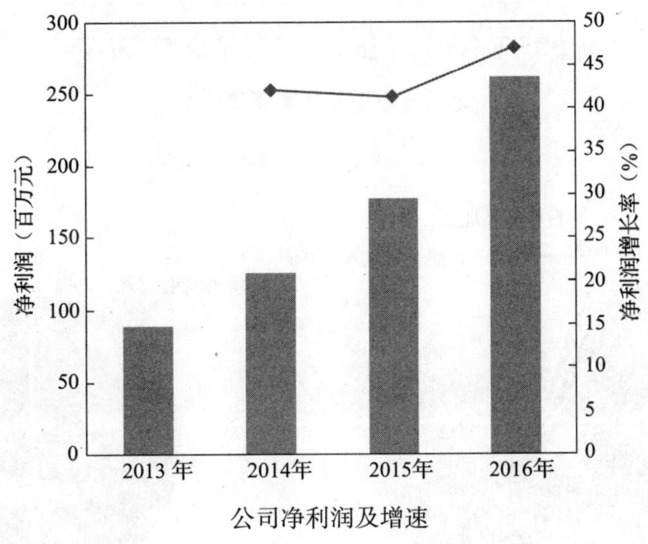

公司净利润及增速

资料来源：公司公告。

综合近四年的销售情况来看，公司负极材料销售收入逐年增长，且增速比较平稳，但占公司总营收比例逐年下降，从 2013 年的约 85% 下降到 2016 年的约 60%。另一方面，公司的正极材料业务从无到有，逐渐发展壮大，销售额从 2013 年的 3 139 万元增长至 2016 年的 6.2 亿元，增长近 20 倍，在公司的销售占比也从 3.37% 飙升至 29%，成为对 2016 年公司业绩增长贡献最大的部分。

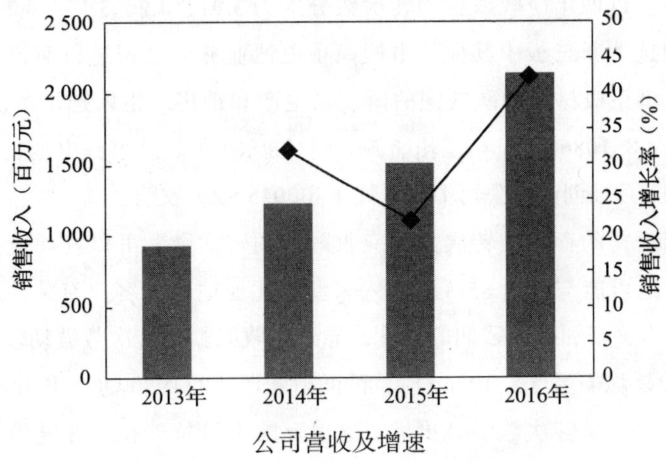

公司营收及增速

资料来源：公司公告。

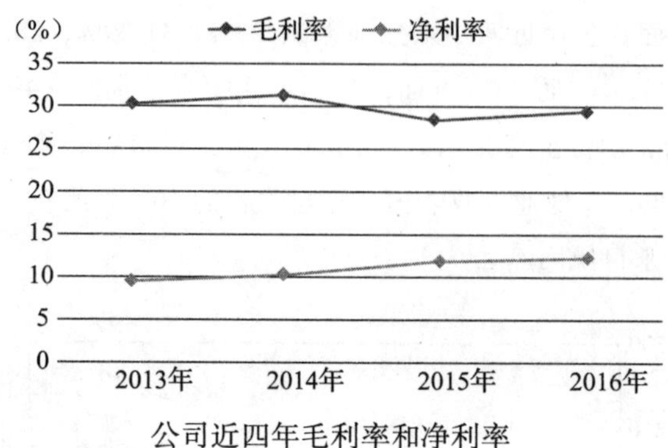

公司近四年毛利率和净利率

资料来源：公司公告。

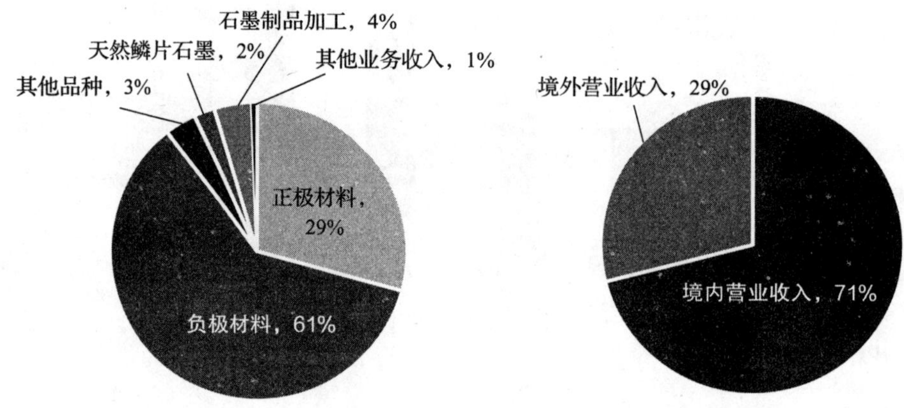

2016 年公司销售收入分布情况

资料来源：公司公告。

2. 公司营运能力分析

公司近四年来存货周转次数分别为 2.74、2.9、3.57、4.2，呈上涨趋势，表明公司存货管理逐年改善。近四年应收账款周转次数分别为 3.91、4.2、3.57、4.2，维持在相对较高的水平。我们选取新三板中其他从事锂离子电池业务的公司进行对比，其中安达科技（830809.OC）从事正极材料磷酸铁锂的研发、生产和销售，也入选了本次新三板漂亮 50 名单；星城石墨（831086.OC）和正拓能源（831980.OC）均从事锂电池负极材料业务，前者已于 2016 年 11 月被创业板公司中科电气（300035.SZ）收购。

对比这四家公司的存货周转次数和应收账款周转次数，可以发现安达科技最优，但波动幅度最大，这可能与其近 85% 的收入来源于比亚迪一家客户有关，过度依赖一家客户会削弱议价能力，增加控制账期的难度，导致应收账款周转次数波动较大。与主营业务同为负极材料的星城石墨（831086.OC）和正拓能源（831980.OC）相比，贝特瑞的存货周转次数和应收账款周转次数明显更优，这也反映出贝特瑞在产业链中更高的行业地位和议价能力。

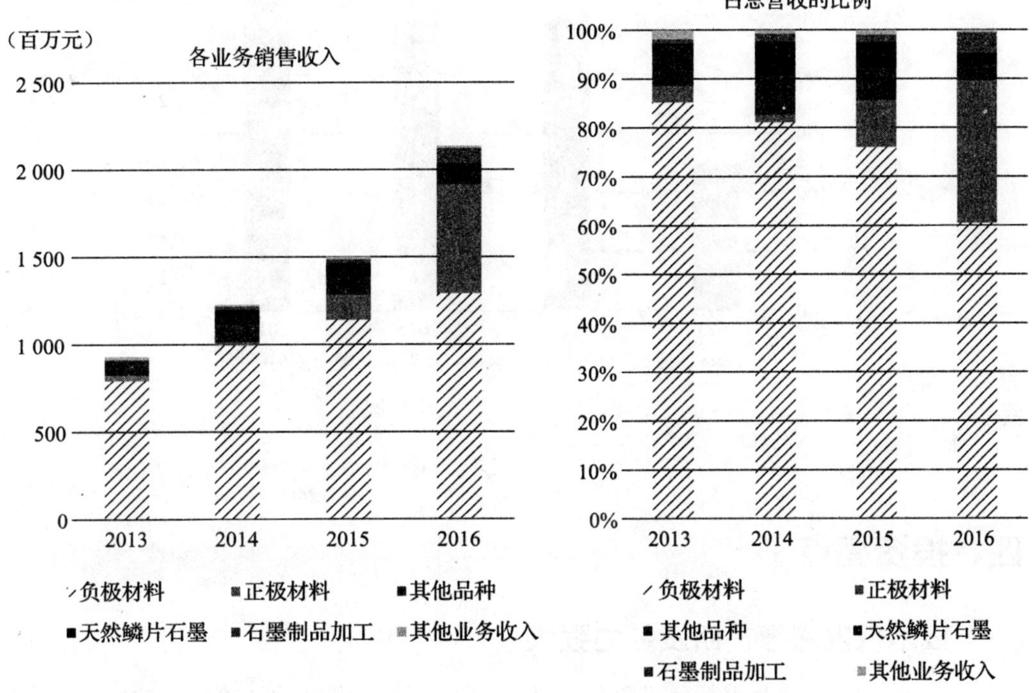

公司 2013 ~ 2016 年各业务的销售收入及其占总营收的比例

资料来源：公司公告。

从现金流方面看，公司近四年的经营活动现金流逐年增长，2016 年达到 2.67 亿元，而且经营活动现金流与净利润的比例历年均大于 1，表明公司净利润的质量较高。

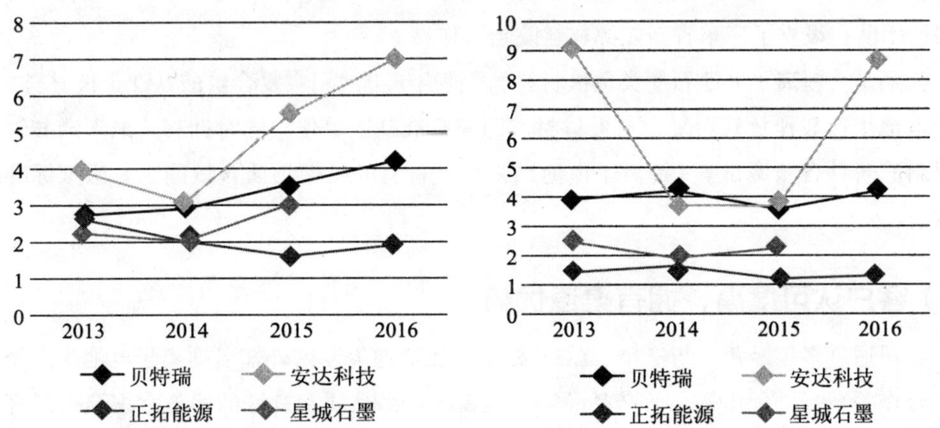

存货周转次数（左）和应收账款周转次数（右）对比

资料来源：公司公告。

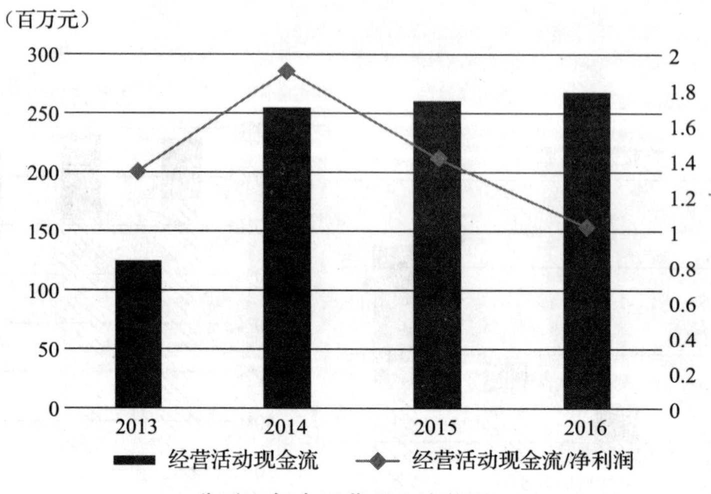

公司四年来经营现金流状况

资料来源：公司公告。

四、投资亮点

（一）技术积累深厚，研发能力强大

根据公司 2016 年年报，公司拥有专利 165 项，其中发明专利 120 项，2016 年年末研发人员达 378 人，占总人数的 19.04%，员工中博士和硕士人数分别为 19 和 82 人。公司非常注重自主研发能力的培养和提升，成立了国内首家新能源技术产业化研究院——贝特瑞新能源技术研究院，预计 2020 年全院研发人员达到 500 人。研究院已获批组建博士后工作站，获批设立“广东省绿色动力电池负极材料工程技术研究中心”“深圳市新型储能材料工程研究中心”“深圳聚合物微粒子合成及应用工程实验室”，引进了中国工程院杨裕生院士科研团队，设立了广东省新能源材料院士工作站。

公司是《锂离子电池石墨类负极材料》《锂离子电池用炭复合磷酸铁锂正极材料》《锂离子电池用钛酸锂及其炭复合负极材料》国家标准制定单位，同时拥有《纳米磷酸铁锂正极材料三价铁含量测试》《锂离子电池纳米负极材料的磁性物质含量测试》国家标准的制定权。

（二）客户认可度高，拥有渠道优势

公司通过多年经营，与三星、LG、松下、比亚迪等国内外知名锂离子电池生产企业建立了合作关系，并凭借齐全的产品品类、优良的产品品质和良好的服务意识赢得了客户的信赖，成为其合格供应商。锂电池厂商对原材料供应要求十分严格，各个锂电池厂商均有各自的原材料认证体系，为避免较大的质量波动风险，锂电池厂商一般不会轻易更换供应商。未来随着数码类电子产品市场的持续稳定增长，以及新能源汽车市场的成熟，该等客

户的销售规模将进一步扩大，公司业务也将进一步增长。

（三）全产业链优势

公司拥有完整的负极材料价值产业链，从矿石到成品，大大地减少了中介环节的成本费用。公司在负极材料领域深耕多年，拥有天然石墨矿等上游资源，形成了从原矿到负极材料成品的完整闭环。此外，在正极材料领域，公司还投资了三元材料 NCA 前驱体供应商芳源环保，占股 28.9%，成为其第二大股东。此次投资将使贝特瑞获得在三元材料 NCA 的原材料端的竞争优势。

五、公司风险分析

（一）主要客户集中度较高风险

公司前五名客户的集中程度较高，2016 年前来自五大客户的收入占总收入的 46.16%。在锂电池产业链激烈的竞争环境中，大厂商因其整体实力较强，信誉度较好，产品质量、技术水平相对较高，竞争优势明显，形成了行业集中度较高的情况。目前全球锂电池市场份额中有大部分集中在三星、松下、LG、天津力神、比亚迪、ATL、国轩等全球前十大锂电池厂商中，而全球主要锂电池厂商均是公司的重要客户。如果重要客户出于市场战略、原材料供应、产品技术等原因而终止与公司合作，将会对公司的经营业绩产生不良影响。

（二）行业和市场竞争风险

公司所在的锂离子电池材料行业属于国家政策鼓励的新能源、新材料产业的范畴，其下游为锂电池行业。公司的发展前景与锂电池行业的发展状况密切相关，同时从当前锂电池的终端消费来看，电子类产品、新能源电动汽车行业未来的发展将会引导着锂电池产业链的发展方向。从目前行业发展来看，电子类产品需求平稳增长、新能源汽车蓄势待发，这些良好的发展态势均会给锂电池材料行业带来较大的发展。但如果出现下游行业未来发展缓慢，乃至停滞不前，新能源汽车推广不及预期，国家产业政策出现不利调整等情况，将会对贝特瑞的经营业绩产生不利影响。

目前参与到该行业的企业逐渐增加，包括锂离子电池及相关材料的生产，这必然导致市场竞争的加剧。公司在锂离子电池正、负极材料领域的综合实力较强，起步较早，相比众多中小负极材料生产企业，公司具备明显的技术优势和先发优势。公司产品结构以高端产品为主，能有效避开中低端产品市场的同质化竞争，但不排除未来随着竞争对手技术水平的提升，市场供应增加，导致公司产品平均售价下滑，从而影响公司的盈利水平。

（三）产品价格下降趋势的风险

公司所在的锂离子电池行业市场，由于下游终端市场竞争激烈，厂商为控制成本、提高利润率，降低产品成本以提高市场竞争力，更倾向于采购价格较低的电池。由于下游市场对低价产品需求量上升，导致了锂电池材料市场价格呈下降趋势。另外，基于产品更新换代对旧产品进行适当降价，都可能影响公司的经营业绩。

（四）汇率变动风险

如前所述，公司在 2016 年有 29% 的收入来自境外。在国际业务方面，公司均采用美元计价结算，加上国际客户的回款需要一定的期限，从而形成外币类应收账款，因此人民币汇率波动会对公司的外币资产产生汇兑损益，进而影响公司经营业绩。由于公司目前国外销售收入仍保持较高比例，如果人民币汇率波动幅度增大，将会对公司的经营业绩产生一定影响。

（五）现有技术路线被取代的风险

目前锂离子电池是消费电子产品和电动汽车的主流选择，但不排除未来其他技术路线如燃料电池、氢能源、太阳能成为其供能选择。此外，就锂电池而言，负极为空气或硫或锂金属的锂空电池、锂硫电池及锂金属电池正在被深入研究，且其性能优异，若相关技术瓶颈被突破，目前以石墨为主的负极材料存在被替代的风险，对公司业务将产生较大的影响。

伊赛牛肉（832910.OC）公司价值分析报告

加快全国产业布局，力争成为全产业链牛肉制品龙头

一、公司基本情况

（一）公司简介

公司名称	河南伊赛牛肉股份有限公司	所属板块	农副食品加工业
成立时间	2002-01-17	挂牌时间	2015-07-29
转让方式	做市转让	公司地址	河南省焦作市博爱县鸿昌路西段
主办券商	国泰君安	所属分层	创新层
主营业务	公司业务主要包括鲜冻品、牛肉深加工产品、饲料等		

资料来源：2016年年报数据，新三体研究院整理。

公司业务主要包括饲料加工、肉牛养殖、屠宰及深加工。为提高总体盈利水平，加大肉牛深加工的延伸，提高公司产品附加值，公司肉牛养殖业务于2014年5月份开始全部由焦作地区规模养殖的农村合作社外协负责，公司为养殖户提供专业化的“五统一”监管服务，保障牛源质量。公司专注于肉牛屠宰及加工、销售。

公司目前产品主要包括鲜冻品、牛肉深加工产品、育肥牛、饲料四大类。产品涵盖了排酸分割牛肉、熟食排酸冷切牛肉、熟食排酸包装牛肉、排酸速冻调理品牛肉四大类共计400余种产品。

（二）股本结构

总股本	162 578 123	流通股本	106 641 195
控股股东	买银胖	实际控制人	买银胖

（三）盈利能力情况

1. 总体经营状况分析

项目	2015年年报	2016年年报	增长率（%）	2015年中报	2016年中报	增长率（%）
利润表摘要						
营业总收入（万元）	94 685.96	120 678.48	27.45	40 757.25	50 015.07	22.71
营业总成本（万元）	88 229.32	112 818.41	27.87	37 687.90	46 753.83	24.06
营业收入（万元）	94 685.96	120 678.48	27.45	40 757.25	50 015.07	22.71
营业利润（万元）	6 456.65	7 860.06	21.74	3 069.35	3 261.24	6.25
利润总额（万元）	6 591.63	8 058.02	22.25	3 239.30	3 362.86	3.81
净利润（万元）	7 002.82	7 864.67	12.31	3 227.08	3 360.06	4.12
资产负债表摘要						

（续）

项目	2015 年年报	2016 年年报	增长率（%）	2015 年中报	2016 年中报	增长率（%）
资产总计（万元）	89 127.47	134 224.85	50.60	91 141.56	110 063.66	20.76
负债总计（万元）	26 584.40	45 921.44	72.74	36 146.23	26 264.87	−27.34
股东权益（万元）	62 543.07	88 303.41	41.19	54 995.33	83 798.79	52.37
归属母公司股东的权益（万元）	62 543.07	88 303.41	41.19	54 995.33	83 798.79	52.37
现金流量表摘要						
经营活动产生的现金净流量（万元）	−969.66	2 887.30	397.76	2 428.71	−5 947.78	−344.89
投资活动产生的现金净流量（万元）	−4 021.49	−7 435.23	−84.89	−615.62	−1 712.39	−178.16
筹资活动产生的现金净流量（万元）	10 065.10	19 303.21	91.78	525.92	11 342.83	2 056.76
现金及现金等价物净增加（万元）	5 073.95	14 755.28	190.80	2 339.01	3 682.66	57.45

资料来源：新三体研究院，东方财富 Choice。

在过去的两年中公司业务不断扩张，成立了内蒙古伊赛牛肉有限公司等多家全资控股子公司，从公司投资活动现金流来看，企业仍然在为长远目标积极布局。在这样处于扩张期的情况下，企业去年营业收入和净利润都得到了稳步的增长，经营性现金流也得到了较大的改善。从资产规模来看，公司在新三板挂牌后经历了两次定向增发，股本规模不断扩大，股东权益增值最大。同时凭借强大的经营实力，公司的债务融资能力也得到了提升，通过股权质押等方式，企业负债规模从 2015 年的 2.66 亿元增长到 2016 年的 8.83 亿元，同比增长 72.74%，资产负债率为 65.79%，对伊赛牛肉这样一个处于扩张期的生产型企业来说较为合理。

2. 分业务经营情况

2014 ~ 2015 年分业务经营情况

分产品	营业收入（万元）			营业成本（万元）			毛利率（%）		
	2015 年年报	2016 年年报	增减幅度（%）	2015 年年报	2016 年年报	增减幅度（%）	2015 年年报	2016 年年报	增减幅度（%）
牛肉深加工产品	6 016.59	9 998.82	66.19	4 728.42	8 102.07	71.35	21.41	18.97	−2.44
饲料	5 448.05	6 844.35	25.63	5 106.65	6 452.24	26.35	6.27	5.73	−0.54
鲜冻品	82 177.32	103 130.01	25.50	67 114.66	87 273.63	30.04	18.33	15.38	−2.95
合计	93 641.96	119 973.18	28.12	76 949.73	101 827.94	32.33	17.83	15.12	−2.71

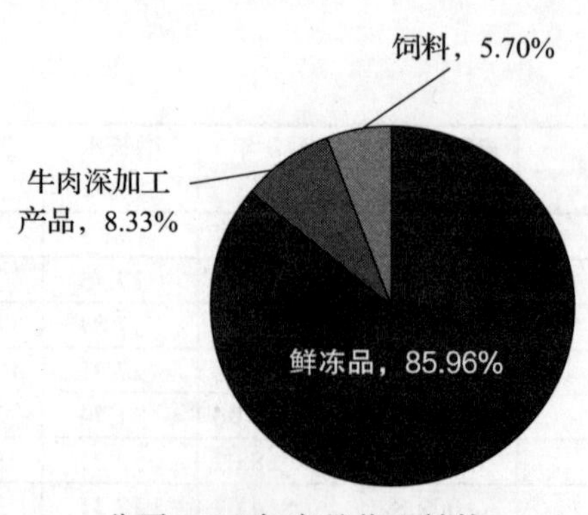

公司 2016 年产品收入结构

资料来源：新三体研究院，东方财富 Choice。

二、公司分析

(一) 公司所处行业

牛是世界上分布最为广泛、存栏量最多的大型牲畜之一，且牛肉也是受众群体最大的肉类品种之一。全球牛肉产量从20世纪90年代开始基本保持稳定，目前产量接近6 000万吨，1990 ~ 2016年全球牛肉产量复合增长率为0.6%。近些年由于国际市场对牛肉的需求量日益增加、牛肉行情持续紧俏等原因，世界活牛饲养数量呈增长趋势。

全球牛肉供需偏紧，发展中国家牛肉需求增长。全球牛源分布集中，主要分布在印度、巴西、中国、美国、欧盟、阿根廷、澳大利亚等国家，中国牛存栏量排名全球第三。从消费量来看，欧美是传统的牛肉消费大国，中国牛肉消费由于价格高，受众相对较少，总量在全球位居第四。近几年，欧美等发达国家的牛肉消费量平稳下行，巴西、中国、印度、巴基斯坦等发展中国家牛肉消费量逐步上升。全球牛肉出口领先的国家为印度、巴西、澳大利亚、美国、新西兰，中国为牛肉第四大进口国，且进口量呈快速上升趋势。

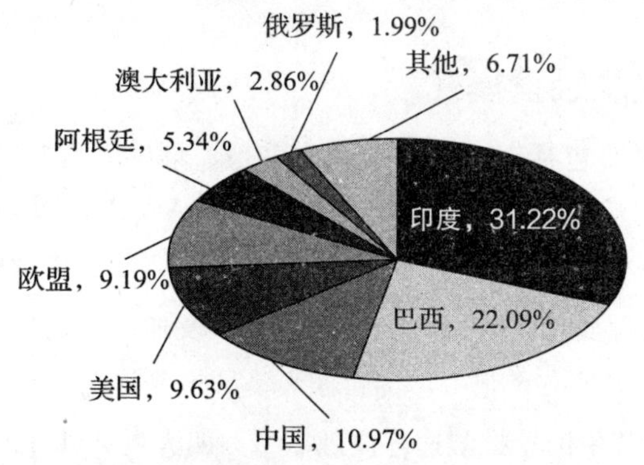

2015年活牛存栏量占比

资料来源：新三体研究院，东方财富 Choice。

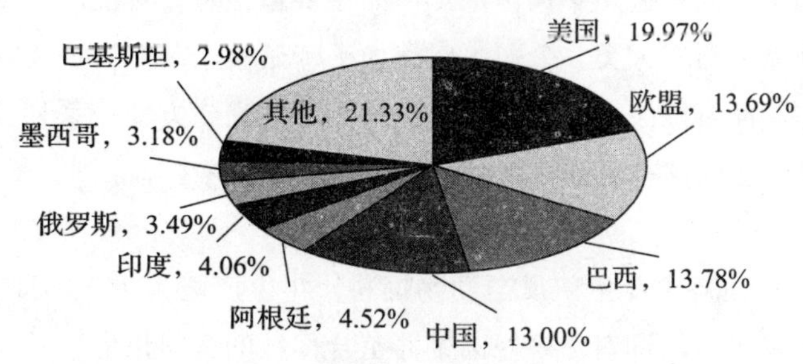

2015年各国牛肉消费量占比

资料来源：新三体研究院，东方财富 Choice。

牛肉因为具有蛋白质含量较高、脂肪含量相对较低等特点，被消费者普遍认为“是对身体健康更有益处”的肉类，符合健康化的消费趋势，具有增长潜力。中国的表观人均牛肉消费量从2006年的4.35千克/人上升至2015年的5.34千克/人（表观消费量=产量+进口－出口，不包含非法走私入境部分），与世界、亚洲人均牛肉年消费量（分别为9.59千克和12.43千克）相比仍然很低，市场增长潜力巨大。假设我国牛肉人均消费达到世界均值10千克，则总消费量接近1 500万吨，以每千克60元计算，则未来我国牛肉消费市场有望达到9 000亿元。

我国活牛饲养方式以广大农户分散饲养模式为主，不同于国外的大规模饲养方式。其主要原因是我国草地质量不断恶化、草场资源相对不足，不具有发展“草原型现代畜牧业”的基础条件，而美国式的“大规模工厂化畜牧业”尚未普及。并且，我国人口众多、劳动力资源丰富、大部分人口分布在农村地区，这种国情条件决定了我国肉牛养殖以广大农户分散饲养为主。

我国活牛饲养总量较大，肉牛饲养由西北牧区向农业经济优势区域转移，形成了中原、东北、西北、西南四个肉牛产业带。根据中国畜牧业统计年鉴，我国活牛存栏量基本保持稳定，2009年全国活牛存栏量为10 572.2万头，2013年为10 420.5万头，占同期世界活牛存栏量的10%，是世界上主要的养牛国家之一。

（二）公司主要产品及经营模式

公司的主营业务主要包括饲料加工、肉牛养殖、屠宰及深加工。为提高总体盈利水平，加大肉牛深加工的延伸，提高公司产品附加值，公司肉牛养殖业务于2014年5月份开始全部由焦作地区规模养殖的农村合作社外协负责，公司为养殖户提供专业化的“五统一”监管服务，保障牛源质量。公司专注于肉牛屠宰及加工、销售。公司目前产品主要包括鲜冻品、牛肉深加工产品、育肥牛、饲料四大类。产品涵盖了排酸分割牛肉、熟食排酸冷切牛肉、熟食排酸包装牛肉、排酸速冻调理品牛肉四大类共计400余种产品。

（1）鲜冻品产品：公司的鲜冻品产品属于排酸分割牛肉，产品分为肥牛系列，日韩餐、西餐、烧烤系列，中餐系列，牛副系列，家庭肥牛片系列等。

（2）牛肉深加工产品：公司牛肉深加工产品主要包括熟食排酸冷切牛肉、熟食排酸包装牛肉、排酸调理品牛肉三大类。公司牛肉深加工产品根据制作方法及客户群体不同又分为多个系列，具体产品有散装熟食系列、低温肉制品系列、方便菜系列、牛肉丸系列、牛肉饼系列、盒装牛排系列、一煎香家庭牛排系列、异域风情牛排系列、餐饮定制牛排系列、牛肉礼盒系列等。

（3）饲料：伊赛饲料主要生产反刍动物饲料，年生产能力为18万吨。伊赛饲料为肉牛养殖基地提供质量可靠的饲料，确保肉牛养殖合作社的饲料供应，并向其他养殖场供应饲料，提高公司综合收益。伊赛饲料整个生产过程采用电脑全屏控制，技术含量高，检查手段先进，质量管理及品质控制体系完善，具有独立的饲料化验室、研发中心。伊赛饲料保障原料及成品实现批批检验，充分保证饲料产品的质量。

公司立足清真食品产业，坚持走可持续发展道路，经历十多年创新发展，现已成为专业从事肉牛饲料加工、肉牛养殖、屠宰分割、肉制品深加工、连锁专卖和供应链服务的全产业链现代化清真食品龙头企业。

牛肉业是畜牧业中产业链最长、最复杂的行业，包括的主要环节有：饲料加工、育肥、屠宰加工、深加工、内外销售等。公司经过多年的经营探索，逐渐形成了“基地（养殖）+工厂（加工）+专卖店（销售）”的经营模式，该经营模式涵盖了从肉源到市场销售的全过程，产业链健全、成熟。健全的产业链保证了公司的经济效益，极大地增强了公司的综合竞争力。

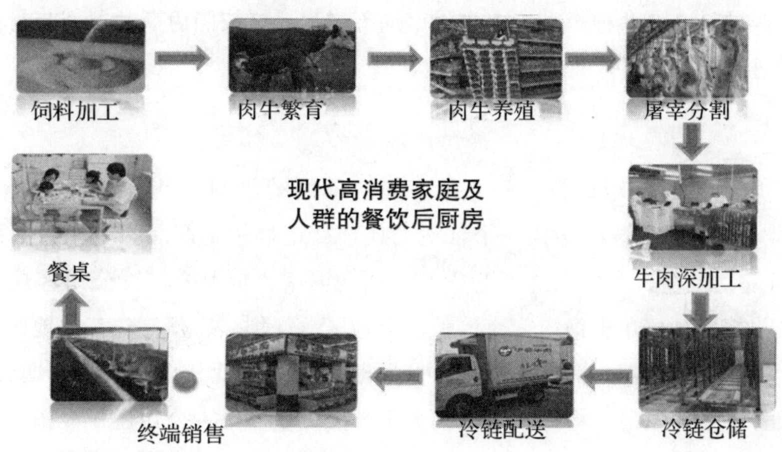

资料来源：公开转让说明书。

1. 采购模式

公司主要采购肉牛品种为西门塔尔牛和夏洛莱牛。西门塔尔牛与夏洛莱牛的牛肉等级明显高于普通牛肉，肉色鲜红，纹理细致，富有弹性，大理石花纹适中，脂肪色泽为白色或带淡黄色，脂肪质地有较高的硬度，胴体体表脂肪覆盖率达100%，普通牛肉很难达到这个标准。

公司利用肉牛养殖合作社同当地养牛农户合作，共同组成“公司+合作社+农户”的经营模式，采取“五统一、一扶、一优”的措施，确保活体肉牛的供给。“五统一”即统一管理、统一供应、统一防疫、统一饲料、统一回收的经营方式。“一扶”即提供牛犊、饲料，可协助农户贷款扶持。“一优”即用现金购买牛犊和饲料时，可给予优惠。

公司+基地+合作社+农户合作模式为：公司将自有养殖场所租赁给农村合作社，合作社安排农户以自有资金进行养殖，合作社初期自有资金不足，公司通过为其担保及预付货款形式为其提供资金支持。为确保合作社养殖活牛符合公司对牛源质量、品种的要求，公司从合作社采购架子牛到成牛出栏提供全方面技术指导，包括架子牛选购、养殖过程中饲料选购、育肥牛的检疫等。合作社采购架子牛经过育肥，重量达到公司屠宰标准后，公司将直接从合作社进行采购，公司屠宰后按照出肉率及市场价格与合作社进行结算，并冲抵预付账款。

除此之外，公司也拥有自己的养殖基地，每个养殖基地都配备畜医专家、防疫检疫员等指导人员。公司利用“公司 + 基地 + 合作社 + 农户”的模式，一方面向合作社和农户提供品种优良的牛源，另一方面为公司内部提供安全、放心的活体商品牛肉。

2. 生产模式

公司的主要产品为排酸分割牛肉、熟食排酸冷切牛肉、熟食排酸包装牛肉、排酸调理品牛肉四大类共计 400 余种产品。肉牛屠宰加工过程严格按照伊斯兰习俗与行业相关标准执行，排酸过程严格按照排酸工艺进行。

3. 销售模式

公司采取经销商代理销售制和直营专卖店网络销售制。经销商代理销售制自建厂起至今，国内每个省会城市寻找一个合适的代理商销售伊赛产品。专卖店网络销售制于 2009 年 6 月起动至今，主要以郑州为中心，面向河南，辐射全国。公司客户主要集中在京津唐等环渤海湾地区，上海、南京等长三角地区，深圳、广州等珠三角地区，武汉、郑州等华中地区。主要客户有呷哺呷哺、丹尼斯、众品实业、山东喜旺（烟台）、永达食品、三全食品、思念食品、海底捞、永和大王、天方食品等，公司还积极拓展互联网销售模式。

（三）公司主要竞争优势

1. 成熟、健全的产业链优势

公司经过多年的经营探索，逐渐形成了“基地（养殖）+ 工厂（加工）+ 专卖店（销售）”的经营模式，该经营模式涵盖了从肉源到市场销售的全过程，产业链健全、成熟。牛肉业是畜牧业中产业链最长、最复杂的行业，包括的主要环节有饲料加工、育肥、屠宰加工、深加工、内外销售等。公司健全的产业链保证了公司的经济效益，极大地增强了公司的综合竞争力。

2. 优质、充足的肉源优势

全国肉牛养殖分四大区域：东北、中原、西北、西南。这四个区域的养殖品种差异较大，屠宰企业外出收购的肉牛，数量和品种很难保证一致。牛和猪、鸡不一样，不同品种的牛的肉质差异很大，不同品种杂交的牛产出的牛肉也不同，所以要长期成批量地供应高档牛肉就要有优质的肉牛品种和大量的牛源。特别是 2007 年以来我国肉牛肉源出现了大量短缺情况，极大地阻碍了肉牛企业的发展。但公司地处中国主要的肉牛养殖区河南省焦作市，公司利用肉牛养殖合作社同当地养牛农户合作，共同组成“公司 + 合作社 + 农户”的经营模式，采取“五统一、一扶、一优”的措施，确保活体肉牛的供给。“五统一”即统一管理、统一供应、统一防疫、统一饲料、统一回收的经营方式。“一扶”即提供牛犊、饲料，可协助农户贷款扶持。“一优”即用现金购买牛犊和饲料时，可给予优惠。

3. 专业品牌优势

公司经过十多年的发展，已成为河南省农业产业化重点龙头企业、河南省重点畜牧龙头企业和国家“十一五”“十二五”期间少数民族特需商品定点生产企业。“伊赛”品牌也已成为河南省著名商标、河南名牌产品，伊赛牛肉被认定为 2008 年北京奥运会牛肉供应商、2010 年上海世博会牛肉供应商、2010 年广州亚运会牛肉供应商、2012 年全国农运会牛肉供应商和 2013 年全运会指定牛肉供应商。其先后被中国清真网、中国肉类协会评为中国清真牛肉第一品牌和中国肉牛屠宰加工排名第二，2013 年被河南省人民政府认定为河南省农业产业化集群。

（四）公司未来发展规划

整体发展规划：作为中国清真牛肉第一品牌，公司始终以诚信为立业之本，以创新为兴业之魂，以开放为发展之道，通过构建学习型组织，凝练持续创造价值的高效团队，打造成就价值的事业平台。

（1）加快产业布局，健全销售网络。公司立足河南，面向全国，融入全球。公司先后在北京、上海、广州、深圳、成都、武汉、西安、郑州等全国核心城市建立全资子公司和办事处，销售网络遍及全国。公司继续加快产业布局，建立健全销售网络，将公司的优质牛羊肉销往全国、推向世界。

（2）打造伊赛知名品牌。公司 2010 年挂牌天津证券交易所，公司业绩得到海内外投资人的广泛认同，公司核心竞争力快速提升。2010 年被中国清真网评为中国清真牛肉第一品牌。

（3）严控肉源质量。公司同当地养牛农户合作，共同组成“公司 + 合作社 + 农户”的经营模式，采取“五统一、一扶、一优”的措施，确保活体肉牛的供给。公司通过对架子牛采购指导、饲料供应、检验检疫、全封闭养殖等多方面要求，实现公司牛源质量高、下游客户满意的最终目标，不断提升公司品牌知名度，提高公司产品的市场占有率。

三、公司挂牌后融资行为（公司历次融资金额、投向等）

公司于 2015 年 12 月完成挂牌后的第一次股票发行。本次发行对象为宁波创牛投资合伙企业（有限合伙），出资额 2 795 万元，发行后持有公司股份 650 万股。宁波创牛的合伙人为伊赛牛肉的董事、管理人员、员工，合计 38 名自然人。本次股票发行募集资金用途为补充公司流动资金。宁波创牛为企业员工持股平台，此次发行的目的为促进公司建立健全激励约束机制，提高员工凝聚力，增强经营团队的工作积极性和稳定性，推动公司业务的增长。

公司于 2016 年 3 月完成挂牌后的第二次股票发行。公司本次以非公开定向发行的方式发行 3 000 万股人民币普通股，发行价格为每股 6 元。本次股票发行募集资金主要用于补充流动资金，加大公司主营业务资金投入。

四、公司风险分析

（一）牛肉价格波动风险

中国牛肉的消费市场潜力巨大，且活牛及其深加工品不受政府价格管制的影响。过去，公司活牛及其深加工品的价格并未经历过重大波动。但公司无法保证该等价格将来不会受市场价格波动的影响。如果市场上牛肉供应过剩，本公司产品的市场价格可能会大幅下降。一旦出现这种情况，可能对本公司的业务及经营业绩造成不利影响。

（二）牛源供给不足的风险

畜牧业具有非常明显的资源驱动型行业的特征，牛源严重不足已经成为影响我国肉牛行业可持续发展的主要障碍之一。尽管公司所在中原地区活牛存栏量较为充足、黄河带的牛种品质较高、牛源基础相对良好，但是行业内总体上牛源供给紧张局面仍较为严重，其他地区的大型肉牛屠宰企业将有可能与公司争夺本地区的牛源，公司面临牛源供给不足的风险。

（三）税收优惠政策变化的风险

公司是从肉牛繁育养殖到牛肉产品销售供应于一体的农业产业化龙头企业。公司所属行业为肉牛养殖及屠宰加工行业，属于国家重点扶持行业，享有多种税收优惠政策。尽管报告期内公司营业收入和利润总额快速增长，公司盈利不依赖于税收优惠，但是如果上述税收优惠政策发生变化，将会直接影响公司的净利润，因此公司面临因税收优惠政策变化而影响业绩的风险。

五、估值对比

我们用主板和新三板上其他的畜牧业公司和伊赛牛肉进行对比分析。

新三板相关公司估值对比

代码	证券简称	总市值（万元）	总收入（万元）	净利润（万元）	市盈率 PE（TTM）	销售毛利率（%）			销售净利率（%）			ROE（%）
						2016 年年报	2015 年年报	2014 年年报	2016 年年报	2015 年年报	2014 年年报	
832910.OC	伊赛牛肉	133 639.22	120 234.81	7 864.67	16.99	14.77	17.80	19.21	6.54	7.40	6.78	10.43
832151.OC	听牧肉牛	26 384.40	19 015.69	1 727.20	15.28	27.11	25.44	21.80	9.08	11.11	8.26	16.00
833723.OC	三江并流	12 600.00	11 925.75	1 671.88	7.54	19.79	23.12	22.24	14.17	17.90	16.84	14.85

资料来源：新三体研究院，Wind。

听牧肉牛	云南海潮集团听牧肉牛产业股份有限公司是一家集肉牛养殖，畜产品交易，肉牛屠宰、加工、配送于一体的肉牛产业化龙头企业。集团公司拥有 10 多年的食品生产及销售经验，不仅在云南拥有完整的营销网络，还在深圳设立了分公司，在北京设立了办事处。公司自主研发的“海潮”茶果系列产品行销国内外，“海潮”茶果目前是云南省出口量最大的茶叶品牌
三江并流	公司主要从事肉牛养殖、屠宰、分割、销售，以及肉牛粗饲料种植、农产品销售、农业技术研究开发、餐饮服务、国内贸易。公司是云南省省级农业产业化重点龙头企业。中国农业大学动物科学技术学院、中国农业大学食品工程学院、中国农业科学院北京畜牧所、云南省草地动物科学研究院是公司的签约技术支撑单位。国家肉牛产业技术体系首席科学家曹兵海教授是公司肉牛产业发展总顾问。国家肉牛产业技术体系岗位科学家黄必志研究员是公司肉牛产业发展技术顾问

资料来源：新三体研究院整理。

从财务数据以及估值分析来看，听牧肉牛、三江并流以及伊赛牛肉整体表现较好。17 倍的市盈率从资本市场估值的角度来看也是比较低的。而与听牧肉牛和三江并流相比，伊赛牛肉的销售毛利率以及销售净利率相对较低，这在很大程度上是公司业务的扩张所导致的。

主板相关公司估值对比

代码	证券简称	总市值（万元）	总收入（万元）	净利润（万元）	市盈率 PE（TTM）	市净率 PB（MRQ）	ROE(%)
832910.OC	伊赛牛肉	133 639.22	120 234.81	7 864.67	16.99	1.51	10.43
600965.SH	福成股份	997 996.46	135 453.88	18 474.32	59.14	5.61	10.93
600073.SH	上海梅林	879 590.24	1 377 786.03	25 649.35	28.09	2.56	8.32
002330.SZ	得利斯	426 198.00	156 622.01	903.17	1 413.07	3.22	0.69
300313.SZ	天山生物	258 532.15	37 437.87	−13 962.98	−20.17	7.05	−38.84
300106.SZ	西部牧业	245 145.48	66 195.56	−5 221.47	−43.15	2.53	−6.37

代码	证券简称	销售毛利率（%）			销售净利率（%）		
		2016 年年报	2015 年年报	2014 年年报	2016 年年报	2015 年年报	2014 年年报
832910.OC	伊赛牛肉	14.77	17.80	19.21	6.54	7.40	6.78
600965.SH	福成股份	39.22	39.27	35.48	13.61	12.72	6.65
600073.SH	上海梅林	16.06	14.34	14.60	3.32	1.86	0.69

（续）

代码	证券简称	销售毛利率（%）			销售净利率（%）		
		2016年年报	2015年年报	2014年年报	2016年年报	2015年年报	2014年年报
002330.SZ	得利斯	11.96	14.23	14.30	0.53	1.44	2.23
300313.SZ	天山生物	−1.36	19.99	37.19	−48.99	−19.27	1.73
300106.SZ	西部牧业	6.77	5.49	14.67	−7.06	3.50	4.00

资料来源：新三体研究院，Wind。

福成股份	公司沿着肉牛养殖、屠宰加工、食品加工、餐饮服务的产业链条不断延伸，形成了肉牛产业的全方位发展，构建了肉牛产业体系，发挥了产业链不同环节的业务协同及互补效应，在开拓发展企业盈利空间的同时增强了自身抗风险的能力。公司在全产业链的各个环节上不断完善、扩张。其中肉牛养殖业在澳大利亚建立了优质肉牛养殖基地，将养殖黑安格斯、和牛等优质肉牛品种，提升公司牛肉品质。在食品加工环节，公司与中国农业大学合作，建立了食品研发中心，该中心将集产、学、研于一体，充分发挥合作双方的优势，提升企业的整体实力。餐饮业根据大众消费趋势，不断开发新的产品，引领健康饮食新时尚
上海梅林	公司以肉业和罐头食品制造业为主，旗下拥有“冠生园”“大白兔”两个中国驰名商标和“梅林”“佛手”“华佗”“正广和”“SF”“爱森”“96858”等一批上海市著名商标。“梅林”荣获上海市出口名牌称号。“梅林”牌罐头食品、调味品，畅销国内外，产品销往亚洲、欧美等几十个国家和地区，国内的销售点也遍及除台湾外的各个省、市、自治区及直辖市。公司依托光明食品集团强大的综合食品竞争优势，通过内外资源的优化配置，构建从资源控制、食品加工到通路建设全产业链公司组织架构，努力实现公司食品制造与食品分销为双主业的二次转型
得利斯	公司是以生猪屠宰、冷却肉、低温肉制品、调理食品加工为主的大型食品专营企业。公司被确定为首批农业产业化国家重点龙头企业、中国肉类十强企业、中国食品行业百强企业，获得中国驰名商标、中国名牌产品、中国最具市场竞争力品牌、山东省政府质量管理奖、首届省长质量奖等荣誉称号。1989年，公司在国内率先研制成功低温肉制品并进行工业化生产。该产品采用低温蒸煮工艺，不破坏肉类纤维组织和自然营养成分，其蛋白质、氨基酸、维生素和多种矿物质等含量是普通肉制品的2 ~ 8倍！2000年，公司投资2亿元全套引进欧盟先进设备建成百万头生猪屠宰项目，其产品冷却肉达到纯生可食的无菌程度，通过了HACCP认证、欧盟SGS认证，以及我国香港地区、新加坡、俄罗斯的出口认证
天山生物	公司是我国最大的牛品种改良产品及服务提供商之一。公司依托齐全的奶牛、肉牛及乳肉兼用牛的良种基因库，通过应用良种繁育体系研究成果及性控冻精、胚胎移植等前沿遗传生物技术与产品，为牛养殖户提供集品种改良、良种繁育、育种规划、饲养管理及疫病防治等服务的综合良种繁育服务。公司是国家级牛冷冻精液生产单位和国家级良种牛基地，是新疆维吾尔自治区唯一一家国家级冻精生产企业，国内良种繁育行业的龙头企业之一。公司多次承担国家和新疆维吾尔自治区星火项目、重点科研及推广项目，并多次获得奖励
西部牧业	公司是专业的优质生鲜乳供应商，新疆维吾尔自治区集奶牛集约化养殖、种畜繁育、优质生鲜乳供应于一体的畜牧业产业化龙头企业，拥有种畜良种繁育、饲料生产加工、奶牛集约养殖、牲畜屠宰加工、鲜奶收购及冷链配送等完整的畜牧经济产业链。2010年3月，公司良繁中心牛场作为学生饮用奶基地通过了国家学生奶协调领导小组验收，这是新疆维吾尔自治区学生饮用奶奶源基地首次通过国家级验收。2010年4月，兵团科技局批准公司成立兵团畜牧工程技术研究中心

资料来源：新三体研究院整理。

从上表中我们可以看出，伊赛牛肉近些年的市场表现要好于主板上市企业。中小板企业得利斯以及中小板企业天山生物、西部牧业业绩表现并不稳定，从财务数据上很难看出其估值的合理性。从市净率角度来看，伊赛牛肉市值上升的空间较大。福成股份和上海梅林为上交所上市公司，业绩表现相对更为稳定。从上表中可以明显看出，福成股份的销售毛利率和销售净利率明显较高，这主要是福成股份餐饮服务业务的高销售毛利率导致的，并非由于畜牧业的高效经营。从市净率和市盈率看，市场给予伊赛牛肉的估值相对较低。

合全药业（832159.OC）投资价值分析报告

产业链不断延伸，全方位一体化医药外包服务龙头

一、公司基本情况

（一）公司简介

公司名称	上海合全药业股份有限公司	所属行业	医药制造业
成立时间	2003-01-23	挂牌时间	2015-04-03
交易性质	协议转让	公司地址	中国，上海
主办券商	中金公司	所属分层	创新层
主营业务	为全球主流制药企业提供创新药研发生产外包服务		

资料来源：公司 2016 年年报，新三体研究院整理。

上海合全药业股份有限公司作为一家以研究为导向、以客户为中心的企业，已快速成长为制药工艺研发领域的领先者之一。公司致力于全球制药工艺的技术创新及商业化应用，为国际主流医药企业提供创新药研发生产外包服务，服务范围主要涵盖了新药临床阶段工艺研发及制备、上市药物商业化阶段的工艺优化及规模化生产，为客户提供了一个一体化的开放式技术平台。

（二）股本结构

1. 股权结构

总股本	132 270 091	流通股本	128 418.771
控股股东	上海药明康德新药开发有限公司	实际控制人	李革，赵宁，刘晓钟，张朝晖

股东名称	股东性质	持股数量（股）	持股比例（%）	股本性质
上海药明康德新药开发有限公司	其他	112 336 129	84.93	流通股，限售流通股
药明康德新药开发有限公司	其他	10 000 000	7.56	限售流通股
上海合全投资管理合伙企业（有限合伙）	投资公司	2 110 091	1.60	限售流通股
Li Ge	个人	1 318 000	1.00	流通股，限售流通股
珠海高瓴天成股权投资基金（有限合伙）	投资公司	861 000	0.65	限售流通股
北京红杉信远股权投资中心（有限合伙）	投资公司	861 000	0.65	限售流通股
北京嘉实元泰投资中心（有限合伙）	投资公司	790 000	0.60	流通股

（续）

股东名称	股东性质	持股数量（股）	持股比例（%）	股本性质
上海自贸试验区一期股权投资基金合伙企业（有限合伙）	投资公司	600 000	0.45	流通股
刘晓钟	个人	557 676	0.42	流通股，限售流通股
上海润沃丰股权投资管理有限公司－润沃丰华兴合全新三板一号专项基金	投资公司	495 000	0.37	限售流通股
合计		129 928 896	98.23	

资料来源：公司 2016 年年报，新三体研究院整理。

2016 年 3 月 14 日，根据本公司中间控股公司 AppTec BVI 与 32 名受让方签署的无锡药明康德股权转让协议，AppTec BVI 将其持有的无锡药明康德 91% 的股权分别转让给前述 32 名投资人。2016 年 3 月 23 日，该事项已办理完成工商变更登记。上述交易完成后，自 2016 年 3 月 24 日起，WuxiCayman 和 Apptec BVI 不再与本公司存在控制关系，上海药明康德为本公司之控股公司。

李革先生及赵宁女士、刘晓钟先生、张朝晖先生（最终控制方）通过一致行动协议共同控制上海药明康德。

2. 控股参股子公司

合全药业目前共有 6 家全资子公司，如下表所示。

参控公司	参控关系	注册地	持股比例（%）	主营业务
常州合全新药研发有限公司	全资子公司	中国江苏	100.00	新型化合物药物、化学原料药及药用化合物技术开发、技术咨询、技术服务和技术转让；药用化合物检测服务；化工原料及产品、化学原料药的销售；自营和代理各类商品和技术的进出口业务
常州合全药业有限公司	全资子公司	中国江苏	100.00	医疗健康技术的开发、咨询、服务和转让；新型化合物药物、医药中间体（非药品）生产；化工原料及产品的进出口、批发
上海合全药物研发有限公司	全资子公司	中国上海	100.00	药物合成工艺路线的研发；药物分析；从事货物和技术的进出口
合全药业香港有限公司	全资子公司	中国香港	100.00	新型化合物药物、活性成分药物、化学原料药等销售
STA Pharmaceuticd US LLC	全资子公司	美国	100.00	出口贸易
常州合全贸易有限公司	全资子公司	中国江苏	100.00	制药专用设备的进出口及批发业务

资料来源：公司 2016 年年报，新三体研究院整理。

（三）盈利能力情况

1. 总体经营状况分析

（单位：万元）

项目	2014 年	2015 年	2016 年
利润表摘要			
营业总收入	107 772.94	126 932.99	163 834.84
同比（%）	22.43	17.78	29.07
营业总成本	81 138.47	90 473.36	115 582.93
营业利润	26 638.83	36 771.21	49 121.39
同比（%）	36.35	38.04	33.59
利润总额	27 477.95	37 180.77	50 128.53
同比（%）	39.99	35.31	34.82
净利润	23 877.70	33 016.82	43 584.77
归属母公司股东的净利润	23 877.70	33 016.82	43 584.77
同比（%）	35.44	38.27	32.01
扣非后归属母公司股东的净利润	23 149.10	32 666.79	42 755.17
同比（%）	32.00	41.11	30.88
研发费用	2 118.58	5 544.59	8 851.53
资产负债表摘要			
资产总计	127 008.01	220 037.77	327 072.39
同比（%）	39.38	73.25	48.64
负债总计	49 637.38	59 465.69	83 856.77
同比（%）	30.42	19.80	41.02
股东权益	77 370.63	160 572.08	243 215.62
归属母公司股东的权益	77 370.63	160 572.08	243 215.62
同比（%）	45.81	107.54	51.47
现金流量表摘要			
经营活动现金净流量	27 160.00	40 412.48	47 052.51
投资活动现金净流量	−18 989.37	−53 169.89	−89 432.97
筹资活动现金净流量	−1 816.62	38 602.72	36 879.24
现金净增加额	6 085.35	25 669.22	−3 218.54
关键比率			
ROE（摊薄）(%)	30.86	20.56	17.92
ROA（%）	21.89	19.03	15.93
ROIC（%）	31.77	26.27	21.55
销售毛利率（%）	33.47	38.09	43.30
销售净利率（%）	22.16	26.01	26.60
资产负债率（%）	39.08	27.03	25.64

资料来源：Choice，新三体研究院整理。

公司 2014 ~ 2016 年分别实现营业收入 10.78 亿元、12.69 亿元和 16.38 亿元，分别实现同比增长 22.43%、17.78% 和 29.07%，分别实现归属母公司股东净利润 2.39 亿元、3.30 亿元和 4.36 亿元，分别实现 35.44%、38.27% 和 32.01% 的增长。

2016 年公司收入增长较前两年快速的原因为医药研发外包服务市场持续发展，对公司的医药研发外包服务有着持续上涨的需求；公司在 CDMO 产业中的竞争优势和品牌效应逐年增加，持续获得服务订单；此外，由于公司在以前年度中实施了大量的临床前期阶段项目，近年来不少项目进入临床后期及商业化阶段，对公司的收入贡献大幅增长。

2014 ~ 2016 年公司毛利率逐年提升，是因为公司营业成本 2016 年度比 2015 年度增长 18.21%，营业成本增长速度慢于营业收入增长速度，主要原因为公司持续研究优化临床后期（含商业化）项目的工艺，单位成本降低。此外，由于人民币在 2016 年贬值约 6.7%，而此前的项目订单多以美元作为定价币种签署，因此毛利上升。

2. 分业务经营情况

2015 ~ 2016 年分业务经营情况

阶段	营业收入（元）		
	2015 年年报	2016 年年报	增减幅度（%）
临床前期阶段	932 945 850.39	1 007 128 619.33	7.95
临床后期（含商业化）阶段	336 384 026.89	631 219 753.66	87.65
合计	1 269 329 877.28	1 638 348 372.99	29.07

资料来源：公司 2016 年年报。

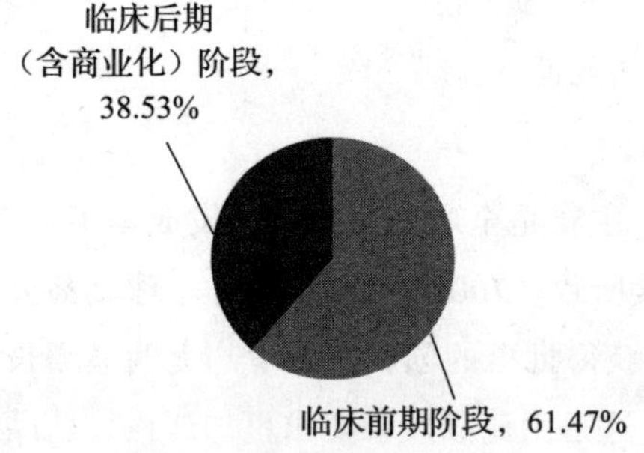

公司 2016 年产品收入结构

公司 2015 年产品收入结构

资料来源：公司 2016 年年报。

二、公司基本面分析

（一）公司所处行业

公司隶属于医药行业中的医药外包服务行业，目前主要为制药企业提供医药生产研发外包服务。医药外包指制药企业将新药发现及临床前研究、临床阶段新药开发和已上市药物的商业化生产运营等各环节进行专业化外包。

1. 全球医药行业发展概况

医药定制研发生产行业服务于医药行业，因此全球医药行业的发展情况对于医药定制研发生产行业来说有着决定性的影响作用。随着世界经济和科技水平的不断提高，人们对于生活质量的要求也在不断提升，同人类健康息息相关的医药产业得到了良好的发展机遇。同时，正在到来的全球人口老龄化情况使得医疗需求不断增加，进一步促进了医药行业的发展。全球处方药品市场在2004年的销售规模为4 550亿美元，到2012年这一数字已经增长到7 140亿美元，年均复合增长率为5.8%。根据EvaluatePharma的预测，到2018年全球处方药销售市场规模将达到8 950亿美元，2012 ~ 2018年市场将保持3.8%的平均复合增长速度。

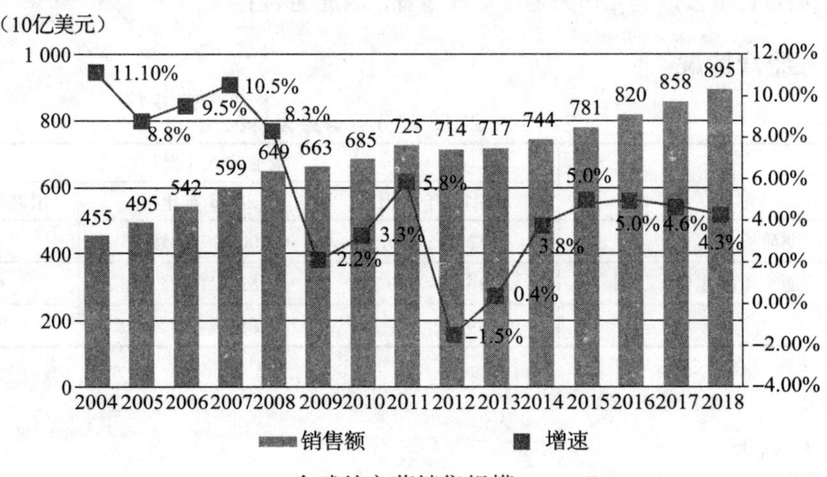

全球处方药销售规模

资料来源：EvaluatePharma，新三体研究院整理。

近年来全球药品市场的增长速度有所放缓，主要是全球制药公司研发成本不断上涨、世界经济环境波动以及受到仿制药的冲击等因素所致。2004 ~ 2012年，全球制药公司的研发支出从880亿美元增长到1 370亿美元，但获得批准的创新药数量却无明显增长，导致创新药的研发效率降低，研发成本不断上涨。这是由药品监管要求更加严格、药品研发难度不断提高、物价上涨等多种因素引起的。

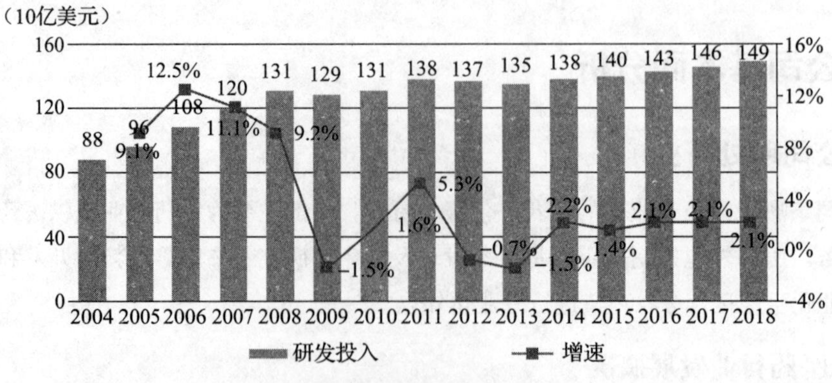

全球医药研发投入

资料来源：EvaluatePharma，新三体研究院整理。

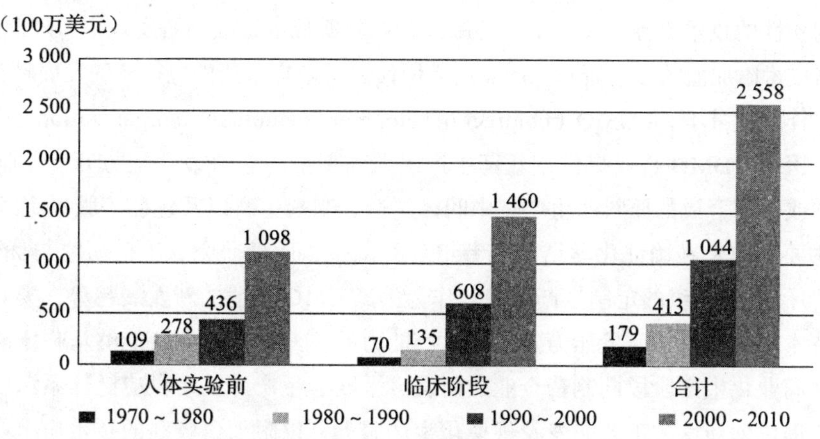

历年来医药企业研发成本的变化趋势

资料来源：Tufts。

创新药的专利权到期以后，仿制药的出现将迫使药品价格下降，从而降低跨国制药公司和生物制药公司相关创新药的销售收入，增加了其经营压力。随着创新药的专利权大规模到期，预计制药领域的竞争在未来会更加激烈。此外，世界经济环境的波动对于制药企业的研发投入也起着重要的作用。经济下行周期时，制药企业的流动性及消费者的支出预期都会受到影响，从而导致整体医药行业消费下滑。受到上述因素的影响，制药企业的研发生产成本和风险将逐渐提高，未来制药企业将把成本控制和提高效率推向更为重要的战略地位，采用开放合作业务模式来提高经营效率、获取最新技术、进入新兴市场。为了追求经营效率及商业利益的最大化，跨国制药公司对第三方外包服务商的依赖程度将进一步提升。

2. 医药外包行业逐步兴起，不断迭代：CDMO 应运而生

随着全球药物市场的竞争日益激烈、药物研发成本不断提高以及专利药物到期后受到仿制药的威胁，为了满足股东对于财务回报的要求，制药企业将成本控制和效率提升推向了更为重要的战略位置。在这样的环境下，强调专业分工、集中资源在自身核心业务的产业链发展趋势逐渐明朗起来，在疾病目标研究、药物化合物的筛选研发、临床试验、委托生产代加工、市场营销等产业链各个环节上都兴起了专业的服务外包公司提供相应支持。

按服务阶段的不同，医药外包企业一般分为医药 CRO 企业和医药 CMO 企业。医药 CRO（contract research organization）企业侧重于实验室阶段小批量新药化合物的合成、临床前研究（如药代动力学、药理毒理学和动物模型等），以及各类临床试验服务。

医药 CMO（contract manufacture organization）主要是接受制药公司的委托，进行定制生产服务。随着制药公司对于成本控制和效率提升要求的逐年提高，简单的生产外包服务已经无法满足制药企业对于生产工艺经济性、环保性的要求。传统医药 CMO 企业基本不涉及自有技术创新，依靠制药企业研发的生产工艺和技术支持，利用自身的生产设施进行工艺实施，为客户提供扩大化规模生产服务。而在目前医药产业链专业化细分程度愈发提升的环境下，制药企业希望外包企业能够承担更多工艺研发、改进的职能，为制药企业提

供具备创新性的技术服务，进一步帮助制药企业降低成本，提高研发效率，降低研发风险。因此，高技术附加值的工艺研发及产业化运用代表了未来医药外包行业的发展趋势。

在这样的背景下，CDMO（contract development manufacture organization）这一概念应运而生。医药 CDMO 企业提供创新药生产时所需要的工艺开发、配方开发、临床试验用药、化学或生物合成的原料药生产、中间体制造、制剂生产以及包装等服务。医药 CDMO 企业的主要工作是在确证化学结构或者组分的试验、质量研究、工艺研究与优化的同时，提供从公斤[⊖]级到吨级的定制生产服务。作为医药 CMO 行业的新发展趋势，类似公司这样具备高技术附加值工艺研发能力及规模生产能力的医药外包服务商能够从临床前研究、临床试验到商业化生产阶段同制药企业的研发、采购、生产等整个供应链体系深度对接，为制药企业提供创新性的工艺研发及规模化生产服务，以附加值较高的技术输出取代单纯的产能输出，推动医药 CMO 行业从资本密集型向技术与资本复合密集型行业升级。

3. 国内外 CMO 发展概况和竞争格局

（1）国际 CMO 行业发展概况和竞争格局。

根据 Business Insights 的统计及预测，2012 年全球医药 CMO 的市场容量为 357 亿美元，从 2014 年至 2017 年，医药 CMO 行业将以 12% 的复合增长率增长。中国凭借人才、基础设施和成本结构等各方面的竞争优势，已经日益成为跨国制药公司优先选择的战略外包目的地。到 2015 年，预计中国医药定制研发生产市场将增长到 31 亿美元，年均复合增长率为 12.77%。

目前来看，全球 CMO 行业的集中度仍然较低。根据 2011 年数据（Patheon 后被私有化，故采用早期数据），全球主要 CMO 企业所占据的市场份额并不大，排名前 5 位企业市场份额总额约为 15%，行业集中度较低。此外，从不同地区的市场份额分布来看，美国和西欧仍然占据了全球主要市场份额，2011 年，二者分别占到了当年全球市场份额的 43.75% 和 29.06%；中国和印度的占比分别为 5.94% 和 5.63%；根据 Informa 的预测，到 2017 年，西欧和美国地区的 CMO 市场份额将出现萎缩，与此同时，中国和印度的市场份额占比将继续扩大，市场份额占比将提升到 7.91% 和 7.3%。

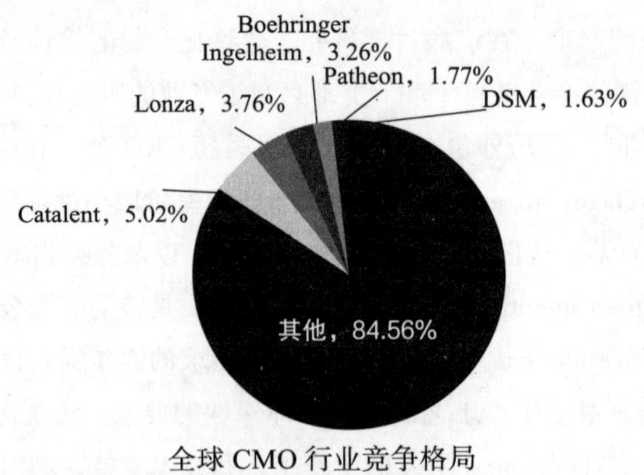

全球 CMO 行业竞争格局

资料来源：公司公开转让说明书。

⊖ 1 公斤 = 1 千克。

（2）国际 CMO 行业发展概况和竞争格局。

中国医药 CMO 市场近几年都保持了 10% 以上的增长速度，根据 Informa 的预测，2012 ～ 2017 年中国医药 CMO 市场平均增速为 17.4%，2017 年市场规模将达 50 亿美元。从市场结构来看，临床期的生产平均增速为 9.5%，而商业化生产的市场平均增速将达 18.7%。全球医药定制研发生产行业的发展速度高于全球医药行业，而中国的医药定制研发生产行业的发展速度又高于全球水平，因此中国在医药定制研发生产行业面临巨大的发展机会。

目前，国内 MO 企业的业务形态主要有以下三类：

第一类是以 式工生产为主的企业，研发和技术水平不高，此外由于部分 本系和 EHS 综合管理能力，因此也会从事非 cGMP 中间体 值较低，而且由于该领域进入壁垒不高，竞争较为激烈，毛

第二类是 基础上生产出原料药的企业，这种模式需要企业建立起符合 熟悉国际药品注册相关法律法规，但是由于企业并没有掌 下游企业的议价能力不强。

第三类 内的各类重磅药物，不仅具有完整的 cGMP 质量体系和 EHS 强的自主创新能力，能够通过药物合成路线和工艺优化、药 式降低药物的生产成本，减少污染。此外，这类企业也可 产，提供临床Ⅰ期、Ⅱ期、Ⅲ期药品工艺研发服务和制备

对比 CMO 企业利润空间较大，竞争也相对较小，但是需要企业 并有一定数量的人才、客户和项目资源储备。

4. 国家

20 了《药品上市许可持有人制度试点方案》。该方案改变了以 业相互捆绑的模式，实现向上市许可与生产许可分离的“上 于 CMO 企业，其业务范围相比之前有了较大幅度的提升。 为主转为国内与国外并重，随着本土创新性医药企业的不 包需求也会逐渐释放，CMO 企业可以利用这一机遇积极与 将成为 CMO 企业新的利润增长点。

5. 国 海

布来看，美国和欧洲地区的制药企业仍是全球新药研发的 领域占据了高端地位。但是在亚洲，2016 年中国的新药研发企业数 而且超过了传统制药强国日本，同时也已超过德国和法国，

成为全球第四大新药研发国。近年来，我国政府推出了一系列鼓励新药研发的政策，例如“重大新药创制”科技重大专项、优先审批审评等政策，在新药的研发、注册审批、资金投入等环节上给予支持。预计在未来，将有越来越多的医药企业进入新药研发领域，在研新药的数量有望进入快速增长阶段。新三体研究院认为，本土医药外包将成为 CMO 行业一片新的蓝海市场。

（二）公司业务分析

上海合全药业股份有限公司作为一家以研究为导向、以客户为中心的企业，已快速成长为制药工艺研发领域的领先者之一。公司致力于全球制药工艺的技术创新及商业化应用，为国际主流医药企业提供创新药研发生产外包服务，服务范围主要涵盖了新药临床阶段工艺研发及制备、上市药物商业化阶段的工艺优化及规模化生产，为客户提供了一个一体化的开放式技术平台。

公司的主营业务是为跨国制药企业提供定制的医药生产研发外包服务。公司的商业模式是以客户的定制需求为起点开展研发、生产、销售等经营活动，以研发带动商业化生产。公司以技术研发为基础，凭借多年积累的完善的生产工艺和生产流程控制为客户提供高品质的医药研发生产服务。除商业化阶段项目出于生产的连续性考虑需要一定备货外，其余研发生产项目均按客户定制化需求进行生产。公司建立了功能强大，能够根据生产规模、工艺路线进行灵活调整的柔性生产线，能够满足创新药不同阶段的多样性定制生产需求。截至报告期末，公司已拥有 7 个差异化配置的生产车间，总反应体积超过 806 立方米，能够覆盖从 GMP 产品到非 GMP 产品、从临床阶段到商业化生产阶段的各种定制化生产需求。2016 年，公司常州基地已有两个车间建设完工并投入生产，常州基地一期建设的第三个生产车间当前处于建设阶段。

公司的主要服务对象为跨国制药公司和生物制药公司；主要服务的药品类型为创新药，特别是其中的新分子实体药（new molecular entity，NME）；主要服务的药品治疗领域包括抗癌、抗艾滋病、抗丙肝、降血脂、镇痛、抗糖尿病、抗细菌感染、纤维性囊肿等；主要服务的药品生命周期为创新药的临床试验到专利药销售阶段。

公司在整个药品生产过程中所处的地位及与上下游的关系如下所示。

1. 公司竞争优势分析

（1）技术研发优势。

公司自成立以来，一直注重研发和技术的投入。公司目前已经建立了一支包含研发、技术、生产各项专长的员工组成的高素质团队，是国内同类企业中规模最大、科研实力最强的研发团队之一。截至 2016 年 12 月 31 日，拥有博士 130 名、硕士 731 名。凭借强大的研发团队和持续的研发投入，公司已形成了在化学制药领域强大的技术竞争优势。公司是国内目前唯一获得 FDA 创新药申请批准（new drug application）的医药定制研发生产服

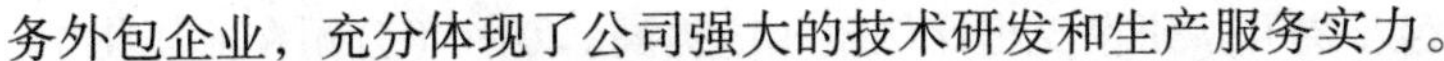

务外包企业，充分体现了公司强大的技术研发和生产服务实力。

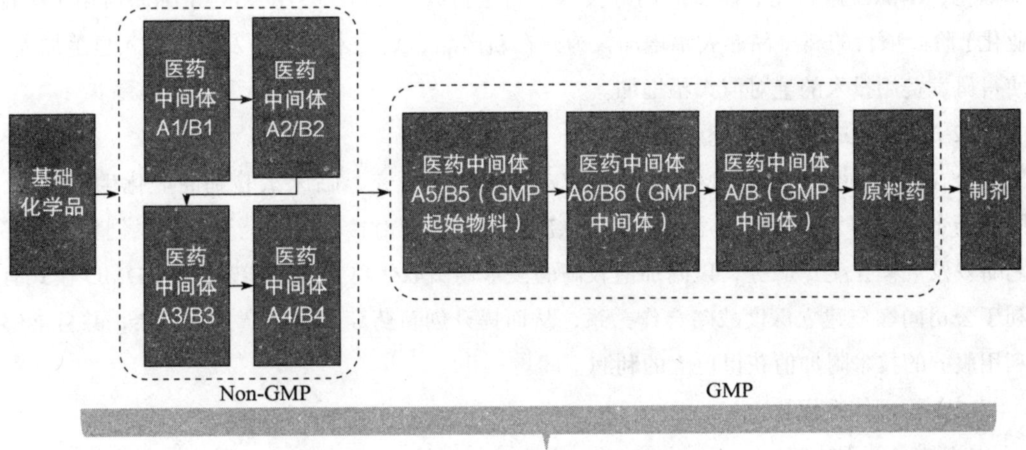

合全药业（医药外包生产研发企业）

- 完成医药中间体A1到A4、B1到B4的生产
- 原料药的合成路线设计
- GMP起始物到原料药的工艺开发、质量研究与生产
- 新药临床试验
- 新药上市申请

合全药业生产链地位图

资料来源：公司公开转让说明书。

公司 2014 ~ 2016 年研发支出和研发费用比例

项目	2014 年	2015 年	2016 年
研发投入金额（元）	36 272 921.26	55 445 949.38	88 515 286.16
研发投入占营业收入的比例（%）	4.74	6.30	7.24

资料来源：公司历年年报，新三体研究院整理。

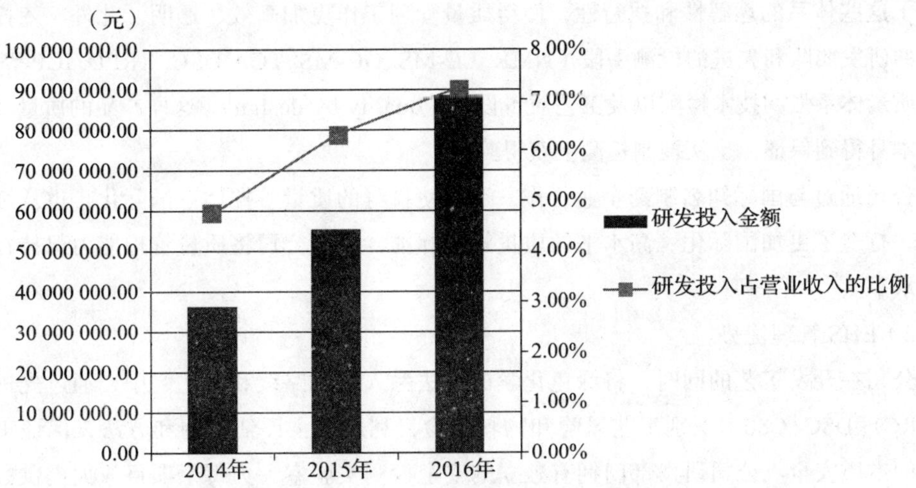

公司 2014 ~ 2016 年研发支出和研发费用比例

公司最近三年研发支出稳步提升，研发支出比例也相应提高。2016 年公司在流体化学、酶催化、结晶、微粉化、制备分离等技术平台上持续加大研发力度，处于临床后期（及商业化）阶段项目的新产品亦大幅增加，为此在新产品、新技术平台研发上的投入显著加大，使得研发费用投入的绝对值大幅增加。

（2）商业模式优势。

公司采取创新性的 CDMO 业务模式，从临床前研究、临床试验到商业化生产阶段，同制药企业的研发、采购、生产等整个供应链体系深度对接，为制药企业提供创新性的工艺研发及规模化生产服务，以附加值较高的技术输出取代单纯的产能输出。CDMO 模式有利于公司同客户建立深度战略合作关系，从而提升创新药商业化生产订单机会，并且能够利用服务的技术附加值获得更大的利润空间。

（3）管理体系优势。

1）质量管理优势。

公司自成立以来一直致力于打造国际一流水平的质量管控体系，分别于 2013 年、2014 年和 2016 年通过美国 FDA 创新药生产认证，成为中国第一个能够为美国市场生产创新药原料药（API）的 FDA 认证企业。2015 年 7 月公司首次获得日本监管机构生产批准，成为中国唯一获得美国、加拿大、欧盟、瑞士、中国、日本、澳大利亚及新西兰商业药品监管部门批准的创新药原料（API）及 GMP 中间体生产商。公司不仅严格执行国际现行 GMP 标准，同时融合客户的质量需求和注册特点为客户提供定制的质量管理保障体系，每年通过超过 20 次的客户审计，保证公司的管理体系一直处于行业前沿并保证了产品质量的持续改进，为企业的发展和产品提升创造了条件。

公司是研发驱动型制药企业，这样的运营模式要求质量管理和质量体系的设计既能符合法规要求，又能满足客户对于不同产品的控制需求。通过和客户沟通，合全药业吸收了不同公司的质量管理特点，建立了独特的质量体系，同时通过完善的现场检查和培训机制，保证了这些体系的理解性和执行性，使得质量管理工作更加高效、透明。此外，依托公司强大的研发团队和先进的检测手段（NMR, LC-MS, GC-MS, TGA,DSC, XRPD, ICP 等），公司的质量体系强调技术检测以及工艺质量设计（quality by design），这样产品的质量不仅从工艺本身得到保证，也从控制检测上获得验证。

公司通过与国际知名制药企业合作，逐步使自身的质量管控体系国际化，也从细节到整体，打造了更加国际化、高水平的质量管理标准，使得公司将质量管理能力保持在国际领先水平。

2）EHS 管理优势。

公司在开发工艺的同时，将绿色化学的方法融入合成路线和工艺之中，通过先进的测试（RC1, DSC, C80）识别工艺风险和物料风险，利用安全评估机制和方法，保证工艺和操作的本质安全。公司研发部门拥有独立的安全检测实验室，为每个项目放大提供数据支持，公司工厂拥有独立的 EHS 管理部门，通过管理人员值班制度，保证全天候的（24 小时/7天）的现场监管，并且设置了工厂消防队、报警系统、应急机制和应急演练，保证了事故的可控。工厂按照政府法规和国际安全规范管理工厂，项目生产前都进行了安全评估和安全培训，设备设计和改造考虑了安全因素，现场明确防护用品的佩戴，并定期进行这些安全设施的检查和检测，识别潜在风险并采取措施防范。此外，公司针对“三废”制定了严格的处理和排放标准，固体废弃物必须由具备国家资质的企业进行处理，废水必须在厂内处理，达到排放标准后方能进入工业园区污水处理厂，废气则必须经过达标处理后排放。

3）项目管理优势。

公司设立了专门的项目管理部门，为每家客户配备专职的项目经理，与客户保持良好沟通，提供高效的定制化项目管理服务。在整个项目进行过程中，项目管理团队担负着协调各部门之间与项目相关工作的任务，包括沟通协调商业开发、工艺研发、生产、分析/质量控制、质量评价、采购及监管等不同学科背景的团队。公司为项目的每一阶段都设置了相应的管理标准。在计划阶段，要求制定合理的项目建议书，确定项目范围、成本、阶段性成果等；在执行阶段，要求定期进行电话会议向客户沟通项目进度；执行完毕后，要求向客户及时提供报告以及相关文件。面对挑战，公司的项目管理能力在和来自不同国家的跨国制药企业合作的同时快速提高，并建立了良好的客户沟通体系，在客户的帮助下不断提升自身的管理水平，适应不同客户的国际企业管理文化。

（4）设备优势。

公司具备世界一流水平的研发生产设备设施，以cGMP标准建立了公斤级实验室、中试生产以及商业化生产基地和高活性实验室，共计131 100平方米。公司同时配备了世界一流的实验设备和测试仪器。截至报告期末，公司拥有5L ~ 20 000L规模不等，累计体积超过800立方米的反应釜以及相关配套设备。通风橱具有同时送风、抽风的运转模式；实验区配有温度调控设备，可以调节-78℃到250℃，满足各种严苛的研发实验需求；分析仪器配有抽湿、干燥系统等。2014年，公司成立了由专门团队运作的高活性实验室，配套的高效实验设施能够更好地满足公斤级项目的要求，并可以将职业病危害暴露水平（OEL）降低至每立方米0.1微克。这些国际水平的设施能够满足跨国企业的严格研制要求，为公司高水平的研发和生产能力提供了良好的设备基础。

2. 不断攻城略地，扩大产能

公司自创立以来，一直坚持在创新药化学原料药领域深耕。经过13年的发展，已成为中国的行业领导者。公司采取创新性的CDMO业务模式，从临床前研究、临床试验到商业化生产阶段，同制药企业的研发、采购、生产等整个供应链体系深度对接，为制药企业提供创新性的工艺研发及规模化生产服务。公司当前拥有约800名生产工艺研发人员，为全球最大的工艺研发团队。公司在2013年、2014年、2016年三次通过美国FDA创新药生产现场GMP审计。

公司目前拥有 5 个差异化配置的生产车间，反应体积超过 400 立方米，能够覆盖从 GMP 产品到非 GMP 产品、从临床阶段到商业化生产阶段的各种定制化定制生产需求。随着公司业务的发展，产能瓶颈逐步凸显，为此，2013 年公司成立了常州合全药业有限公司（简称“常州合全”）进行新生产基地建设。

常州合全占地面积 238 亩，根据江苏省环境科学研究院编制的《常州合全药业有限公司新药生产和研发中心项目环境影响报告书简本》，常州合全新药生产和研发中心项目由 6 个商业化生产车间（14 种商业化产品 224t/a）、5 个研发性车间（研发产品共计 30t/a）以及质检 / 公斤级实验室等研究开发中心构成，项目总产能约为 254t/a，生产研发药品涉及抗抑郁症、抗艾滋病、抗糖尿病、抗类风湿关节炎、抗癌症等。

公司当前正在实施的常州合全新药生产和研发中心项目（一期项目）包括 3 个生产车间、研发中心大楼、行政楼、仓储设施、罐区、污水处理中心等设施，建成后预计产能为 512KL。其中第一个车间已于 2016 年一季度投入运营，预计 2017 年上半年达到满负荷。公司在常州投资建设的新药生产和研发中心项目进展顺利，两个车间已于 2016 年投入生产，极大缓解了公司产能紧张的局面，预计 2017 年下半年达到满负荷。第三个车间正在进行土建工作，研发中心、行政楼、仓储设施等已基本完成建设，计划在 2017 年三季度投入运营，未来常州合全有望成为公司利润增长的主要来源。

3. 产业链不断延伸

4 月公司完成了发行股份购买母公司资产 PDS 部门：公司向上海药明康德发行 1 285.086 2 万股购买其 PDS 部门全部资产与负债，发行股份价格为 118.28 元 / 股，交易对方定价为 15.2 亿元。

公司作为国内 CMO/CDMO 细分领域的技术领先企业，可为医药企业提供创新药生产时所需要的工艺流程研发及优化、配方开发及试生产服务，并在上述研发、开发等服务的基础上进一步提供从公斤级到吨级的定制生产服务；同时在上游依托股东的强大 CRO 研发实力，将自有高技术附加值工艺研发能力及规模生产能力与之深度结合，未来希望通过临床试生产、商业化生产的供应模式深度对接医药企业的研发、采购、生产等整个供应链体系，以附加值较高的技术输出取代单纯的产能输出，推动资本密集型的 CMO 行业向技术与资本复合密集型的 CDMO 行业全面升级，产业链持续向深度和广度不断延伸。

合全药业的主要业务为临床前期阶段和临床后期（含商业化）阶段两个阶段的 CMO/CDMO 服务，涵盖从临床前阶段、临床Ⅰ-Ⅲ期研发性生产及新药审批、新药获批上市后的商业化阶段，主要包括原料药的生产工艺研究服务、研发性生产及中试生产服务及商业化生产等。公司主要服务产品药品类型为创新药原料药，即新分子实体药；主要服务的药品治疗领域包括抗癌、抗艾滋病、抗丙肝、降血脂、镇痛、抗糖尿病、抗细菌感染、纤维性囊肿等；主要服务的药品生命周期为创新药的临床试验到专利药销售阶段。

本次注入的 PDS 部门主要业务包括理论制剂的工艺验证和后续开发以及制剂的生产和

包装等，主要涉及临床阶段口服固体制剂和混悬剂的制剂研发、实验室研发性生产（小试/中试生产）；未来将逐渐拓展至药品商业化生产阶段，其主要生产原料即为新药原料药，在新药研发及生产的产业链中处于合全药业的直接下游环节。

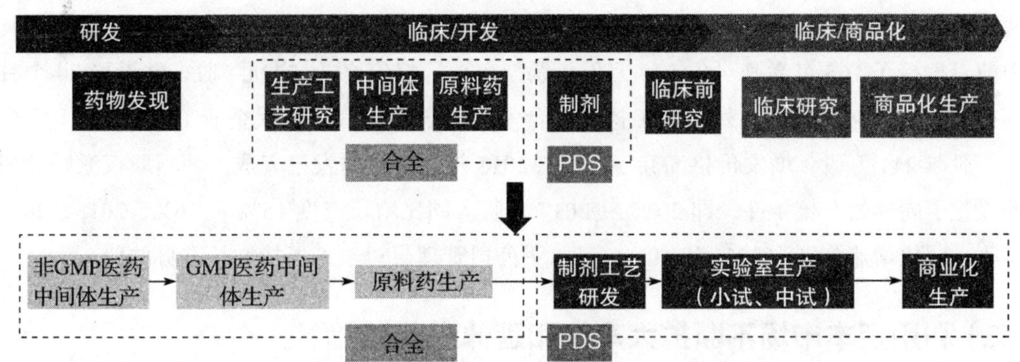

合全药业与PDS资产在产业链中所处的阶段

资料来源：公司公告，新三体研究院整理。

合全药业原有业务覆盖了整个药品生产过程中从非GMP中间体到原料药的全业务链条，本次注入的PDS业务位于合全所从事的业务的直接下游，对合全药业生产的原料药进行加工并形成药物制剂半成品/成品，通过本次交易，合全药业CMO业务条线将由原有活性中间体、原料药板块扩充至制剂研发及生产板块，公众公司的业务结构将得到拓展，有利于为客户搭建一体化营销/服务平台，为其提供原料药及制剂研发、工艺开发及生产服务等全流程CMO服务，有助于增强公众公司的综合竞争能力、提升客户的满意度及公司的持续盈利能力。未来公司将进行制剂业务商业化生产，公司产业链一体化生产指日可待，医药生产帝国即将建成。

三、公司挂牌后融资行为

公司2016年以来共计完成了两次定向增发的融资行为，合计募集资金8.79亿元。

公司挂牌以来融资情况

	2015年	2015年	2016年
预案公告日	2015-06-03	2015-07-06	2016-08-08
增发公告日	2015-07-16	2015-07-24	2016-09-05
发行价格（元）	5.38	69.65	123.00
发行数量（股）	2 110 091	7 160 000	3 000 000
募集资金合计（元）	11 352 289.58	498 694 000.00	369 000 000.00
主承销商	中金公司	中金公司	中金公司
发行方式	非公开发行股票	非公开发行股票	非公开发行股票

资料来源：新三体研究院整理。

（一）股权激励

公司挂牌后最早的一次定向增发实为对公司核心成员的股权激励：为了调动核心员工的积极性，实现员工利益和公司利益的统一，2015 年 4 月公司公布了针对中国籍中高层管理、核心技术（业务）人员以及外籍中高层管理、核心技术（业务）人员股权激励计划，其中前者拟授予 165 名激励对象 540 万份股票期权，行权价格 26.04 元 / 股，并设置 24 个月等待期；后者向 7 名核心外籍员工持股平台上海合全投资管理合伙企业（有限合伙）定向发行股票 211 万股，增发价格 5.38 元 / 股，2015 年该定向增发已完成。两项股权激励计划均设置了同样的考核条件，即 2015 ～ 2017 年收入同比增长速度 15% ～ 16%，2018、2019 年收入同比增速分别为 13% 和 10%，显示了公司管理层对未来保持增长态势的信心。

（二）利用资本市场不断扩大产能和延伸产业链

2016 年 9 月公司公告股票发行方案并成功增发 300 万股，发行价为 123 元 / 股，募集资金 3.69 亿元，本次募集资金全部用于公司常州二期项目建设。

另外，公司于 2017 年 4 月公告并成功完成了发行股份购买母公司资产 PDS 部门：公司向上海药明康德发行 1 285 万股购买其 PDS 部门全部资产与负债，发行股份价格为 118.28 元 / 股，交易对方定价为 15.2 亿元，有助于公司医药产业链上下游协同发展。

四、公司风险分析

（一）临床前期阶段项目运营风险

作为医药合同定制研发生产企业（CDMO），公司临床前期阶段项目指为制药企业提供临床前阶段、临床Ⅰ期和临床Ⅱ期新药研发外包服务。临床前期阶段收入在 2014 年、2015 年及 2016 年分别为 7.66 亿元、9.33 亿元和 10.07 亿元，分别占营业收入的 71.06%，73.50% 及 61.47%，是营业收入的主要来源。由于临床前期新药研发具有较高的结果不确定性，单个项目具有不可持续性且相比临床后期（含商业化）阶段项目规模偏小。

公司需积累大量的临床前期阶段项目，才能确保营业收入持续发展。如果公司对于现有的老客户无法持续维持接单，持续开发新客户进度受阻，则将对业务带来不利影响。同时，若整体行业新药研发需求减小，如全球制药企业新药研发预算受到外部经济周期负面影响而削减，也将是极大的负面影响因素。

（二）临床后期（含商业化）阶段项目运营风险

公司临床后期（含商业化）阶段项目指为制药企业提供临床Ⅲ期、新药审批、新药获批上市后的商业化阶段的新药研发外包服务。相比临床前期阶段项目，临床后期（含商业化）阶段项目个数较小，但单个项目的规模较大。单个临床后期（含商业化）阶段项目的波动，将对于收入产生较大影响。具体到单一品种，可能存在终端市场情况变化，如原来销售良好，但由于新的竞争对手的出现，销售不畅未达预期，甚至市场份额大幅下降，从而导致制药公司减少该药物医药外包需求。若公司在出现上述情况后，不能及时获得其他客户的相关订单，可能对收入带来极大的负面影响。

（三）核心技术人员流失的风险

公司所在的医药外包服务行业是高素质技术人才密集型行业，拥有一支精英研发生产团队是公司核心竞争力之一。公司通过建立各种人才激励机制，稳定自身技术人员团队，未曾发生大规模技术人员流失情况。但是，若未来公司核心技术人员大规模流失，将对正常经营带来负面影响。

五、估值对比

公司采取创新性的 CDMO 业务模式，有利于公司同客户建立深度战略合作关系，从而提升创新药商业化生产订单机会，并且能够利用服务的技术附加值获得更大的利润空间。

由于公司专注于医药制造的外包服务行业，以医药工艺研发定制生产为主营业务，因此新三体研究院选取了主板中从事 CMO 行业的相关公司：博腾股份（300363.SZ）、凯莱英（002821.SZ）和九洲药业（603456.SH）作为估值对比标的。

公司和主板相同业务公司相比，各方面估值指标均被低估，盈利稳定，所处行业医药制造外包服务行业景气，且处于医疗制造产业链上游。随着公司常州基地的逐步建设及投产，公司有望在 CMO/CDMO 行业成为细分龙头，可以持续关注。

相关医药生产研发外包服务公司估值对比

证券代码	证券简称	总市值（亿元）	市盈率 PE（TTM）	市净率 PB(LF)	市现率 PCF（经营现金流）（TTM）	市销率 PS（TTM）
002821.SZ	凯莱英	159.08	59.14	8.10	42.77	13.18
603456.SH	九洲药业	72.14	62.30	2.77	85.17	4.25
300363.SZ	博腾股份	76.92	42.26	6.12	19.33	5.50
均值		102.71	54.57	5.67	49.09	7.65
中值		76.92	59.14	6.12	42.77	5.50
832159.OC	合全药业	171.95	39.45	7.07	36.54	10.50

推荐阅读

序号	书号	书名	作者	定价
1	30250	江恩华尔街45年（珍藏版）	（美）威廉 D. 江恩	36.00
2	30248	如何从商品期货贸易中获利（珍藏版）	（美）威廉 D. 江恩	58.00
3	30247	漫步华尔街（原书第9版）（珍藏版）	（美）伯顿 G. 马尔基尔	48.00
4	30244	股市晴雨表（珍藏版）	（美）威廉・彼得・汉密尔顿	38.00
5	30251	以交易为生（珍藏版）	（美）亚历山大・埃尔德	36.00
6	30246	专业投机原理（珍藏版）	（美）维克托・斯波朗迪	68.00
7	30242	与天为敌：风险探索传奇（珍藏版）	（美）彼得 L. 伯恩斯坦	45.00
8	30243	投机与骗局（珍藏版）	（美）马丁 S. 弗里德森	36.00
9	30245	客户的游艇在哪里（珍藏版）	（美）小弗雷德・施韦德	25.00
10	30249	彼得・林奇的成功投资（珍藏版）	（美）彼得・林奇	38.00
11	30252	战胜华尔街（珍藏版）	（美）彼得・林奇	48.00
12	30604	投资新革命（珍藏版）	（美）彼得 L. 伯恩斯坦	36.00
13	30632	投资者的未来（珍藏版）	（美）杰里米 J.西格尔	42.00
14	30633	超级金钱（珍藏版）	（美）亚当・史密斯	36.00
15	30630	华尔街50年（珍藏版）	（美）亨利・克卢斯	38.00
16	30631	短线交易秘诀（珍藏版）	（美）拉里・威廉斯	38.00
17	30629	股市心理博弈（原书第2版）（珍藏版）	（美）约翰・迈吉	58.00
18	30835	赢得输家的游戏（原书第5版）	（美）查尔斯 D.埃利斯	36.00
19	30978	恐慌与机会	（美）史蒂芬・韦恩斯	36.00
20	30606	股市趋势技术分析（原书第9版）（珍藏版）	（美）罗伯特 D. 爱德华兹	78.00
21	31016	艾略特波浪理论：市场行为的关键（珍藏版）	（美）小罗伯特 R. 普莱切特	38.00
22	31377	解读华尔街（原书第5版）	（美）杰弗里 B. 利特尔	48.00
23	30635	蜡烛图方法：从入门到精通（珍藏版）	（美）斯蒂芬 W. 比加洛	32.00
24	29194	期权投资策略（原书第4版）	（美）劳伦斯 G. 麦克米伦	128.00
25	30628	通向财务自由之路（珍藏版）	（美） 范 K. 撒普	48.00
26	32473	向最伟大的股票作手学习	（美）约翰・波伊克	36.00
27	32872	向格雷厄姆学思考，向巴菲特学投资	（美）劳伦斯 A. 坎宁安	38.00
28	33175	艾略特名著集（珍藏版）	（美）小罗伯特 R. 普莱切特	32.00
29	35212	技术分析（原书第4版）	（美）马丁 J. 普林格	65.00
30	28405	彼得・林奇教你理财	（美）彼得・林奇	36.00
31	29374	笑傲股市（原书第4版）	（美）威廉・欧奈尔	58.00
32	30024	安东尼・波顿的成功投资	（英）安东尼・波顿	28.00
33	35411	日本蜡烛图技术新解	（美）史蒂夫・尼森	38.00
34	35651	麦克米伦谈期权（珍藏版）	（美）劳伦斯 G. 麦克米伦	80.00
35	35883	股市长线法宝（原书第4版）（珍藏版）	（美）杰里米 J. 西格尔	48.00
36	37812	漫步华尔街（原书第10版）	（美）伯顿 G. 马尔基尔	56.00
37	38436	约翰・聂夫的成功投资（珍藏版）	（美）约翰・聂夫	39.00

推荐阅读

序号	书号	书名	作者	定价
38	38520	经典技术分析（上册）	（美）小查尔斯 D. 柯克帕特里克	69.00
39	38519	经典技术分析（下册）	（美）小查尔斯 D. 柯克帕特里克	69.00
40	38433	在股市大崩溃前抛出的人：巴鲁克自传（珍藏版）	（美）伯纳德·巴鲁克	56.00
41	38839	投资思想史	（美）马克·鲁宾斯坦	59.00
42	41880	超级强势股：如何投资小盘价值成长股	（美）肯尼思 L. 费雪	39.00
43	39516	股市获利倍增术（珍藏版）	（美）杰森·凯利	39.00
44	40302	投资交易心理分析	（美）布雷特 N. 斯蒂恩博格	59.00
45	40430	短线交易秘诀（原书第2版）	（美）拉里·威廉斯	49.00
46	41001	有效资产管理	（美） 威廉 J. 伯恩斯坦	39.00
47	38073	股票大作手利弗莫尔回忆录	（美）埃德温·勒菲弗	39.80
48	38542	股票大作手利弗莫尔谈如何操盘	（美）杰西 L. 利弗莫尔	25.00
49	41474	逆向投资策略	（美）大卫·德雷曼	59.00
50	42022	外汇交易的10堂必修课	（美）贾里德 F. 马丁内斯	39.00
51	41935	对冲基金奇才：常胜交易员的秘籍	（美）杰克·施瓦格	80.00
52	42615	股票投资的24堂必修课	（美）威廉·欧奈尔	35.00
53	42750	投资在第二个失去的十年	（美）马丁 J. 普林格	49.00
54	44059	期权入门与精通（原书第2版）	（美）爱德华·奥姆斯特德	49.00
55	43956	以交易为生II：卖出的艺术	（美）亚历山大·埃尔德	55.00
56	43501	投资心理学（原书第5版）	（美）约翰 R. 诺夫辛格	49.00
57	44062	马丁·惠特曼的价值投资方法：回归基本面	（美）马丁·惠特曼	49.00
58	44156	巴菲特的投资组合（珍藏版）	（美）罗伯特·哈格斯特朗	35.00
59	44711	黄金屋：宏观对冲基金顶尖交易者的掘金之道	（美）史蒂文·卓布尼	59.00
60	45046	蜡烛图精解（原书第3版）	（美）格里高里·莫里斯、赖安·里奇菲尔德	60.00
61	45030	投资策略实战分析	（美） 詹姆斯·奥肖内西	129.00
62	44995	走进我的交易室	（美）亚历山大·埃尔德	55.00
63	46567	证券混沌操作法	（美）比尔·威廉斯、贾丝廷·格雷戈里-威廉斯	49.00
64	47508	驾驭交易（原书第2版）	（美）约翰 F. 卡特	75.00
65	47906	赢得输家的游戏	（美）查尔斯·埃利斯	45.00
66	48513	简易期权	（美）盖伊·科恩	59.00
67	48693	跨市场交易策略	（美）约翰 J. 墨菲	49.00
68	48840	股市长线法宝	（美）杰里米 J. 西格尔	59.00
69	49259	实证技术分析	（美）戴维·阿伦森	75.00
70	49716	金融怪杰：华尔街的顶级交易员	（美）杰克 D. 施瓦格	59.00
71	49893	现代证券分析	（美）马丁 J. 惠特曼、费尔南多·迪兹	80.00
72	52433	缺口技术分析：让缺口变为股票的盈利	（美）朱丽叶 R. 达尔奎斯特、小理查德 J. 鲍尔	59.00
73	52601	技术分析（原书第5版）	（美）马丁 J. 普林格	100.00
74	54332	择时与选股	（美）拉里·威廉斯	45.00
75	54670	交易择时技术分析：RSI、波浪理论、斐波纳契预测及复合指标的综合运用（原书第2版）	（美）康斯坦丝 M. 布朗	59.00
	13303	巴菲特致股东的信		

推荐阅读

书名	作者	ISBN	价格
金融危机简史： 2000年来的投机、狂热与崩溃	[英]鲍勃・斯瓦卢普 （Bob Swarup）	978-7-111-51779-5	49.00
这次不一样： 八百年金融危机史（珍藏版）	[美]卡门M.莱茵哈特 （Carmen M.Reinhart） 肯尼斯S.罗格夫 （Kenneth Rogoff）	978-7-111-39155-5	59.90
布雷顿森林货币战： 美元如何统治世界	[美]本・斯泰尔 （Benn Steil）	978-7-111-45130-3	69.00
巴塞尔之塔： 揭秘国际清算银行主导的世界	[美]亚当・拉伯 （Adam Lebor)	978-7-111-47393-0	69.00
金融投机史	[英]爱德华・钱塞勒 （Edward Chancellor）	978-7-111-40431-6	59.00
华尔街投行百年史	[美]查尔斯R.盖斯特 （Charles R.Geisst）	978-7-111-41639-5	59.00
货币政治： 汇率政策的政治经济学	[美] 杰弗里 A. 弗里登 （Jeffry A. Frieden）	978-7-111-53472-3	49.00
货币放水的尽头： 还有什么能拯救停滞的经济	[英]简世勋 （Stephen D. King）	978-7-111-52984-2	39.00